# Schadensersatz und CISG

# Beiträge zum UN-Kaufrecht

Herausgegeben von Ulrich Magnus

Band 5

PETER LANG
Frankfurt am Main · Berlin · Bern · Bruxelles · New York · Oxford · Wien

Martin W. Brölsch

# Schadensersatz und CISG

PETER LANG
Europäischer Verlag der Wissenschaften

**Bibliografische Information der Deutschen Nationalbibliothek**
Die Deutsche Nationalbibliothek verzeichnet diese Publikation in der Deutschen Nationalbibliografie; detaillierte bibliografische Daten sind im Internet über <http://www.d-nb.de> abrufbar.

Zugl.: Hamburg, Univ., Diss., 2006

D 18
ISSN 1613-995X
ISBN 3-631-55756-6



www.peterlang.de

Widmung und Danksagung

Meine Dissertation habe ich meinen Eltern gewidmet, deren Vertrauen und Unterstützung mir Studium und Promotion erst ermöglichten.

Mein besonderer Dank im Rahmen dieser Arbeit gilt Herrn Prof. Dr. Ulrich Magnus, dem Betreuer meiner Dissertation. Prof. Dr. Magnus setzte als mein Mentor ein wunderbares Beispiel von unermüdlicher Geduld, Hilfsbereitschaft und Freundlichkeit. Ich bin ihm zu großen Dank verpflichtet.

Mein Dank gilt ebenso meiner Familie. Ihr Interesse an den Fortschritten meiner Arbeit war mir ständig ein Ansporn.

Außerdem danke ich all denen, die mich bei der Erstellung meiner Dissertation begleitet haben, besonders Mark Antony, der mir die Fertigstellung der Arbeit erst ermöglichte.

Inhaltsverzeichnis

## Einleitung:

I. Gegenstand der Arbeit ... 1
II. Gang der Untersuchung ... 3

## Erster Teil:
## Die Prinzipien und Haftungsvoraussetzungen des Schadensersatzanspruches

I. Einführung ... 5
II. Das Prinzip eines einheitlichen Vertragsverletzungstatbestandes als Haftungsvoraussetzung eines Schadensersatzanspruches ... 5
III. Die „wesentliche“ Vertragsverletzung ... 6
IV. Die gesetzlichen Pflichten der Vertragsparteien ... 10
A. Vorbemerkung ... 10
B. Die gesetzlichen Pflichten des Verkäufers ... 11
1. Inhalt der Lieferpflicht und Ort der Lieferung ... 11
a) Lieferung durch Übergabe an den ersten Beförderer ... 11
b) Lieferung durch Zur-Verfügung-Stellen der Ware ... 12
2. Lieferzeit ... 13
3. Übergabe von Dokumenten ... 14
4. Lieferung der vertragsgemäßen Ware ... 14
a) Begriff der vertragsgemäßen Ware ... 14
b) Haftungsausschluss bei Kenntnis von der Vertragswidrigkeit ... 17
c) Untersuchungs- und Rügepflicht des Käufers ... 18
aa) gesetzliches Erfordernis ... 18
bb) Form und Inhalt der Mängelrüge ... 18
cc) Untersuchungs- und Mängelrügefrist ... 19
dd) Verwirkung, Verjährung ... 21
5. Lieferung der Ware frei von Rechten Dritter ... 23
a) Allgemeine Rechtsmängelfreiheit ... 23
b) Freiheit von gewerblichen Schutz- und Urheberrechten ... 24
C. Die gesetzlichen Pflichten des Käufers ... 25
1. Zahlung des Kaufpreises ... 25
2. Abnahme der Ware ... 27
D. Die Gleichbehandlung von Haupt- und Nebenpflichten ... 27
1. Begriff der Nebenpflicht ... 27
2. Typische Beispiele einer Nebenpflicht ... 28

V. Rechtsfolgen der Vertragsverletzung und das Prinzip der Kumulierung des Schadensersatzanspruches mit anderen Rechtsbehelfen ..... 29
A. Rechtsbehelfe des Käufers bei Vertragsverletzung des Verkäufers ..... 30
1. Verbindung des Erfüllungsanspruches mit dem Schadensersatzanspruch ..... 31
2. Verbindung der Vertragsaufhebung mit dem Schadensersatzanspruch ..... 33
3. Verbindung der Preisminderung mit dem Schadensersatzanspruch ..... 34
B. Rechtsbehelfe des Verkäufers bei Vertragsverletzung des Käufers ..... 35
1. Verbindung der Erfüllung mit dem Schadensersatzanspruch ..... 36
2. Verbindung von Vertragsaufhebung und Schadensersatz ..... 37
C. Zusammenfassung ..... 38

## Zweiter Teil:
## Inhalt und Umfang des Schadensersatzanspruches

I. Einführung ..... 41
II. Schadensbegriff ..... 42
A. Entgangener Gewinn und entstandener Verlust ..... 42
B. Ersatz immaterieller Schäden? ..... 44
III. Berechnungsmethode ..... 47
IV. Form des Ersatzes ..... 48
V. Kausalität ..... 49
VI. Beweislast ..... 50
VII. Begrenzung der Schadensersatzpflicht auf den voraussehbaren Schaden ..... 50
A. Die Voraussehbarkeitsregel (contemplation rule) ..... 50
B. Relevante Personen, maßgeblicher Zeitpunkt und Verschulden ..... 52
C. Gegenstand der Vorhersehbarkeit ..... 53
D. Maßstab für die Vorhersehbarkeit ..... 53
E. Vorhersehbar als „mögliche" Folge ..... 55
VIII. Konkretisierung der Voraussehbarkeit durch Bildung möglicher Haftungsfälle ..... 57
A. Die typischen Fallgruppen der Verkäuferhaftung ..... 58
1. Primäre Nichterfüllungsschäden des Käufers ..... 58
2. Folgeschäden des Käufers ..... 59
a) Entgangener Weiterverkaufsgewinn ..... 59
b) Dritthaftungsschäden ..... 61
c) Betriebsausfallschäden ..... 62
d) Verlust von good will ..... 63
e) Rechtsverfolgungskosten ..... 67
aa) Gerichts- und Anwaltskosten ..... 67

bb) außergerichtliche Kosten (Inkassokosten) ....................................70
3. Mangelfolgeschäden ........................................................................72
a) Ersatz von Mangelfolgeschäden im allgemeinen ..............................72
b) Mangelfolgeschäden im CISG und nationales Deliktsrecht .............73
aa) Problemdarstellung ...................................................................73
bb) Meinungsstand in Lehre und Judikatur .....................................74
cc) Stellungnahme ...........................................................................77
4. Frustrierte Aufwendungen ................................................................78
B. Die typischen Fallgruppen der Käuferhaftung .....................................79
1. Kreditkosten .......................................................................................79
2. Geldentwertungsschäden ...................................................................80
a) Kursverluste (Verlust des Aussenwerts) ...........................................80
b) Kaufkraftverlust (Verlust des Innenwerts) .........................................81
IX. Schadensberechnung im Falle der Vertragsaufhebung ..........................81
A. Die konkrete Schadensberechnung nach Art. 75 CISG .........................83
1. Vertragsaufhebung .............................................................................83
2. Deckungsgeschäft ...............................................................................83
3. in angemessener Weise .......................................................................84
4. Schadensberechnung ..........................................................................85
a) Preisdifferenz ......................................................................................85
b) Ersatz weiteren Schadens ...................................................................86
c) Entgangener Gewinn (Problem des „lost volume“) ...........................87
B. Die abstrakte Schadensberechnung nach Art. 76 CISG ..........................90
1. Voraussetzungen .................................................................................90
a) Vorhandensein eines Marktpreises .....................................................91
b) Fehlendes Deckungsgeschäft ..............................................................92
2. Maßgeblicher Zeitpunkt der Schadensberechnung ................................93
X. Die Schadensminderung nach Art. 77 CISG ............................................94
A. Schadensminderung als Obliegenheit des eigenen Interesses ..................94
B. Geltung nur für Schadensersatzansprüche ..............................................96
C. Geltung im Falle des antizipierten Vertragsbruches ...............................97
D. Angemessene Maßnahmen zur Schadensabwehr .....................................98
1. Maßnahmen des verletzten Käufers .......................................................98
2. Maßnahmen des verletzten Verkäufers ...................................................99
E. Rechtsfolgen bei Verletzung der Schadensminderungspflicht ................100
XI. Zinsen ....................................................................................................101
A. Einführung ..............................................................................................101
B. Selbständigkeit des Zinsanspruches ........................................................102
C. Verzinsung von Kaufpreis und anderen fälligen Beträgen .....................102
D. Verzinsung von Schadensersatzforderungen? .........................................103
E. Höhe des Zinssatzes .................................................................................104
1. Problemdarstellung ..................................................................................104

2. sog. Einheitslösungen ... 105
3. sog. IPR-rechtliche Lösung ... 107
F. Zinseszinsen im CISG? ... 109

## Dritter Teil:
## Haftungsbefreiungen

I. Haftungsbefreiung nach Art. 79 CISG ... 110
A. Einführung ... 110
B. Typischer Verantwortungsbereich des Schuldners ... 110
C. Beschaffungsrisiko des Verkäufers ... 112
D. Wesentliche Veränderung der Umstände („hardship") ... 112
E. Entlastung auch bei Lieferung vertragwidriger Ware? ... 114
1. Erste Auffassung ... 114
2. Zweite Auffassung ... 114
3. Stellungnahme ... 116
F. Haftung für andere Personen („Dritte") ... 118
1. Haftung für eigenes Personal ... 118
2. Haftung für Zulieferer ... 119
3. Haftung für eigentliche „Dritte" ... 119
G. Wirkung der Haftungsbefreiung ... 120
1. Wegfall der Schadensersatzpflicht ... 120
2. Erhaltung des Erfüllungsanspruchs ... 121
3. Sonstige Rechtsbehelfe des Gläubigers ... 122
II. Haftungsentlastung nach Art. 80 CISG ... 122
III. Abweichende Vertragsvereinbarungen über den Haftungsumfang ... 125
A. Zulässigkeit, Gültigkeit und Grenzen von Freizeichnungsklauseln ... 125
B. Typische Vereinbarungen über den Haftungsumfang ... 126
IV. Zusammenfassung ... 127
V. Schlussbetrachtung ... 130

*Achilles, Wilhelm-Albrecht,* Kommentar zum UN-Kaufrechtsabkommen (CISG), Neuwied 2000 (zit.: *Achilles*, CISG)

*Audit, Bernard,* La vente internationale de merchandises, Paris 1990 (zit.: *Audit*, Vente internationale)

*Aue, Joachim,* Mängelgewährleistung im UN-Kaufrecht unter besonderer Berücksichtigung stillschweigender Zusicherungen, Dissertation Heidelberg 1989, Frankfurt a.M. 1989, (zit.: *Aue*)

*Asam, Herbert/Kindler, Peter*, Ersatz des Zins- und Geldentwertungsschadens nach dem Wiener Kaufrechtsübereinkommen vom 11.04.1980 bei deutsch-italienischen Kaufverträgen, RIW 1989, S. 841ff.

*Bamberger, Heinz Georg/Roth, Herbert (Hrsg.),* Kommentar zum Bürgerlichen Gesetzbuch, Band 3. u.a. CISG, München 2003, (zit.: *Bamberger/Roth/Saenger*)

*Baumgärtel, Gottfried,* Handbuch der Beweislast im Privatrecht, Band 2. BGB Sachen-, Familien-, und Erbrecht, Recht der EG, UN-Kaufrecht, Hrsg. von *Laumen*, Art. 1-101 CISG erläutert von *Hepting*, 2. Auflage, Köln 1999 (zit.: *Baumgärtel/Laumen/Hepting*, Handbuch der Beweislast im Privatrecht)

*Behr, Volker,* The Sales Convention in Europe: From Problems in Drafting to Problems in Practice, 17 J. L. & Comp. 1998, S. 264ff.

*Beinert, Dieter*, Wesentliche Vertragsverletzung und Rücktritt, Dissertation Bonn 1977, Bielefeld 1979, (zit. *Beinert*)

*Berger, Klaus Peter,* Vertragsstrafen und Schadenspauschalierungen im Internationalen Wirtschaftsvertragsrecht, RIW 1999, S. 401ff.

*Berger, Klaus Peter,* Verzugszinsen im internationalen Privatrecht, RabelsZ 1997, S. 313ff.

*Bergsten, Eric E./Miller Anthony J.*, The Remedy of Reduction of Price, Am. J. Comp. L. (1979), S. 255ff.

*Bianca, Cesare M./Bonell, Michael J.*, Commentary on the International Sales Law, Mailand 1987 (zit.: *Bianca/Bonell/Bearbeiter*)

*Boele-Woelki, Katharina,* Die Anwendung der UNIDROIT-Principles auf Internationale Handelsverträge, IPRax 1997, S. 161ff.

*Bonell, Michael J.,* Die Bedeutung der Handelsbräuche im Wienerkaufrechtsübereinkommen von 1980, östJBL 1985, S. 385ff.

*Bonsau, Michael/Feuerriegel, Stefan,* Die Probleme der Bestimmung von Fälligkeitszinsen im UN-Kaufrecht, IPRax 2003, S. 421ff.

*Brunner, Christoph,* UN-Kaufrecht-CISG, Kommentar zum Übereinkommen der Vereinten Nationen über Verträge über den internationalen Warenkauf von 1980, Bern 2004.

*Caemmerer, Ernst von,* Internationale Vereinheitlichung des Kaufrechts, SJZ 1981, S. 258ff.

*Caemmerer, Ernst von,* Probleme des Haager einheitlichen Kaufrechts, AcP 1978 (Band 178), S. 121ff.

*Calamari, John D./Perillo, Joseph M.,* The Law of Contracts, St. Paul 1970, (zit.: *Calamari/Perillo,* Contracts)

*Diedrich, Frank,* Voraussetzungen einer Vertragsaufhebung wegen Sachmängeln nach dem Wiener Kaufrecht = Anmerkung zu OLG Frankfurt a.M., 18.01.1994, RIW 1995, S. 11ff.

*Ebenroth, Carsten T.,* Internationale Vertragsgestaltung im Spannungsverhältnis zwischen AGBG, IPR-Gesetz und UN-Kaufrecht, östJBL 1986, S. 681ff.

*Eckhardt, Udo,* Die Entlastung des Verkäufers nach Art. 74 EKG: eine rechtstatsächliche und rechtsvergleichende Untersuchung unter besonderer Berücksichtigung der Entlastungswirkung arbeitskampfbedingter Leistungshindernisse, Dissertation Konstanz 1983, Frankfurt a.M. 1983 (zit.: *Eckhardt*)

*Eiselen, Siegfried,* General rules for measuring damages: Remarks on the manner in which the UNIDROIT Principles of International Commercial Contracts may be used to interpret or supplement Article 74 CISG, 2002, im Internet unter: http://www.cisg.law.pace.edu/cisg/biblio/alpha04.html

*Enderlein, Fritz/Maskow, Dietrich/Stargardt, Monica,* Kaufrechtskonvention der UNO (mit Verjährungskonvention) – Kommentar, Berlin 1985, (zit. *Enderlein/Maskow/Stargardt*)

*Enderlein, Fritz/Maskow, Dietrich/Strohbach, Heinz,* Kommentar zum Internationalen Kaufrecht, Berlin 1991 (zit.: *Enderlein/Maskow/Strohbach*)

*Erman, Walter,* Handkommentar zum Bürgerlichen Gesetzbuch (9. Auflage), Münster 1993, (zit.: *Erman/Bearbeiter*)

*Escher, Alfred,* UN-Kaufrecht: Stillschweigender Verzicht auf Einwand einer verspäteten Mängelrüge? = Anmerkung zu BGH, RIW 1999, S. 385ff., RIW 1999, S. 495ff.

*Farnsworth, Allen E.,* Damages and Specific Relief, Am. J. Comp. L. 1979, S. 247ff.

*Farnsworth, Allan E.,* Farnsworth on Contracts (2.Auflage), Boston 1982, (zit.: *Farnsworth*)

*Faust, Florian,* Die Vorhersehbarkeit des Schadens gemäß Art. 74 Abs. 2 CISG, Dissertation Tübingen, ebenda 2000, (zit.: *Faust*)

*Felemegas, John,* An Interpretation of Art. 74 CISG by the U.S. Circuit Court of Appeals, 15 Pace Int`l L.R. 2003, S. 91ff.

*Ferrari, Franco,* Verzugszinsen nach Art. 78 UN-Kaufrecht, IHR 2003, S. 153.

*Ferrari, Franco,* Internationales Kaufrecht einheitlich ausgelegt, zugleich Anmerkungen anläßlich eines italienischen Urteils (Trib. Vigevano, 12.07.2000), IHR 2001, S. 56ff.

*Ferrari, Franco,* Das Verhältnis zwischen den Unidroit-Grundsätzen und den allgemeinen Grundsätzen internationaler Einheitprivatrechtskonventionen, JZ 1998, S. 9ff.

*Flechtner, Harry M.,* Recovering Attorney's Fees as damages under U.N. Sales Convention, 22 Northwestern J. Int'l.L & Bus. (2002),

*Flechtner Harry M./Lookofsky Joseph M.*, Viva Zapata!, 7 Vindobona Journal of Int'l. Comm. Law and Arb. (2003), S. 93ff.

*Flessner, Axel/Kadner, Thomas*, CISG? Zur Suche nach einer Abkürzung für das Wiener Übereinkommen über Verträge über den internationalen Warenkauf, ZEuP 1995, S. 347ff.

*Fogt, Morten M.*, Rechtzeitige Rüge und Vertragsaufhebung bei Waren mit raschem Wertlust nach UN-Kaufrecht = Anmerkung zu Dänisches Vestre Landsret 10.11.1999, ZEuP 2002, S. 581ff.

*Galston, Nina M./Smit, Hans*, International Sales: The United Nations on Conventions on Contracts for the International Sale of Goods, New York 1984, (zit.: *Galston/Smit*)

*Gotonda, John Y.*, Awarding costs and attorney's fees in international commercial arbitration, 21 Mich. J. Int'l. Law, S. 1ff.

*Herber, Rolf*, UN-Kaufrechtsübereinkommen: Produkthaftung-Verjährung, MDR 1993, S. 105ff.

*Herber, Rolf*, Mangelfolgeschäden nach dem CISG und nationales Deliktsrecht, IHR 2001, S. 187ff.

*Herber, Rolf*, Zum Verhältnis von UN-Kaufrechtsübereinkommen und deliktischer Haftung, in *Schwenzer/Hager* (Hrsg.), Festschrift für Peter Schlechtriem zum 70. Geburtstag, Tübingen 2003, S. 207ff. (zit.: *Herber*, FS-Schlechtriem)

*Herber, Rolf/Czerwenka, Beate*, Internationales Kaufrecht (CISG), München 1991, (zit.: *Herber/Czerwenka*)

*Herrmann, Gerold*, Einheitliches Kaufrecht für die Welt: UN-Übereinkommen über internationale Warenkaufverträge, IPRax, 1981, S. 109ff.

*Holisky, Jerald B.*, Finding the lost volume seller: Two Independant Sales Deserve Two Profits under Illinois Law, John Marshall Law Review, Winter 1998, S. 375f.

*Holthausen, Rüdiger*, Vertraglicher Ausschluss des UN-Übereinkommens über internationale Warenkaufverträge, RIW 1989, S. 531ff.

*Holthausen, Rüdiger*, Die wesentliche Vertragsverletzung des Verkäufers nach Art. 25 UN-Kaufrecht, RIW 1990, S. 101ff.

*Honnold, John*, Uniform Law for International Sales under 1980 United Nation Convention, 3. Auflage, The Hague 1999, (zit.: *Honnold*)

*Honsell, Heinrich*, Die Vertragsverletzung des Verkäufers nach dem Wiener Kaufrecht, SJZ 1992, S. 345ff. und 361ff.

*Honsell, Heinrich*, Herkunft und Kritik des Interessebegriffs im Schadensersatzrecht, JuS 1973, S. 69ff.

*Honsell, Heinrich* (Hrsg.), Kommentar zum UN-Kaufrecht, Zürich 1997, (zit.: *Honsell/Bearbeiter*)

*Honsell, Heinrich,/Harrer, Friedrich,* Schaden und Schadensberechnung, JuS 1991, S. 441ff.

*Honsell, Heinrich,* Schweizerisches Obligationenrecht, Besonderer Teil 7. Auflage, Bern 2003, (zit.: *Honsell*, OR BT)

*Hoyer, Hans/Posch, Willibald,* Das Einheitliche Wiener Kaufrecht. Neues Recht für den internationalen Warenkauf, Wien 1992, (zit.: *Hoyer/Posch*, Das Einheitliche Wiener Kaufrecht)

*Huber, Peter*, Internationales Deliktsrecht und Einheitskaufrecht, IPRax 1996, S. 91ff.

*Huber, Peter,* Vertragswidrigkeit und Handelsbrauch im UN-Kaufrecht, IPRax 2004, S. 358ff.

*Huber, Peter/Kröll, Stefan,* Deutsche Rechtsprechung zum UN-Kaufrecht in den Jahren 2000/2001, IPRax 2003, S. 309ff.

*Huber, Ulrich*, Der UNCITRAL-Entwurf eines Übereinkommens über internationale Warenkaufverträge, RabelsZ 43 (1979), S. 414ff.

*Huber, Ulrich*, Die Haftung des Verkäufers für Verzug und Sachmängel nach dem Wiener Kaufrechtsübereinkommen, östJBL 1989, S. 273ff.

*Jagert, Uwe/Derichsweiler, Stefan*, Internationales Einheitskaufrecht, JuS 1989, S. 972ff.

*Janssen, André,* Das Verhältnis nationaler Verjährungsvorschriften zur Ausschlussfrist des Art. 39 II in der Schweiz, IPrax 2003, S. 369ff.

*Jorden, Simone/Lehmann, Michael,* Verbrauchsgüterkauf und Schuldrechtsmodernisierung, JZ 2001, S. 952ff.

*Karollus, Martin,* UN-Kaufrecht, Wien 1991, (zit.: *Karollus*)

*Karollus, Martin,* UN-Kaufrecht: Vertragsaufhebung und Nacherfüllungsrecht bei Lieferung mangelhafter Ware, ZIP 1993, S. 490ff.

*Keil, Andreas,* Die Haftungsbefreiung des Schuldners im UN-Kaufrecht im Vergleich mit dem deutschen und US-amerikanischen Recht, Frankfurt 1993, (zit.: Keil)

*Kindler, Peter,* Sachmängelhaftung, Aufrechnung und Zinssatzbemessung: Typische Fragen des UN-Kaufrechts in der gerichtlichen Praxis, IPRax 1996, S. 16ff.

*Koch, Robert*, Wider den formularmäßigen Ausschluss des UN-Kaufrechts, NJW 2000, S. 910ff.

*Koch, Robert*, Zur Bestimmung des Begriffes der wesentlichen Vertragsverletzung im UN-Kaufrecht im Falle der Lieferung nicht vertragsgemäßer Ware = Anmerkung OLG Frankfurt a.M. 18.01.1994, RIW 1995, S. 98ff.

*König, Detlev,* Voraussehbarkeit des Schadens als Grenze vertraglicher Haftung, in: *Leser/Marschall von Bieberstein* (Hrsg.) Das Haager Einheitliche Kaufgesetz und das Deutsche Schuldrecht, Kolloquium zum 65. Geburtstag von Ernst von Caemmerer, Karlsruhe 1973, S. 75ff., (zit.: *König,* Voraussehbarkeit des Schadens)

*Königer, Ursula,* Die Bestimmung der gesetzlichen Zinshöhe nach dem deutschen Internationalen Privatrecht: eine Untersuchung unter besonderer Berücksichtigung der Artt. 78 und 84 I UN-Kaufrecht (CISG), Dissertation Freiburg, Berlin 1997, (zit.: *Königer*)

*Koziol, Helmut/Welser, Rudolf,* Grundriss des Bürgerlichen Rechts, Band II Schuldrecht (11. Auflage), Wien 2002, (zit.: *Koziol/Welser*)

*Kranz, Norbert,* Schadensersatzpflicht nach den Einheitlichen Haager Kaufgesetzen und dem Wiener UN-Kaufrecht, Dissertation Hamburg, Frankfurt a.M. 1989 (zit.: *Kranz*)

*Kritzer, Albert H.,* Guide to Practical Applications of the United Nations Convention of Contracts for the International Sales of Goods, Deventer 1989, (zit.: *Kritzer,* Practical Applications)

*Krüger, Ulrich,* Modifizierte Erfolgshaftung im UN-Kaufrecht, Bern 1999, (zit.: *Krüger*)

*Kuhlen, Dydra,* Produkthaftung im internationalen Kaufrecht: Entstehungsgeschichte, Anwendungsbereich und Sperrwirkung des Art. 5 CISG, Dissertation Augsburg 1996, (zit.: *Kuhlen*)

*Larenz, Karl,* Lehrbuch des Schuldrechts, Allgemeiner Teil, Band I, 14. Auflage, München 1987, (zit.: *Larenz*)

*Lautenbach, Boris R.,* Die Haftungsbefreiung im internationalen Warenkauf nach dem UN-Kaufrecht und dem schweizerischem Kaufrecht, Dissertation Zürich 1990

*Lebuhn, Jürgen,* Zur Frage der Auslegung der in einem überseeischen Getreidehandelsgeschäft verwendeten Klausel „frei Lager...Bestimmungsort" = Anmerkung zu BGH 19.09.1983, ebenda, S. 31, IPRax 1985, S. 10ff.

*Lettl, Tobias,* Die Falschlieferung durch den Verkäufer nach der Schuldrechtsreform, JuS 2002, S. 866ff.

*Liu, Chengwei,* Recovery of Interest, Nordic Journal of Commercial Law of the University of Turku, Finland, Issue 2003 (1), als PDF Text erhältlich im Internet: http://www.njcl.utu.fi.

*Loewe, Roland,* Internationales Kaufrecht, Wien 1989, (zit.: *Loewe*, Kaufrecht)

*Lookofsky, Joseph M.,* Commentary: Zapata Hermanos v. Hearthside Baking, 6 Vindobona Journal of Int`l Comm. Law and Arb. (2002), S. 27f.

*Looschelders, Dirk,* Die Mitverantwortlichkeit des Geschädigten im Privatrecht, Tübingen 1999, S. 106ff.

*Lurger, Brigitta,* Die wesentliche Vertragsverletzung nach Art. 25 CISG, IHR 2001, S. 91ff.

*Magnus, Ulrich,* Aktuelle Fragen des UN-Kaufrechts, ZEuP 1993, S. 79ff.

*Magnus, Ulrich,* Das UN-Kaufrecht – aktuelle Entwicklung und Rechtsprechungspraxis, ZEuP 2003, S. 523ff.

*Magnus, Ulrich,* Das UN-Kaufrecht: Fragen und Probleme seiner praktischen Bewährung, ZEuP 1997, S. 823ff.

*Magnus, Ulrich,* Das UN-Kaufrecht und neues Verjährungsrecht des BGB – Wechselwirkungen und Praxisfolgen, RIW 2002, S. 577ff.

*Magnus, Ulrich,* Stand und Entwicklung des UN-Kaufrechts, ZEuP 1995, S. 202ff.

*Magnus, Ulrich,* Währungsfragen im Einheitlichen Kaufrecht (Zugleich ein Beitrag zu seiner Lückenfüllung und Auslegung), RabelsZ 53 (1989), S. 116ff.

*Magnus, Ulrich,* Wesentliche Fragen des UN-Kaufrechts, ZEuP 1999, S. 642ff.

*Mazzotta, Francesco,* CISG Art. 78: Endless Disagreement amongst commentators, much less amongst courts, im Internet unter: www.cisg.law.pace.edu/cisg/biblio/mazzotta78.html

*McGregor, Harvey,* McGregor on Damages, 16. Auflage, London 1997, (zit.: *McGregor,* On Damages)

*Mertens, Hans-Joachim/Rehbinder, Eckard,* Internationales Kaufrecht: Kommentar zu den Einheitlichen Kaufgesetzen, Frankfurt a.M. 1975, (zit.: *Mertens/Rehbinder,* EKG)

*Moecke, Hans Jürgen,* Gewährleistungsbedingungen und allgemeine Lieferbedingungen nach dem UNCITRAL-Übereinkommen über den Warenkauf, RIW 1983, S. 885ff.

Münchener Kommentar zum Bürgerlichen Gesetzbuch (4. Auflage): Hrsg. *Rebmann/Säcker*, München 2000, (zit.: MünchKommBGB/Bearbeiter)

Münchener Kommentar zum Handelsgesetzbuch, Band 6., Viertes Buch, Handelsgeschäfte, zweiter Abschnitt: Handelskauf, dritter Abschnitt: Kommissionsgeschäft §§ 373-406 ; Wiener UN-Übereinkommen über Verträge über den internationalen Warenkauf – CISG: Hrsg. *Carsten Schmidt,* München 2004, (zit.: MünchKommHGB/Bearbeiter)

*Murphey, Arthur G.,* Consequential Damages in Contracts for the International Sale of Goods and the Legacy of Hadley, 23 Geo. Wash. J. Intl. & Econ. 1989, S. 415ff. (zit.: *Murphey,* Consequential Damages)

*Neumayer, Karl H.,* Offene Fragen zur Anwendung des Abkommens der Vereinten Nationen über den Internationalen Warenkauf, RIW 1994, S. 99ff.

*Neumayer, Karl H./Ming Catherine,* Convention de Vienne sur les contrats de vente internationale de merchandises, Lausanne 1993, (zit.: *Neumayer/Ming,* CISG)

*Otto, Dirk,* Produkthaftung nach dem UN-Kaufrecht, MDR 1992, S. 533ff.

*Palandt, Otto*, Bürgerliches Gesetzbuch mit Einführungsgesetz, 60. und 62. Auflage, München 2002/2004, (zit.: *Palandt/Bearbeiter*)

*Peter, Alexander F.*, Ersatz der Inkassokosten im grenzüberschreitenden Rechtsverkehr nach UN-Kaufrecht?, IPRax 1999, S. 159ff.

*Piltz, Burghard,* Anmerkung zu OLG Hamburg, 26.11.1999, IHR 2001, S. 23

*Piltz, Burghard,* Die Rechtsprechung zum Haager Einheitlichen Kaufrecht, RIW 1986, S. 167ff.

*Piltz, Burghard,* Incoterms 2000 – ein Praxisüberblick, RIW 2000, S. 485ff.

*Piltz, Burghard,* Neue Entwicklung im UN-Kaufrecht, NJW 1994, S. 1101ff.

*Piltz, Burghard,* Neue Entwicklung im UN-Kaufrecht, NJW 1996, S. 2768ff.

*Piltz, Burghard,* Neue Entwicklung im UN-Kaufrecht, NJW 2000, S. 553ff.

*Piltz, Burghard,* Neue Entwicklung im UN-Kaufrecht, NJW 2003, S. 2056ff.

*Piltz, Burghard,* Internationales Kaufrecht: Das UN-Kaufrecht (Wiener Übereinkommen von 1980) in praxisorientierter Darstellung, München 1993, (zit.: *Piltz*, Internationales Kaufrecht)

*Posch, Willibald/Terlitza*, Ulfried, Entscheidungen des österreichischen Obersten Gerichtshof zur UN-Kaufrechtskonvention (CISG), IHR 2001, S. 47ff.

*Pünder, Herrmann,* Das UN-Kaufrechtsabkommen – Chancen für ein einheitliches Weltkaufrecht, JA 1991, S. 270ff.

*Rabel, Ernst,* Das Recht des Warenkaufs – Eine Rechtsvergleichende Darstellung, 1. Band, Berlin 1936 (zit.: *Rabel*, Warenkauf, 1. Band)

*Rathjen, Peter,* Haftungsentlastung des Verkäufers oder Käufers nach Art. 79, 80 CISG, RIW 1999, S. 561ff.

*Reinhart, Gert,* Fälligkeitszinsen und UN-Kaufrecht, IPRax 1991, S. 376ff.

*Reinhart, Gert,* UN-Kaufrecht, Heidelberg 1991, (zit.: *Reinhart,* UN-Kaufrecht)

*Rheinstein, Max,* Die Struktur des vertraglichen Schuldverhältnisses im anglo-amerikanischen Recht, Berlin 1932, (zit.: *Rheinstein*)

*Rimke, Joern,* Force majeur and hardship, Pace Review of the Convention on Contracts for the International Sale of Goods (1999-2000), S. 197ff.

*Rogers, Vikki M.,* Attorney's Fees: Is the "American Rule" Applicable to International Sales Law Cases?, New York International Chapter News, Vol. 7 No.1 (Spring 2002) S. 21ff.

*Roßmeier, Daniela,* Schadensersatz und Zinsen nach UN-Kaufrecht Artt. 74-78 CISG, RIW 2000, S. 407ff.

*Ryffel, Gritli,* Die Schadenersatzhaftung des Verkäufers nach dem WienerÜbereinkommen über internationale Warenkaufverträge vom 11. April 1980, Dissertation Zürich, Bern 1992 (zit.: *Ryffel*)

*Schack, Heimo,* Der Schutzzweck als Mittel der Haftungsbegrenzung im Vertragrecht, JZ 1986, S. 305ff.

*Schlechtriem, Peter,* 10 Jahre CISG – Der Einfluss des UN-Kaufrechts auf die Entwicklung des deutschen und des internationalen Schuldrechts, IHR 2001, S. 12ff.

*Schlechtriem, Peter,* Anmerkung zum BGH, 03.11.1999, EwiR 2000, S. 125

*Schlechtriem, Peter,* Anmerkung zum BGH, 24.03.1999, JZ 1999, S. 794ff.

*Schlechtrriem, Peter,* Anmerkung zu den Schiedssprüchen SCH-4366 (15.06.1994) und SCH-4318 (15.06.1994) des Internationalen Schiedsgerichts der gewerblichen Wirtschaft in Österreich, RIW 1995, S. 592ff.

*Schlechtriem, Peter,* Anwaltskosten als Teil des Ersatzfähigen Schadens, IPRax 2002, S. 226f.

*Schlechtriem, Peter,* Deutsche Grundsätze zum „Sprachrisiko“ als „Datum“ unter italienischem Vertragsstatut = Anmerkung zum OLG Hamm 08.02.1995, IPRax 1996, S. 184

*Schlechtriem, Peter* (Hrsg.), Einheitliches Kaufrecht und nationales Obligationenrecht. Fachtagung Einheitliches Kaufrecht der Gesellschaft für Rechtsvergleichung, Freiburg i. Br. 16./17.02.1987, Baden-Baden 1987, (zit: *Schlechtriem,* Einheitliches Kaufrecht und nationales Obligationenrecht)

*Schlechtriem, Peter,* Einheitliches UN-Kaufrecht. Das Übereinkommen der Vereinten Nationen vom 11. April 1980 über Verträge über den internationalen Warenkauf (CISG), JZ 1988, S. 1037ff.

*Schlechtriem, Peter,* Internationales UN-Kaufrecht, 2. Auflage, Tübingen 2003, (zit.: *Schlechtriem,* UN-Kaufrecht)

*Schlechtriem, Peter,* Kommentar zum Einheitlichen UN-Kaufrecht, 3. Auflage, München 2000, (zit.: *Schlechtriem/Bearbeiter*)

*Schlechtriem, Peter/Schwenzer, Ingeborg,* Kommentar zum Einheitlichen UN-Kaufrecht, 4. Auflage, München 2004, (zit.: *Schlechtriem/Schwenzer/Bearbeiter*)

*Schneider, Eric C.,* Consequential Damages in the International Sale of Goods: Analysis of Two Decisions, 16 J. Intl. B. L. (1995), S. 615ff.

*Schneider, Dirk,* UN-Kaufrecht und Produkthaftpflicht. Zur Auslegung von Art. 4 Satz 1 und Art. 5 CISG und zur Abgrenzung vertraglicher und außervertraglicher Haftung aus der Sicht des CISG, Dissertation Basel, ebenda 1995, (zit.: *Schneider*)

*Schmid, Christoph,* Das Verhältnis von Einheitlichen Kaufrecht und nationalem Deliktsrecht am Beispiel des Ersatzes von Mangelfolgeschaden, RIW 1996, S. 904ff.

*Schmid, Christoph,* Das Zusammenspiel von Einheitlichem UN-Kaufrecht und nationalem Recht. Lückenfüllung und Normenkonkurrenz, Dissertation München, Berlin 1996, (zit.: *Schmid*)

*Schmidt, Karsten,* Handelsrecht, 4. Auflage, Bonn 1994

*Schulz, Martin,* Neuere Ansichten zur „Specific Performance" im amerikanischen Recht, JA 1991, S. 264ff

*Schwenzer, Ingeborg,* Das UN-Abkommen zum internationalen Warenkauf, NJW 1990, S. 602ff.

*Sebert, John A.*, Remedies Under Article Two of the Uniform Commercial Code: An Agenda under Review, 130 U. of Pa. Law Review 1981, S. 386ff.

*Soergel, Th.* (Begr.), Kommentar zum Bürgerlichen Gesetzbuch mit Einführungsgesetzen und Nebengesetzen: Schuldrechtliche Nebengesetze 2 (CISG), 13. Auflage, Stuttgart 2000, (zit.: *Soergel/Bearbeiter*)

*Staudinger, J. von,* Kommentar zum Bürgerlichen Gesetzbuch und Nebengesetze: Wiener Kaufrecht (CISG), Berlin 2005, (zit.: *Staudinger/Bearbeiter*)

*Witz, Wolfgang/Salger, Hanns-Christian/Lorenz, Manuel,* Internationales Einheitliches Kaufrecht Praktiker Kommentar, Heidelberg 2000, (zit.: *Witz/Salger/Lorenz*)

*Schneider, Eric C.*, Consequential Damages in the International Sale of Goods: Analysis of Two Decisions, 16 Journal of International Business Law 1995, S. 615ff.

*Staudenmayer, Dirk,* Die EG-Richtlinie über den Verbrauchsgüterkauf, NJW 1999, S. 2393ff.

*Stoll, Hans,* Internationalprivatrechtliche Fragen bei der landesrechtlichen Ergänzung des Einheitlichen Kaufrechts, in *Heldrich/Sonneberger* (Hrsg.) Festschrift für Murad Ferid zum 80. Geburtstag, Frankfurt a.M. 1988 S. 495ff., (zit.: *Stoll,* FS-Ferid)

*Su, Yiangxia,* Die Rechtsmängelhaftung des Verkäufers nach UN-Kaufrecht im Vergleich mit dem chinesischen Vertragsgesetz, ZVglRWiss 102 (2003), S. 101ff.

*Sutton, Jeffrey S.*, Measuring Damages Under the United Nations Convention on the International Sale of Goods, Ohio State Law Journal 1989, S. 737ff.

*Teiling, Annabel,* CISG: U.S. Court Relies on Foreign Case Law and the Internet, Modern Law Review 2004, S. 431ff.

*Thiele, Christian,* Das UN-Kaufrecht vor US-amerikanischen Gerichten, IHR 2002, S. 8ff.

*Thiele, Christian,* Interest on Damages and Rate of Interest under Art. 78, 2 Vindobona J. of Intern. Comm. L. and Arb. (1998), S. 3ff.

*Thomas, Heinz/Putzo, Hans,* Zivilprozessordnung (ZPO) Kommentar, 24. Auflage, München 2002, (zit.: *Thomas/Putzo,* ZPO)

*Tiling, Johann,* Haftungsbefreiung, Haftungsbegrenzung und Freizeichnung im Einheitlichen Gesetz über den internationalen Kauf beweglicher Sachen, RabelsZ 32 (1968), S. 258ff.

*Treitel, Guenter H.,* The Law of Contract, 10. Auflage, London 1999, (zit.: *Treitel*)

*Weber, Rolf H.,* Vertragsverletzungsfolgen, in *Bucher* (Hrsg.): Berner Tage für die juristische Praxis 1990, Bern 1991, (zit.: *Weber*, BTJP 1990)

*Welser, Rudolf,* Die Vertragsverletzung des Verkäufers und ihre Sanktion, in *Doralt* (Hrsg.), Das UNCITRAL Kaufrecht im Vergleich zum österreichischen Recht, Wien 1985, S. 105ff. (zit.: *Welser*)

*Weitnauer, Herrmann,* Zum Vorrang der „Gepfolgenheiten" zwischen den Vertragsparteien vor den Bestimmungen des Einheitlichen Kaufrechts = Anmerkung zu OLG Düsseldorf, 12.11.1982, IPRax 1984, S. 185ff.

*Westermann, Harm Peter*, Das neue Kaufrecht, NJW 2002, S. 241ff.

*White, James J./Summers, Robert S.,* Uniform Commercial Code, 5. Auflage, St. Paul 2000, (zit.: *White/Summers*)

*Ziegel, Jacob S.,* Canada and the Vienna Sales Convention, 18 Can. Bus. L. J. (1990-1991), S. 9ff.

*Ziegler, Ulrich,* Leistungsstörungsrecht nach dem UN-Kaufrecht, Dissertation München, Baden Baden 1995, (zit.: *Ziegler*)

*Zweigert, Konrad/Kötz, Hein*, Einführung in die Rechtsvergleichung auf dem Gebiete des Privatrechts, 3. Auflage, Tübingen 1996, (zit:: *Zweigert/Kötz*, Rechtsvergleichung)

## Einleitung

### I. Gegenstand der Arbeit

Das Wiener „Übereinkommen der Vereinten Nationen über Verträge über den internationalen Warenkauf“ -nachstehend CISG[1]- vom 11. April 1980 brachte die von Ernst Rabel schon in den zwanziger Jahren begonnenen Bemühungen um eine Vereinheitlichung des Rechts für den grenzüberschreitenden Warenverkehr zu einem aus heutiger Sicht gelungenen Abschluss[2] und löste gleichzeitig die beiden weniger erfolgreichen Haager Kaufrechtsübereinkommen von 1964, das Einheitliche Gesetz über den Abschluss von internationalen Kaufverträgen (EAG) und das Einheitliche Gesetz über den internationalen Kauf beweglicher Sachen (EKG) ab[3].

Das CISG gilt mittlerweile in 65 Staaten[4], seit dem 01. Januar 1991 in der Bundesrepublik Deutschland[5]. Zu den weiteren Vertragsstaaten gehören nahezu alle europäische Staaten, die USA sowie viele afrikanische und asiatische Staaten. Hypothetisch könnte damit ein Großteil des gesamten internationalen Warenhandels anhand des CISG abgewickelt werden. In der Vergangenheit mieden viele Vertragspartner und ihre Rechtsberater das CISG zunächst, weil sie die mit dem Fehlen von Judikatur verbundene Rechtsunsicherheit scheuten[6]. Mittlerwei-

---

[1] Convention on Contracts for the International Sale of Goods (CISG). Es finden sich auch immer wieder Bezeichnungen wie UNKR, UNK, UN-Kaufrecht, WKR, Wiener Kaufrecht oder KaufÜ in Rechtsprechung und Literatur. Eine einheitliche Bezeichnung hat sich ironischerweise für das einheitliche Warenkaufrecht noch nicht durchgesetzt. Überwiegend fällt die Wahl jedoch auf die auch in dieser Arbeit benutzte Abkürzung CISG. Informativ zu den verschiedenen Bezeichnungen *Flessner/Kadner*, ZEuP 1995, S. 347ff.

[2] Zur Entstehungsgeschichte des CISG sowie Rabels Einfluss, ist bereits ausführlich berichtet worden. Es kann daher u.a. auf die Darstellungen bei *Schlechtriem/Schwenzer/Schlechtriem*, CISG, Einl.; *Staudinger/Magnus*, CISG, Einl., Rn. 19f. jeweils m.w.N. verwiesen werden.

[3] Das EKG und EAG wurde nur in 9 Staaten in Kraft gesetzt und war daher schon von Anfang an zum Scheitern verurteilt. Näher zu den Gründen der geringen Akzeptanz siehe etwa *Huber*, RabelsZ 43 (1979), S. 414f.; *v. Caemmerer*, SJZ 1981, S. 258f. Allerdings dienten die beiden Vorgängerwerke dem CISG in vieler Hinsicht als Grundlage und einige Regelungen stimmen sogar wortwörtlich mit den Haager Kaufgesetzen überein. Aus diesem Grund kann bei der Anwendung des CISG an manchen Stellen mit Gewinn auf die Rechtsprechung und Literatur zum EAG und EKG zurückgegriffen werden.

[4] Stand: 07.03.2005.

[5] BGBl. II 1990, 1477ff. Der lange Zeitraum zwischen Abschluß und Inkrafttreten des Übereinkommens entstand deshalb, weil erst im Dezember 1986 mit der Hinterlegung der Ratifizierungsurkunden der USA, Chinas und Italiens die erforderliche Anzahl von zehn Ratifikationen erreicht bzw. überschritten war; vgl. *Schlechtriem*, UN-Kaufrecht, Rn. 345.

[6] Siehe *Honsell/Honsell*, CISG, Vorwort; kritisch zur Abbedingung des CISG auch *Koch*, NJW 2000, S. 910 (910).

le gibt es Anzeichen, dass sich die bisherige Abbedingungspraxis geändert hat. Erfreulicherweise zeigen die im Internet zugriffsfähigen Datenbanken einen stetigen Zuwachs an Entscheidungen[7]. Ein weiteres Indiz ist die Angleichung des nationalen deutschen Kaufrechts an das CISG durch das Schuldrechtsmodernisierungsgesetz aus dem Jahre 2002[8], so dass der Deutsche Industrie- und Handelskammertag deutschen Exporteuren inzwischen davon abrät, das CISG wie bisher routinemäßig abzubedingen[9].

Die vorliegende Arbeit unternimmt deshalb den Versuch der notwendigen Fortschreibung im Hinblick auf die aufgetretenen Probleme und Herausforderungen sowie die Rechtspraxis, die sich seit Inkrafttretens des CISG entwickelt hat. Allerdings muss sich diese Arbeit auf einen Teilbereich, nämlich das Schadensersatzrecht im CISG, beschränken. Der Schwerpunkt soll dabei nicht in einem klassischen Ländervergleich der unterschiedlichen Regelungen liegen, sondern vielmehr in der Darstellung der Regelung im CISG selbst. Ist das CISG aber Ergebnis einer Zusammenschau verschiedener nationaler Rechte, so vermag der Blick zurück in diese Rechtsordnungen das Verständnis der Konvention dort zu fördern, wo sie unklar bleibt. Daher sollen bei der Auslegung und Weiterentwicklung des CISG zuweilen auch andere Rechtsordnungen herangezogen werden. Darüber hinaus bieten sich andere Regelwerke, wie die „UNIDROIT-Principles for International Commercial Contracts"[10] an, die ebenfalls auf umfassender Rechtsvergleichung beruhen. Die hiermit verfolgte Absicht entspricht der Auffassung, dass der Vergleich wahrscheinlich die effizienteste Methode ist, um die speziellen Probleme eines Rechtsystems herauszufiltern und sich letzt-

---

[7] Die jüngste Übersicht der wohl umfangreichsten Datenbank im Internet der Pace University Law School (New York) verzeichnete im Mai 2005 bereits 1,600 Judikate mit 5,000 Anmerkungen und weist damit eine erhebliche Zunahme gegenüber dem Stand von 1999 aus (etwa 555). Siehe im Internet: www.cisg.law.pace.edu Von hohem Wert sind aber auch die weiteren im Internet zugriffsfähigen **Datenbanken**: www.uncitral.org (Internetseite der United Nations Commission on International Trade (Uncitral) enthält Entscheidungen zum „Case Law on Uncitral Text" (CLOUT), also auch anderen Modelgesetzen; www.cisg-online.ch; www.unilex.info (enthält Entscheidungen in zusammenfassender Form, sog „abstracts", aber auch Volltexte); www.jura.uni-sb.de/CISG/ (berücksichtigt überwiegend französische Rechtsprechung zum CISG).

[8] BGBl. 2001 I S. 3183ff.; s.a. *Schlechtriem*, IHR 2001, S. 12ff. zum Einfluss des CISG auf die Entwicklung des deutschen und internationalen Schuldrechts. Im Verlauf der Arbeit wird dort, wo es angebracht erscheint, auf die Parallelen oder auch Differenzen zwischen dem neuen deutschen Schuldrecht und dem CISG hingewiesen.

[9] Vgl. DIHK (Hrsg.), Die Schuldrechtsreform, Auswirkungen auf den Außenhandel, 2002, S. 24; s.a. *Herber*, IHR 2002, S. 1.

[10] Die UNIDROIT-Principles finden sich im englischen Originaltext bei *Schlechtriem/Schwenzer*, CISG, Anhang V.; eine deutsche Übersetzung in IPRax 1997, S. 205-224. Zum Verhältnis der UNIDROIT-Grundsätze und dem CISG, insbesondere ihre Eignung zur Lückenfüllung siehe *Ferrari*, JZ 1998, S. 9 (11ff.).

lich ihrer Lösung anzunehmen, „weil den Rechtsystemen der Welt notwendigerweise mehr und in ihrer Differenzierung reichhaltigere Lösungen eingefallen sind, als der noch so phantasiereiche in den Grenzen seines eigenen Rechtssystems befangene Jurist in seinem kurzen Leben ersinnen kann“[11].

## II. Gang der Untersuchung

Die vorliegende Arbeit ist in drei Teile gegliedert:

Der erste Teil befasst sich mit den Voraussetzungen und Anspruchsgrundlagen der Schadensersatzhaftung im CISG. Dabei werden die spezifischen Prinzipien der Haftung erörtert. In gebotener Kürze wird auf die aktuelle Rechtsprechung eingegangen soweit sie im Hinblick auf die Schadensersatzhaftung von Bedeutung ist.

Der zweite Teil befasst sich mit der Schadenersatzpflicht, d.h. es wird geprüft, welche Schäden im CISG prinzipiell ersatzfähig sind. Vor allem anhand der gerichtlichen Entscheidungspraxis sowie der vorhandenen Literatur wird untersucht, ob und inwieweit sich eine einheitliche Rechtsprechung und Lehre entwickelt hat. Dabei wurde auf eine rechtsvergleichende Studie in der klassischen Form eines Länderberichts jedoch bewusst verzichtet, weil der Schwerpunkt der Darstellung auf der Regelung des CISG selbst liegen soll.

In einem dritten und abschließenden Teil wird dargestellt, unter welchen Umständen sich der Schuldner von seiner Leistungs- bzw. Schadensersatzpflicht befreien kann.

---

[11] *Zweigert/Kötz*, Rechtsvergleichung, S. 15.

## Erster Teil: Die Prinzipien und Haftungsvoraussetzungen des Schadensersatzes

### I. Einführung

Im Rechtsfolgensystem des CISG stehen dem Gläubiger grundsätzlich drei Rechtsbehelfe nebeneinander[12] zur Verfügung, wenn der Schuldner eine Verpflichtungen aus dem Vertrag oder eine sonstige im CISG normierte Regelung nicht erfüllt. Der Gläubiger ist sodann regelmäßig berechtigt, die Erfüllung des Vertrages, die Vertragsaufhebung und daneben[13] Schadensersatz zu verlangen. Der Käufer kann darüber hinaus bei nicht vertragsgemäßer Ware die Minderung des Kaufpreises erklären.

Voraussetzung für die Geltendmachung jeglicher Ansprüche nach dem CISG ist ein einheitlicher Grundtatbestand, der zunächst eingehend zu betrachten ist, bevor auf das daran anknüpfende Rechtsfolgensystem, insbesondere die Schadensersatzregelungen, eingegangen werden soll.

### II. Das Prinzip eines einheitlichen Vertragsverletzungstatbestandes als Haftungsvoraussetzung eines Schadensersatzanspruches

Das CISG geht für alle Fälle der Beeinträchtigung der Vertragsabwicklung von einem einheitlichen Grundtatbestand aus. Dieser wird einmal als „Vertragsverletzung“[14] bezeichnet, aber auch so umschrieben, dass der Verkäufer bzw. Käufer „eine seiner Pflichten nach dem Vertrag oder dem Übereinkommen nicht erfüllt“[15]. Die Formulierungen sind gleichbedeutend, ihr Wechsel im Ausdruck hat lediglich sprachliche Hintergründe[16]. Die ansonsten aber synonymen Tatbestände umfassen alle denkbaren Fälle der Nicht- und Schlechterfüllung von Vertragspflichten, gleichgültig, ob dies Haupt- oder Nebenpflichten[17] sind und ob

---

[12] Das Verhältnis der verschieden Rechtsbehelfe zueinander wird noch in Abschnitt V. eingehend erörtert.

[13] Dieser Anspruch besteht kumulativ; siehe ausdrücklich Art. 45 II, 65 II CISG.

[14] Vgl. z.B. Art. 45 III, 49 II lit. b, 61 II, 64 II lit. b, 74, 77 CISG.

[15] Vgl. Art. 45 I und 61 I CISG.

[16] *Schlechtriem/Huber*, CISG (3. Auflage), Art. 45, Rn. 6. Auch in der englischen Originalfassung gibt es verschiedene Formulierungen, wie „breach of contract“ und „failure to perform“.

[17] Zu unterscheiden sind jedoch Pflichten, deren Erfüllung nach dem Übereinkommen nur die Voraussetzung für die Ausübung eigener Rechte der betroffenen Partei ist (sog. Obliegenheiten).

die vertragsbrüchige Partei für die Vertragsverletzung („Nichterfüllung") verantwortlich ist[18].

Mit dem einheitlichen Grundtatbestand der Vertragsverletzung folgt das CISG weitestgehend dem aus dem anglo-amerikanischen Recht bekannten Konzept des „breach of contract"[19]. Das Common Law fasst den Schuldvertrag stets als Garantieversprechen[20] auf und gewährt dem Gläubiger, falls der versprochene Erfolg nicht herbeigeführt wird, grundsätzlich nur einen Schadensersatzanspruch wegen „breach of contract", d.h. wegen Nichterfüllung einer vertraglich übernommenen Garantie[21]. Aus der Auffassung des Vertrages als Garantie folgt auch, dass es im anglo-amerikanischen Rechtssystem von keiner Bedeutung ist, welche Art der Vertragsbruch ist. Erbringt einer der Vertragsparteien seine vertraglich versprochenen Leistungen nicht, nicht zur richtigen Zeit oder in sonstiger Art und Weise nicht vertragsgemäß, so hat er die übernommene Garantie nicht eingehalten und den Tatbestand des „breach of contract" erfüllt. Aus diesem Grund ist er seinem Vertragspartner gegenüber schadensersatzpflichtig.

## III. Die „wesentliche" Vertragsverletzung

Das Sanktionensystem der Leistungsstörungen im CISG richtet sich zwar an einem Grundtatbestand der Vertragsverletzung aus, doch kann diese eine einfache oder eine qualifizierte, d.h. eine „wesentliche" sein. Von Bedeutung wird die Unterscheidung bei der Geltendmachung von Ansprüchen gegen den Schuldner, da verschiedene Rechtsbehelfe, insbesondere die Vertragsaufhebung, das Vorliegen einer wesentlichen Vertragsverletzung voraussetzen[22].

---

[18] *Herber/Czerwenka*, Internationales Kaufrecht, Art. 45, Rn. 2; *Schlechtriem/Schwenzer/Müller-Chen*, CISG, Art. 45, Rn. 5.

[19] *Huber*, JBl. 1989, S. 273 (274); *Moecke*, RIW 1983, S. 885 (888). Andere Rechtsordnungen die ihr System der Leistungsstörungen auf einen einzigen Begriff der Vertragsverletzung reduzieren: Frankreich („inéxekution"); Skandinavien („Kontraktsbrott"). Vgl. *Beinert*, S. 101ff; *Eckhardt*, S. 132ff. zum französischen Rechtskreis. Zum einheitlichen Begriff der „Pflichtverletzung" im neuen deutschen Schuldrecht siehe *Palandt/Heinrichs*, BGB, § 280 Rn. 3.

[20] Grundlegend zur historischen Entwicklung dieser Auffassung *Rheinstein*, S. 139ff.

[21] Vgl. *Zweigert/Kötz*, Rechtsvergleichung, S. 221f.

[22] Vgl. Art. 49 I lit. a; 64 I lit. a CISG. Für den Schadensersatzanspruch an sich macht es keinen Unterschied, ob die Verletzung eine wesentliche ist oder nicht. Eingehend zur wesentlichen Vertragsverletzung im CISG siehe daher *Lurger*, IHR 2001, S. 91f.

Nach der Definition[23] des Art. 25 CISG ist eine Vertragsverletzung dann wesentlich, „wenn sie für die Partei solchen Nachteil zur Folge hat, dass ihr im wesentlichen entgeht, was sie nach dem Vertrag hätte erwarten dürfen,....“. In der Praxis führen oftmals zwei Arten der Vertragsverletzung zur Wesentlichkeit der Verletzung. Erstens im Falle der Spätlieferung und zweitens die Lieferung vertragswidriger Ware oder Dokumente bzw. die Verletzung besonderer Vertragsabsprachen.

Zunächst ist anerkannt, dass die bloße Verletzung des Liefertermins grundsätzlich noch keine wesentliche Vertragsverletzung darstellt[24]; nur dann, wenn im Vertrag ein Fixtermin vereinbart wurde, so dass es dem Verkäufer klar ist, dass eine Lieferung nach dem festgelegten Termin für den Käufer wertlos ist[25]. Hat der Käufer dem Verkäufer eine Frist zur Nachlieferung bzw. Nachbesserung gesetzt, so kann das Verstreichen dieser Frist eine wesentliche Vertragsverletzung darstellen[26]

Ein weiterer häufiger Fall der Vertragsverletzung betrifft die Lieferung fehlerhafter Ware oder Dokumente. Die Ware ist auch dann fehlerhaft, wenn sie nicht den besonderen Vertragsabsprachen entspricht. Hier ist der Mangel der Ware jedoch nur dann wesentlich, wenn die betroffene Partei einen, im Verhältnis zu den nach dem Vertrag gerechtfertigten Erwartungen, schwerwiegenden Nachteil erleidet und der Zweck, den die vertragstreue Partei mit dem Vertrag verfolgte, vereitelt wurde[27]. Welches spezifische Interesse die Parteien mit dem Vertrag

---

[23] Die Definition der Wesentlichkeit war auf der Wiener Abschlusskonferenz bis zuletzt umstritten. Einige Länder wollten für die Wesentlichkeit der Vertragsverletzung allein auf das Ausmass des objektiven Nachteils für den Käufer abstellen, also auf die Schwere des dem Käufer entstanden Schadens. Andere Staaten wollten stärker das Interesse berücksichtigen, das die betroffene Partei an der Vertragserfüllung hat, wobei es auf den objektiven und messbaren Schaden nicht ankommen sollte. Eine zur Textverbesserung eingesetzte Arbeitsgruppe entwickelte das jetzige Konzept, auf die berechtigten Vertragserwartungen abzustellen und an ihnen die Wesentlichkeit der Vertragsverletzung zu messen. Vgl. *Schlechtriem*, UN-Kaufrecht, Rn. 111ff.

[24] OLG München, 01.07.2002 (unveröffentlicht), abrufbar im Internet: www.cisg.law.pace.edu/cases/020701g1.html.

[25] OLG Düsseldorf, 21.04.2004, CISG-Online 915; OLG Hamburg, 28.02.1997, (CIF-Vereinbarung), CLOUT Nr. 277; Corte di Appello di Milano, 20.03.1998, englische Übersetzung abrufbar im Internet: www.cisg.law.pace.edu/cases/980320i3.html (Saisonware); *Holthausen*, RIW 1990, S. 101 (105).

[26] Rechtbank van Koophandel Kortrijk, 04.05.04, englische Übersetzung abrufbar im Internet www.cisg.law.pace.edu/cases/040504b1.html, das Fahrzeug wurde erst drei Wochen nach Ablauf der Nachfrist geliefert.

[27] *Brunner*, CISG, Art. 25, Rn. 8; *Herber/Czerwenka*, Internationales Kaufrecht, Art. 25, Rn. 2; *Staudinger/Magnus*, CISG, Art. 25, Rn. 13; *Schlechtriem*, UN-Kaufrecht, Rn. 111; *Holthausen*, RIW 1990, S. 101 (102).

verbinden, kann unterschiedlicher Natur sein und bedarf der Klärung im Einzelfall durch den Tatrichter. In der Vergangenheit haben Gerichte beispielsweise die fehlende Dichtigkeit von Fliesen für eine wesentliche Vertragsverletzung gehalten[28], auch können falsche Größenangaben auf den Etiketten von gelieferten Jeans den Vertrag wesentlich verletzen, wenn nahezu die gesamte Ware hiervon betroffen ist[29]. Entspricht die Ware nicht gewissen Sicherheitsstandards[30] oder ist die Ware bei Lieferung verdorben und daher unverkäuflich bzw. unbrauchbar[31], so kann die Vertragsverletzung ebenfalls wesentlich sein. In der amerikanischen Entscheidung *Delchi Carrier S.p.A. vs. Rotorex Corp.* war die Vertragsverletzung wesentlich, weil die gelieferten Klimaanlagen, hinsichtlich Kühleigenschaften und Stromverbrauch, nicht mit dem Probemodel übereinstimmten und gerade diese Eigenschaften wichtig für die Qualität des Produktes (Klimaanlagen) seien[32]. Die Erwartungen, die eine Partei in die Erfüllung des Vertrages setzt können also sehr Vielfältig sein, so dass es sich immer empfiehlt solche Pflichten, die für wesentlich gehalten werden, in dem Vertrag ausdrücklich als solche festzuhalten.

Darüber hinaus stellte sich vor Gericht mehrmals die Frage, ob bei der Prüfung der Wesentlichkeit der Vertragsverletzung die Behebbarkeit des Mangels (durch Nachbesserung oder Ersatzlieferung) oder deren anderweitige Verwertbarkeit (durch Verkauf) zu berücksichtigen sei, und wenn ja, in welchem Maße? Die deutsche Kommentarliteratur will die Behebbarkeit des Mangels grundsätzlich mitberücksichtigen[33]. Auch die deutsche Rechtsprechung verneint eine wesentliche Vertragsverletzung, wenn der Mangel (selbst ein schwerwiegender) vom Verkäufer ohne zumutbare Belastung des Käufers behebbar ist[34] oder die Ware ohne unverhältnismäßigen Aufwand anderweitig absetzbar, auch mit Preisab-

---

[28] LG Saarbrücken, IHR 2003, S. 27 Fliesen sogen gewöhnliche Haushaltsflüssigkeiten wie Apfelsaftschorle und Multivitaminsäfte auf und verfleckten dadurch.

[29] OLG Hamburg, IHR 2001, S. 19 (21) mit kritischer Anmerkung von *Piltz*, ebenda, S. 23.

[30] Cour d'appel Paris, 04.06.2004, englische Übersetzung abrufbar unter: www.cisg.law.pace.edu/cases/040604f1.html = Unilex 984 (Originaltext) es handelte sich um Schnellkochtöpfe, von denen 1/3 der Lieferung nicht dem entsprechenden Druck standhielten und zu explodieren drohten.

[31] *Chicago Prime Packers vs. Northam Foods*, 21.05.2004, 2004 U.S. Dist. LEXIS 9347 = IHR 2004, S. 156ff. = Unilex 974 verdorbene Schweinerippchen; Gerechtshof Gravenhage, 23.04.2003, IHR 2003, S. 119 = CISG Online 903 = www.cisg.law.pace.edu/cases/030423n1.html, mit Kalium versetztes Mehl.

[32] *Delchi Carrier v. Rotorex*, 06.12.1995, U.S. 2nd Circuit Court of Appeals 71F. 3d 1024 (1995), Unilex 157 = www.cisg.law.pace.edu/cases/951206u1.html „important determinants of the product's value".

[33] *Schlechtriem/Schwenzer/Schlechtriem*, CISG, Art. 25, Rn. 21a; ebenso *Müller-Chen* in Art. 48, Rn. 15; *Staudinger/Magnus*, CISG, Art. 49, Rn. 14; *Lurger*, IHR 2001, S. 91 (98).

[34] So das LG München, IHR 2003, S. 24 (25).

schlag, ist[35]. Haben allerdings mehrere mangelhafte Teillieferungen das Vertrauen in die Leistungsfähigkeit der Verkäuferin ernsthaft erschüttert, braucht die Käuferin sich nicht auf die Nachbesserungsangebote der Verkäuferin einzulassen[36]. Bei ausländischen Entscheidungen schien die anderweitige Verwertbarkeit der vertragswidrigen Ware bzw. deren Mangelbehebbarkeit hingegen keine Rolle gespielt zu haben[37]. In der Praxis werden die Parteien schon im Vorfeld über Alternativlösungen verhandelt haben, so dass die Vertragsaufhebung tatsächlich nur als ultima ratio gegenüber der Minderung oder Nachbesserung in Betracht kommt[38]. Die Behebungsmöglichkeit sollte daher im Rahmen der Wesentlichkeitsprüfung zwar grundsätzlich zu berücksichtigen sein, dies aber nur insoweit die sofortige Vertragsaufhebung nicht durch ein besonderes Interesse des Käufers gerechtfertigt ist[39] oder die Verwertung nicht schon aus anderen Gründen unmöglich erscheint, etwa wenn die Ware wegen drohendem Gesundheitsrisiko bereits beschlagnahmt ist[40].

Schließlich bestimmt Art. 25 HS. 2 CISG, dass der Nachteil dem vertragsbrüchigen Partner als Folge der Vertragsverletzung erkennbar sein muss, bzw. dass eine „vernünftige Person in gleicher Stellung“ die Beeinträchtigung vorhersehen konnte[41]. Diese Voraussehbarkeit, die auch später noch im Rahmen der Schadensbegrenzung nach Art. 74 CISG eine entscheidende Rolle spielt[42], kommt somit als weiteres bestimmendes Element hinzu. Wann der Vertragspartner die Folgen der Verletzung vorhersehen musste, ist im CISG nicht ausdrücklich festgelegt und sollte im Einzelfall dem Gericht zu Entscheidung überlassen werden[43]. In Frage kommt der Moment des Vertragsschlusses[44] oder der Zeitpunkt

---

[35] BGH, 03.04.1996, NJW 1996, S. 2364 (2366) = CISG Online 135 Kobaltsulfat wies nicht die vereinbarte technische Qualität sondern lediglich Futtermittelqualität auf. Ebenso schon OLG Frankfurt a.M., 18.01.1994, RIW 1994, S. 240f. (Damenschuhe); zustimmende Anmerkung *Koch*, RIW 1995, S. 98 (100); s.a. *Diedrich*, RIW 1995, S. 11 (12).

[36] OLG Köln, IHR 2003, S. 15 (17) = RIW 2003, S. 300 (301).

[37] Higher Peoples Court of Ningxia Hui, 27.11.2002, englische Übersetzung abrufbar im Internet:: www.cisg.law.pace.edu/cases/021127c1.html der zwar verschmutze weiße Korund konnte anscheinend problemlos an einen Dritten weiterverkauft werden. Siehe aber auch die anderen o.g. ausländischen Entscheidungen und die weiteren Beispiele bei *Lurger*, IHR 2001, S. 91ff.

[38] BGH, a.a.O. (Fn. 35); Schweizerisches Bundesgericht, 28.10.1998, SZIER 1999, S. 179 (180).

[39] Wie etwa im o.g. Fall des OLG Köln, IHR 2003, S. 15 (17) = RIW 2003, S. 300 (301).

[40] Gerechtshof Gravenhage, 23.04.2003, IHR 2003, S. 119 = CISG Online 903 = www.cisg.law.pace.edu/cases/030423n1.html mit Kalium versetzte Mehl war krebserregend und wurde daher vom Zoll beschlagnahmt.

[41] Die Voraussehbarkeit war ebenfalls Gegenstand heftiger Debatten auf der Wiener Konferenz, vgl. *Schlechtriem*, UN-Kaufrecht, Rn. 112.

[42] Eingehend zur Voraussehbarkeit im Rahmen von Art. 74 CISG siehe unten S. 64ff.

[43] Sekretariatskommentar, Art. 25, Rn. 5; vgl. *Staudinger/Magnus*, CISG, Art. 25, Rn. 16.

des Vertragsbruches[45]. Eine weitere Ansicht geht dahin, auf einen späteren Zeitpunkt, der nach dem Vertragsschluss bis zum Beginn der Erfüllungshandlung reicht, abzustellen[46]. Geht man von dem Grundgedanken der Vorschrift aus, dass die Parteien in ihrem Vertrag und damit mit dem Vertragsschluss ihre Interessen fixieren und damit auch das Gewicht der durch die jeweiligen Pflichten geschützten Interessen festlegen, dann kann sich die Voraussehbarkeit nur auf den Zeitpunkt des Vertragsschlusses beziehen[47]. Da es sich letztlich aber um eine Problem der Auslegung des Vertrages und der Pflichtenvereinbarung handelt, wird es in der Praxis vor allem um Beweis und Beweislast für die Behauptung einer besonderen Bedeutung der jeweils verletzten Vertragspflicht gehen.

## IV. Die gesetzlichen Pflichten der Vertragsparteien

### A. Vorbemerkung

Wie oben dargestellt, löst jegliche Verletzung einer vertraglichen oder nach dem Übereinkommen normierten Pflicht die Rechtsfolgen bzw. Schadensersatzpflicht aus. Um jedoch festzustellen, ob überhaupt eine Vertragsverletzung vorliegt, muss zunächst geklärt werden, welche Pflichten für die Parteien bestehen bzw. bestehen können.

Dem Grundsatz des Vorrangs der Privatautonomie folgend, werden die Pflichten primär von den vertraglichen Vereinbarungen der Parteien bestimmt[48]. Daneben können aber auch Handelsbräuche und Gepflogenheiten treten, soweit die Parteien gemäß Art. 9 CISG an sie gebunden sind[49].

Haben die Parteien jedoch keine besonderen Regelungen vereinbart, so ergeben sich diese aus dem Gesetz. Die typischen Pflichten des Verkäufers umschreibt Art. 30 CISG als die Lieferung der Ware, Eigentumsübertragung der Ware und die Übergabe der betreffenden Dokumente. Unmittelbar im Anschluss befinden

---

[44] So die wohl h.M. *Schlechtriem*, UN-Kaufrecht, Rn. 112; *Herber/Czerwenka*, Internationales Kaufrecht, Art. 25, Rn. 9; *Holthausen*, RIW 1990, S. 101 (105).
[45] *Honnold*, Rn. 183.
[46] *Enderlein/Maskow/Strohbach*, CISG, Art. 25, Rn. 4.3.
[47] So auch *Staudinger/Magnus*, CISG, Art. 25, Rn. 19.
[48] *Farnsworth*, S. 84.
[49] Zur Bedeutung von Handelsbräuchen im CISG siehe grundlegend *Bonell*, JBl. 1985, S. 385ff.; *Weitnauer*, IPRax 1984, S. 185f., zugleich Anm. zum Urteil des OLG Düsseldorf, 12.11.1982, ebenda.

sich weitere Vorschriften (Art. 31-44 CISG), die die Einzelheiten der Erfüllung, wie Lieferort, Lieferzeit und Vertragsgemäßheit behandeln.

Die entsprechenden zentralen Pflichten des Käufers finden sich in Art. 53 CISG. Demnach ist der Käufer verpflichtet die Ware abzunehmen und den Kaufpreis zu zahlen. Weitere Einzelheiten zur Kaufpreiszahlung und Abnahme sind in den folgenden Art. 54-60 CISG geregelt.

Auf diese Bestimmungen soll im Folgenden kurz eingegangen werden, denn sie legen das Grundpflichtenprogramm der Parteien fest, bei deren Verletzung sie haften.

## B. Die gesetzlichen Pflichten des Verkäufers

### 1. Inhalt der Lieferpflicht und Ort der Lieferung

Art. 31 CISG regelt den Inhalt der Lieferpflicht des Verkäufers und den Ort, an dem der Verkäufer die Lieferpflicht zu erfüllen hat. Die typische Hauptpflicht des Verkäufers ist naturgemäß die Lieferung der verkauften Ware. Dabei unterscheidet Art. 31 CISG in lit. a einerseits und lit. b, c andererseits zwischen dem Versendungskauf und dem einfachen Kauf.

#### a) Lieferung durch Übergabe an den ersten Beförderer

Erfordert der Kaufvertrag einen Transport der Kaufsache (Versendungs- bzw. Distanzkauf), wovon bei internationalen Warenkäufen regelmäßig auszugehen ist[50], so erfüllt der Verkäufer seine Lieferpflicht, sofern der Vertrag nicht abweichende Regelungen vorsieht, mit Aushändigung der Ware an den ersten Beförderer[51] zur Übermittlung an den Käufer (Art. 31 lit. a CISG).

---

[50] LG Flensburg, 24.03.1999 (unveröffentlicht) abrufbar im Internet: www.cisg.law.pace.edu/cases/990324g2.html.

[51] Der Begriff (engl. „carrier") wird im CISG nicht näher definiert. In Betracht kommt jedoch nur ein selbständiges Unternehmen des Transportwesens, das den Transport zur Übermittlung an den Käufer im ganzen oder nur zu einem Teil zu bewirken hat. Bspw. ein Frachtführer, Eisenbahnunternehmen oder die Post. Vgl. statt vieler *Schlechtriem/Schwenzer/Huber/Widmer*, CISG, Art. 31, Rn. 19.

Wo er dies bewerkstelligt, steht grundsätzlich in seinem Belieben. In der Praxis werden die Parteien üblicherweise gesonderte Abreden treffen[52]. Zu beachten ist, dass die Verwendung von Klauseln wie „frei...Bestimmungsort“ in der Vergangenheit zu Unstimmigkeiten darüber geführt haben, an welchen Ort der Verkäufer seine Lieferpflicht zu erfüllen hat. Diese von den Parteien vereinbarten Lieferklauseln können nämlich als abweichende Vereinbarung einer Bringschuld gedeutet werden[53] und würden somit einen Erfüllungsgerichtsstand gemäß Art. 5 Nr. 1 EuGVÜ i.V.m. § 29 ZPO an dem jeweiligen Bestimmungsort begründen; sie können aber auch lediglich eine Kostenregelung enthalten, die den Lieferort nach Art. 31 CISG unberührt lässt[54]. Da der Regelfall des Art. 31 CISG die Holschuld sei, bedarf es nach Ansicht des OLG Köln schon besonderer Anhaltspunkte, um eine davon abweichende Regelung anzunehmen[55]. Die Klausel bleibt letztlich auslegungsbedürftig und es wird auf die konkreten Umstände des Einzelfalls ankommen[56]. Zur Sicherheit sollte daher bereits im Vertrag gesondert klargestellt werden, ob die Absprache den Lieferort betrifft oder nur für die Kostentragung gilt[57].

### b) Lieferung durch Zur-Verfügung-Stellen der Ware

Erfordert der Kaufvertrag hingegen keine Beförderung der Ware, so besteht die Lieferpflicht des Verkäufers, vorbehaltlich individueller Abreden, gemäß Art. 31 lit. b, c CISG darin, die Ware dem Käufer zur Verfügung zu stellen.

Der Verkäufer stellt die Ware zur Verfügung, indem er alles tut, was von seiner Seite erforderlich ist, um dem Käufer oder seinem Beauftragten das Abholen zu ermöglichen[58]. Das schließt regelmäßig Aussonderung oder genaue Bezeich-

---

[52] Zu denken ist hier insbesondere an die Verwendung von Incoterms, wie „fob“, „cif“, „fas“, die im einzelnen regeln, wo die Ware zu übergeben ist. Näher dazu *Piltz*, RIW 2000, S. 485ff.
[53] OLG Köln, 08.01.1997, (unveröffentlicht). Abrufbar im Internet: www.cisg.law.pace.edu/cases.970108g1.html.
[54] So schon BGH, IPRax 1985, S. 348; ebenso die höchstrichterliche österreichische Rechtsprechung: OGH 10.09.1998-2 Ob 208/98x, RdW 1999, 210=ZfRV 1999/8; OGH 10.09.1998, 2 Ob 221/98h, JBl. 1999, 333=RdW 1999, 210=ZfRV 1999/9.
[55] OLG Köln, IHR 2002, S. 66; ähnlich das OLG Koblenz, IHR 2003, S. 66.
[56] Beispielsweise in der o.z. Entscheidung des OGH vom 10.09.1998-2 Ob 208/98x, hier entsprach der Lieferort weder der Niederlassung des Verkäufers noch der des Käufers, so dass angenommen wurde, dass die Liefermodalitäten nicht mit der Frage des Gerichtsstandes zu verbinden seien.
[57] *Lebuhn*, IPRax 1985, S. 10 (12).
[58] *Schlechtriem/Schwenzer/Huber/Widmer*, CISG, Art. 31 Rn. 50.

nung ein sowie unter Umständen die erforderlichen Vorbereitung, wie Verpackung und Benachrichtigung des Käufers von der Bereitstellung[59].

Der Ort, wo dies zu geschehen hat, variiert jedoch für Art. 31 lit. b und c CISG. Bei Speziessschulden („bestimmte Ware"), Vorratsschulden (z.B. der Inhalt eines Öltanks), noch herzustellender oder zu erzeugender Ware, sieht lit. b vor, in Übereinstimmung der mutmaßlichen Parteiwillen, dass der Käufer die Ware dort zu holen hat, wo sie nach dem Wissen beider Parteien liegt oder herzustellen oder zu erzeugen ist[60]. In allen anderen Fällen hat der Verkäufer dem Käufer die Ware an dem Ort zur Verfügung zu stellen, an dem der Verkäufer bei Vertragsschluss seine Niederlassung[61] hatte.

## 2. Lieferzeit

Die Bestimmung des Lieferzeitpunktes ist in Art. 33 CISG verankert. Primär genießen auch hier die vertraglichen Vereinbarungen der Parteien den Vorrang. Daher gilt gemäß lit. a der Vorschrift, dass der Verkäufer zu dem Zeitpunkt liefern hat, der vertraglich bestimmt oder bestimmbar ist.

Haben die Parteien nur einen Zeitraum[62] vertraglich bestimmt, so kann der Verkäufer den genauen Zeitpunkt der Lieferung bestimmen, außer es ergibt sich aus den Umständen, dass der Käufer hierzu berechtigt ist (Art. 33 lit. b CISG). Letzteres wird wohl vor allem bei Geschäften anzunehmen sein, bei denen der Käufer für den Transport zu sorgen hat, wie z.B. bei bestimmten Incoterms Vereinbarungen oder wenn Lagerkapazitäten berücksichtigt werden müssen[63].

Ergibt sich aber weder ein Lieferzeitpunkt noch ein Lieferzeitraum aus dem Vertrag oder sonstigen Umständen, dass ist jedenfalls immer dann der Fall, wenn sich ein bestimmter Endtermin für die Lieferpflicht nicht festlegen lässt[64], so gilt nach lit. c eine angemessene Frist nach Vertragsschluss. Lieferung kann beliebig innerhalb dieser Frist erfolgen, also grundsätzlich auch sofort[65].

---

[59] *Schlechtriem*, UN-Kaufrecht, Rn. 126.
[60] *Schlechtriem/Schwenzer/Huber/Widmer*, CISG, Art. 31 Rn. 46.
[61] Bei mehreren oder fehlender Niederlassung ist auf Art. 10 CISG abzustellen.
[62] Z.B.: „Lieferung bis Ende Sept." oder „Lieferung erfolgt in der 55./56. KW".
[63] *Enderlein/Maskow/Stargardt*, CISG, Art. 33, Rn. 1.
[64] *Staudinger/Magnus*, CISG, Art. 33, Rn. 13.
[65] *Staudinger/Magnus*, CISG, Art. 33, Rn. 21; a.A. *Piltz*, Internationales Kaufrecht, §4, Rn. 59 kein Recht zur sofortigen Lieferung.

Diese Regelung weicht zwar vom Wortlaut des §271 I BGB ab, wonach der Käufer die Lieferung „sofort“ verlangen kann. Im Ergebnis heißt „sofort“ aber auch nicht unverzüglich, sondern ist an der Art des Schuldverhältnisses, den sonstigen Umständen sowie den Grundsätzen von Treu und Glauben zu messen[66], so dass dem Verkäufer auch nach deutschem Recht ein angemessener Zeitraum zur Erfüllung einzuräumen ist.

### 3. Übergabe von Dokumenten

Der Verkäufer ist weiterhin gemäß Art. 34 CISG verpflichtet, die Dokumente, die die Kaufsache betreffen[67], dem Käufer auszuhändigen. Die Modalitäten der Dokumentenübergabe richten sich ebenfalls nach den Parteiabsprachen, insbesondere den INCOTERMS, soweit sie vereinbart sind, im Übrigen nach den Gepflogenheiten oder Gebräuchen. Lassen sich keine vertraglichen oder ergänzenden Regelungen finden, so muß die Übergabe so rechtzeitig erfolgen, dass der Käufer die Ware bei Ankunft am Bestimmungsort vom Beförderer übernehmen, die Zollabfertigung durchführen und auch eventuelle Ansprüche gegen den Beförderer oder die Transportversicherung geltend machen kann[68].

### 4. Lieferung der vertragsgemäßen Ware

#### a) Begriff der vertragsgemäßen Ware

Als Grundtatbestand legt Art. 35 I CISG fest, dass die Ware dann vertragsgemäß ist, wenn sie hinsichtlich der Menge, Qualität, und Art sowie Verpackung oder Behältnis den Anforderungen des Vertrages entspricht. Ist eine bestimmte Beschaffenheit nicht vereinbart, so sind in einem zweiten Schritt die in Art. 35 II CISG aufgezählten Kriterien heranzuziehen. Sie gelten jedoch nur beispielhaft als „objektive Mindeststandards“[69] und sind daher weder abschließend noch zwingend[70], um festzustellen, welche Erfordernisse die Ware erfüllen muss, um

---

[66] *Erman/Kuckuk*, BGB, §271, Rn. 3,7.

[67] Hierbei handelt es sich nicht nur um Traditionspapiere (Konnossement, Ladeschein), sondern auch um Versicherungspolicen, Ursprungszertifikate, Währungsfaktura, technische Dokumentationen etc.; näher dazu: *Piltz*, Internationales Kaufrecht, §4, Rn. 80ff.

[68] *Achilles*, CISG, Art. 34, Rn. 2; *Bianca/Bonell/Lando*, CISG, Art. 34, Rn. 2.2; *Staudinger/Magnus*, CISG, Art. 34, Rn. 8.

[69] So der österreichische OGH, 13.04.2000, RdW 2000/506 = RZ 2000/24.

[70] *Ebenroth*, JBl. 1986, S. 681 (689).

vertragsgemäß zu sein[71]. Hiernach ist die Ware insbesondere dann vertragswidrig, (1) wenn sie für den gewöhnlichen Gebrauch untauglich ist (lit. a); (2) wenn sie für einen vorgesehenen speziellen Gebrauch untauglich ist, der dem Verkäufer bei Vertragsabschluss bekannt war; es sei denn, der Käufer hatte insoweit keinen Anlass, auf die Kompetenz des Verkäufers zu vertrauen (lit. b); (3) wenn sie einer Probe oder einem Muster nicht entspricht (lit. c); (4) wenn sie nicht in der üblichen Weise verpackt ist (lit. d). Dabei können auch Handelsbräuche die Vertragsmäßigkeit der Ware bestimmen. In einem Fall stellte sich die Frage, ob es im internationalen Hochseefischhandel einen Handelsbrauch des Inhalts gebe, dass bei Kaufgeschäften über tiefgekühlte Ware stets ein aus der aktuellen Fangquote stammender Fisch gemeint sei. Der österreichische OGH befand für den Fall, dass ein solcher Handelsbrauch bestehen sollte, die Lieferung von Ware aus dem Vorjahr vertragswidrig gemäß Art. 35 II lit a) CISG sei[72]

Grundsätzlich gelten also die im konkreten Vertrag quantitativ und qualitativ besonders vereinbarten Bestimmungen der Parteien[73]. Die Beschaffenheitsvereinbarung ist im CISG, wie auch im deutschen Zivilrecht (§ 434 I S. 1 BGB n.F.), vorrangig. Die Ware ist frei von Sachmängeln, wenn sie bei Gefahrübergang die vereinbarte Beschaffenheit hat und nur ersatzweise wird auf objektive Elemente, wie die Eignung für die gewöhnliche Verwendung oder die übliche Beschaffenheit (§ 434 I S. 2 Nr. 2 BGB n.F.), zurückgegriffen[74]. Das CISG geht also von dem sog. „subjektiven Fehlerbegriff" aus, wie er auch von der h.M. im deutschen Zivilrecht und anderen Rechtsordnungen angenommen wird, wonach die Vertragswidrigkeit (bzw. Fehlerhaftigkeit) bei der Beschaffenheitsabwei-

---

[71] Ausführlich zu den subsidiären Bestimmungen der Vertragsmäßigkeit siehe *Aue*, S. 73ff.

[72] OGH, 27.02.2003, IPRax 2004, S. 350 mit Anmerkung von *P. Huber*, ebenda, S. 358. Im vorliegendem Fall hatten die Instanzgerichte nach Ansicht des OGH noch nicht ausreichend klar festgestellt, ob der Handelsbrauch wirklich bestand. Die Ausführungen des OGH beziehen sich auf den Fall des Bestehens eines solchen Handelsbrauchs. In der Sache konnte der OGH daher noch nicht entscheiden, sondern lediglich das Berufungsurteil wegen fehlerhafter Beweiswürdigung aufheben und an das Berufungsgericht zu weiterer Sachaufklärung zurückverweisen. *P. Huber* zweifelt aber an der dogmatischen Begründung des Ergebnisses des OGHs, seiner Ansicht nach ist der Handelsbrauch bei Art. 35 I CISG einzuordnen. Siehe *P. Huber* a.a.O.

[73] *Schlechtriem/Schwenzer/Schwenzer*, CISG, Art. 35, Rn. 6; *Staudinger/Magnus*, CISG, Art. 35, Rn. 10; *Herber/Czerwenka*, Internationales Kaufrecht, Art. 35, Rn. 3.

[74] Das entspricht im Wesentlichen dem, was in der bisherigen Praxis zu § 459 BGB a.F. unter Fehler verstanden wurde. Wobei der Vorrang der Beschaffenheitsvereinbarung nun stärker betont wird. Vgl. statt aller MünchKommBGB/*Westermann*, §459, Rn. 11. Allgemein zum neuen deutschen Kaufrecht und Mängelgewährleistung siehe *Jorden/Lehmann*, JZ 2001, S. 952ff.; *Westermann*, NJW 2002, S. 241ff.

chung anhand eines Ist-/Sollvergleiches festzustellen ist[75]. Die Regelung im CISG ist mit der deutschen nationalen Regelung weitestgehend identisch, der deutsche Gesetzgeber hat die Anpassung der beiden Rechtsvorschriften bei der Schuldrechtsreform im Jahre 2002 durchaus beabsichtigt[76], wobei ein erheblicher Unterschied bestehen bleibt. So stellt § 434 I BGB n.F. im Hinblick auf die „übliche" Beschaffenheit der Kaufsache ausdrücklich auf den Erwartungshorizont des Käufers ab, während die Rechtsprechung zu Art. 35 CISG mehrmals die Verkäufersicht als letztlich entscheidend herausgestellt hat[77].

Schließlich ist die Frage, ob die Lieferung einer anderen Sache („aliud") als vertragswidrig gilt, im CISG nicht ausdrücklich geregelt. Die herrschende Meinung im Schrifttum[78] und die überwiegende Rechtsprechung[79] gehen davon aus, dass die „aliud-Lieferung" als eine dem Vertrag nicht entsprechende Beschaffenheit zu behandeln ist. Vereinzelt wird hingegen gefordert, dass zumindest bei einer krassen Falschlieferung (z.B. Mais statt Kartoffeln) eine Nichtlieferung vorliegt, die nicht gerügt werden muß[80]. Der Streit hat jedoch praktisch keine Auswirkung, da sich der Verkäufer regelmäßig wegen Art. 40 CISG (Kenntnis oder grob fahrlässige Unkenntnis) nicht auf die unterlassene Rüge berufen kann und die Rechtsfolgen für Nichterfüllung und Schlechtlieferung letztlich gleich sind (Art. 45 ff. CISG)[81]. Da somit eine Differenzierung nicht notwenig ist, sollte man es im Interesse der Rechtsicherheit und Praktikabilität auch unterlassen, die, nicht nur, aus dem deutschen Recht bekannten Abgrenzungsschwierigkeiten ins CISG zu übertragen[82].

---

[75] In anderen Rechtssystemen wird der subjektive Fehlerbegriff ebenfalls vertreten. Für die Schweiz: vgl. *Honsell*, OR BT, S. 67; für Österreich: vgl. *Koziol/Welser*, S. 253.

[76] *Staudenmayer*, NJW 1999, S. 2393 (2394).

[77] BGH, NJW 1995, S. 2099ff.; OGH, IHR 2001, S. 117ff.; LG Darmstadt, IHR 2001, S. 27ff.; vgl. auch *Staudinger/Magnus*, CISG, Art. 35, Rn. 26.

[78] *Brunner*, CISG, Art. 35, Rn. 3; MünchKommHGB/*Benicke*, Art. 35, Rn. 4; *Staudinger/Magnus*, CISG, Art. 35, Rn. 9; *Bamberger/Roth/Saenger*, CISG, Art. 35, Rn. 2; *Schlechriem/Schwenzer/Schwenzer*, CISG, Art. 35, Rn. 10; *Enderlein/Maskow/Strohbach*, CISG, Art. 35, Rn. 4; *Soergel/Lüderitz/Schüßler-Langeheine*, CISG, Art. 35, Rn. 5; *Herber/Czerwenka*, Internationales Kaufrecht, Art. 35, Rn. 2.

[79] BGHZ 132, 290 (296) jedoch offen gelassen für krasses aliud; österreichischer OGH 29.06.1999, RdW 2000/9 = ZfRV 2000, 33; 21.03.2000, ecolex 2000/36 = ZfRV 2000/71 „die Falschlieferung ist daher allein nach Art. 35 ff. CISG zu beurteilen und kein Fall der Nichtlieferung".

[80] OLG Düsseldorf, NJW-RR 1994, 506 (Lieferung von Stoff in nicht bestellter Farbe als Nichtlieferung); *Bianca/Bonell/Bianca*, CISG, Art. 35, Rn. 2.4; *Loewe*, Kaufrecht, S. 51; *Neumayer*, RIW 1994, S. 105f.

[81] So auch *Soergel/Lüderitz-Langeheine*, CISG, Art. 35, Rn. 5; *Schlechtriem/Schwenzer/Schwenzer*, CISG, Art. 35, Rn. 10.

[82] Die ehemalige Abgrenzung zwischen Sachmangel und „aliud"-Lieferung im deutschen Recht ist wegen der Konsequenzen für die Verjährungsfrist von erheblicher Bedeutung gewe-

#### b) Haftungsausschluss bei Kenntnis von der Vertragswidrigkeit

Gemäß Art. 35 III CISG haftet der Verkäufer nicht für die Vertragswidrigkeit der verkauften Sache, wenn der Käufer bei Vertragsabschluss diese Mangelhaftigkeit kannte oder über sie nicht in Unkenntnis sein konnte[83].

Der Käufer kann positive Kenntnis erlangen, etwa wenn der Verkäufer den Mangel ausdrücklich offenbart oder der Käufer ihn erkannt hat[84].

Aus der Formulierung der zweiten Alternative: „nicht in Unkenntnis sein konnte", wird überwiegend der Schluss gezogen, dass grobe Fahrlässigkeit über die Unkenntnis der Fehlerhaftigkeit der Ware ausreichend ist, um die Haftung des Verkäufers auszuschließen[85]. Ein weiterer Teil der Lehre verlangt hingegen mehr als grobe Fahrlässigkeit des Käufers[86]. Angesichts der Auslegung des Begriffes der groben Fahrlässigkeit durch die ständige Rechtsprechung des BGH[87], dürften, zumindest vor deutschen Gerichten, die Unterschiede im Ergebnis jedoch nicht allzu groß sein.

---

sen. In der Neufassung des § 434 III BGB ist es nun dem Sachmangel ausdrücklich gleichgestellt, wenn der Verkäufer eine andere Sache oder eine zu geringe Menge geliefert hat. Das neue deutsche Kaufrecht greift damit auch nicht mehr zur Unterscheidung „aliud", „peius" und Sachmangel. Nach einhelliger Ansicht kommt es wegen der Gleichstellung auch auf die Genehmigungsfähigkeit einer „aliud"-Lieferung beim beiderseitigen Handelskauf nicht mehr an, so dass § 378 HGB a.F. obsolet und folgerichtig aufgehoben wurde. Eingehend zur Falschlieferung durch den Verkäufer nach der Schuldrechtsreform siehe *Lettl*, JuS 2002, S. 866ff.

[83] Dies entspricht im wesentlichen dem § 442 BGB n.F. (§460 BGB a.F.): „Die Rechte des Käufers wegen eines Mangels sind ausgeschlossen, wenn er bei Vertragsschluss den Mangel kennt".

[84] *Honsell/Magnus*, CISG, Art. 35, Rn. 29.

[85] OGH, 27.02.2003, IPRax 2004, S. 350f.; OLG München, 11.03.1998, TranspR-IHR 1999, S. 20 = CISG-Online 310; *Achilles*, CISG, Art. 40, Rn. 1; *Brunner*, CISG, Art. 35, Rn. 20; MünchKommBGB/*Gruber*, Art. 35, Rn. 36; *Staudinger/Magnus*, CISG, Art. 35, Rn. 48; *Honsell/Magnus*, CISG, Art. 35, Rn. 29; *Herber/Czerwenka*, Internationales Kaufrecht, Art. 35, Rn. 10; *Aue*, S. 83ff; *Ryffel*, S. 19; zweifelnd *Ebenroth*, JBl. 1986, S. 681 (689), *Honsell*, SJZ 1992, S. 345 (351).

[86] Arbitration Institute of the Stockholm Chamber of Commerce, 05.06.1998, SZIER 1999, S. 204f. = CISG-Online 379; *Honnold*, Rn. 229; *Schlechtriem/Schwenzer/Schwenzer*, CISG, Art. 35, Rn. 34 und Art. 40, Rn. 4 „ins Auge springende Vertragswidrigkeiten"; *Huber*, RabelsZ 43 (1979), S. 413 (479), *Aue*, S. 85.

[87] Vgl. *Palandt/Heinrichs*, BGB, § 277, Rn. 5 m.w.N.

## c) Untersuchungs- und Rügepflicht des Käufers

### aa) gesetzliches Erfordernis

Der Käufer hat die gelieferte Ware auf seine Mangelhaftigkeit bzw. Vertragsmäßigkeit hin zu untersuchen (Art. 38 I CISG) und gegebenenfalls den Mangel rechtzeitig zu rügen (Art. 39 CISG). Untersuchung und Rüge stellen die Grundlage des Käufers für die Geltendmachung seiner Rechte wegen einer Vertragsverletzung des Verkäufers dar. Geschieht dies nicht ordnungsgemäß, so erwachsen dem Verkäufer hieraus keine selbstständigen Rechte, der Käufer verliert aber seinerseits alle Rechtsbehelfe wegen nicht vertragsgemäßer Lieferung; es handelt sich daher bei der Untersuchungs- und Rügepflicht nicht um echte Pflichten des Käufers, sondern um Obliegenheiten, also um „Pflichten gegen sich selbst"[88].

### bb) Form und Inhalt der Mängelrüge

Die Mängelrüge kann grundsätzlich formlos erfolgen, d.h. sie kann telefonisch oder mit einem sonstigen geeigneten Kommunikationsmittel abgegeben werden[89], also vor allem per Telefax[90] oder der heutzutage international üblichen E-mail. Aus Beweisgründen ist Schriftlichkeit für die rügende Partei ratsam. Inhaltlich, dass hat die gerichtliche Praxis gezeigt, sind jedoch hohe Anforderung an die Rüge zu stellen. So ist in der Rüge die Vertragswidrigkeit bzw. der Mangel genau zu bezeichnen. Pauschale Mitteleilungen, dass „die Ware" Probleme verursacht habe[91], reichen ebensowenig aus, wie der Hinweis darauf, dass die Lieferung „unvollständig" sei[92] oder das sie „verschiedene Qualitätsmängel" aufweise[93]. Die Bestimmtheit der Mängelrüge soll dem Verkäufer die Möglichkeit geben, sich Klarheit über die Art des Mangels zu verschaffen, um dadurch besser in der Lage zu sein, gegebenenfalls geeignete (Nachbesserungs-) Maßnahmen zu ergreifen[94].

---

[88] BGH, NJW 1997, S. 3311; *Staudinger/Magnus*, CISG, Art. 38, Rn. 12; *Soergel/Lüderitz/Schüßler-Langeheine*, CISG, Art. 38, Rn. 1; *Brunner*, CISG, Art. 38, Rn. 12.

[89] LG Frankfurt, NJW-RR 1993, S. 325.

[90] LG Düsseldorf, 25.8.1994, CISG-Online 451.

[91] HG Zürich, 30.11.1998, SZIER 1999, S. 185ff; Tribunale di Vigevano, 12.7.2000, IHR 2001, S. 72; LG München, 20.03.1995, IPRax 1996, S. 31ff. mit Anmerkung *Kindler*, ebenda, S. 16ff.

[92] LG Köln, 30.11.1999, IHR 2001, S. 69.

[93] LG Erfurt, 29.7.2001, IHR 2001, S. 200.

[94] OLG Düsseldorf, RIW 1993, S. 325.

### cc) Untersuchungs- und Mängelrügefrist

Hinsichtlich der Rechtzeitigkeit der Mängelrüge sind im CISG zwei Fristen zu beachten. Zunächst muss der Käufer die Ware innerhalb einer „so kurzen Frist" untersuchen, „wie es die Umstände erlauben" (Art. 38 I CISG) und dann, wenn er eine Vertragswidrigkeit entdeckt hat, muss diese dem Verkäufer innerhalb einer „angemessen Frist" (Art. 39 I CISG) angezeigt werden. Weitere Einzelheiten hinsichtlich der Dauer der jeweiligen Frist sieht das CISG nicht vor[95]. Angesichts dieser interpretationsfähigen Formulierung, der immensen Vielfalt an Gütern und Gepflogenheiten, die Gegenstand eines internationalen Kaufvertrages sein können, erscheint die Frage nach der Rechtzeitigkeit vorprogrammiert und tatsächlich beschäftigt kaum eine andere Frage im CISG die Gerichte seitdem mehr, als die Frage danach, ob der Käufer die Untersuchungs- und Rügefrist versäumt hat. Im Schrifttum ist man bemüht aus der vorhandenen Kasuistik verallgemeinerungsfähige Schlüsse zu ziehen[96]. Aus Sicht der Praxis und aus Gründen der Rechtssicherheit wären zumindest ungefähre Faustregeln wünschenswert, wobei stets zu beachten bleibt, dass nach dem Willen des Gesetzgebers sowohl die „kurze" Untersuchungsfrist aus Art. 38 CISG als auch die Anzeigefrist aus Art. 39 CISG bewusst flexible Regelungen darstellen, um somit den verschiedenen Kulturen uns Gepflogenheiten im internationalen Warenhandel Rechnung zu tragen[97]. Ein italienisches Gericht bezeichnete die Anzeigefrist zutreffend als eine Art „Generalklausel", die den Richter dazu verpflichte, alle Umstände des Einzelfalles in Betracht zu ziehen[98].

Konkrete Umstände des Einzelfalles können also bei der Untersuchungsfrist ebenso wie der Zeitpunkt der Lieferung, Handelsbräuche oder die Art und Weise der Verpackung von Bedeutung sein, wichtig ist auch die Natur der Ware selbst[99]. Bei Waren mit raschem Wertverlust, also verderblichen oder saisonalen Waren, ist grundsätzlich ein schnelleres Handeln geboten, als bei unverderbli-

---

[95] Im Gegensatz zur Vorgängerregelung Art. 11 EKG, der zumindest die Bemessung der „kurzen Frist" regelte, die „unter Berücksichtigung der Umstände so kurz wie möglich ist und mit dem Zeitpunkt beginnt, in dem die Handlung vernünftigerweise vorgenommen werden kann."

[96] Vgl. *Soergel/Lüderitz/Schüßler-Langeheine*, CISG, Art. 39, Rn. 4. Siehe dort auch die vielen Nachweise aus der (teils älteren) Rechtsprechung.

[97] Mit dieser Formulierung wurde einem Begehren der Entwicklungsländer Rechnung getragen, die zu scharf empfundenen Rügemodalitäten abzumildern und insgesamt käuferfreundlicher zu gestalten. Dies führte insbesondere zur Ausnahmevorschrift des Art. 44 CISG. Vgl. *Staudinger/Magnus*, CISG, Art. 38, Rn. 6.

[98] Vgl. Tribunale di Vigevano, 12.07.2000, IHR 2001, S. 72.

[99] *Schlechtriem/Schwenzer/Schwenzer*, CISG, Art. 38, Rn. 15.

cher Ware. Oftmals ist ein Handeln in nur wenigen Stunden[100] oder Tagen[101] geboten. Der Zeitaufwand, den ein Fachgutachter für die Prüfung benötigt um festzustellen, welche Vertragswidrigkeit gegeben ist und wie diese substantiiert gerügt werden kann, etwa bei komplexen Maschinen, kann ebenfalls zu den besonderen zu berücksichtigenden „Umständen“ gehören[102].

Die der Untersuchungsfrist folgende Rügefrist (Art. 39 CISG), beginnt mit Kenntnis bzw. Erkennbarkeit der Vertragswidrigkeit und ist auch dann versäumt, wenn der Käufer zwar unmittelbar nach Feststellung des Mangels diesen anzeigt, er aber die Untersuchungsfrist versäumt hat und deshalb bei ordnungsgemäßer Untersuchung den Fehler früher hätte feststellen müssen. Im Regelfall wird es dem Käufer zumutbar sein, die bei der Untersuchung festgestellte Vertragswidrigkeit dem Verkäufer unmittelbar im Anschluss anzuzeigen. Die Rügefrist also nur ein paar Tage betragen kann[103].

In der gerichtlichen Praxis wird oftmals nicht zwischen der Untersuchungsfrist und Rügefrist unterschieden, vielmehr bilden die Richter eine Gesamtfrist, so dass eine genaue Differenzierung der Fristen mitunter schwierig zu erkennen ist[104]. Darüber hinaus herrscht in der internationalen Rechtsprechung (und Lehre[105]) noch immer Uneinigkeit über die Dauer der (Gesamt-) Rügefrist. So scheinen die Richter in Belgien von einer Gesamtfrist bis zu einem Monat auszugehen[106]. Großzügiger konzediert die französische Rechtsprechung[107]. In einem Fall billigte der deutsche BGH der Käuferin für ihre Entscheidung über das weitere Vorgehen zunächst eine Überlegungsfrist von rund einer Woche und daran folgte eine zweiwöchige Frist für gutachterliche Untersuchungen. Hinzu kam eine „regelmäßige“ Rügefrist von einem Monat, so dass die Rüge insge-

---

[100] OLG Karlsruhe, BB 1998, S. 393 = RIW 1998, S. 235 „bei verderblicher Ware oft nur wenige Stunden“.

[101] Dänisches Vestre Landsret, 10.11.1999, ZEuP 2002, S. 580; mit Anm. *Fogt*, ebenda, S. 581ff. 2 Tage für Weihnachtsbäume im Dezember; s.a. LG Flensburg IHR 2001, S. 67 hielt eine Rüge 4 Tage nach Lieferung von Schlachtvieh verspätet.

[102] BGH, 03.11.1999, TranspR-IHR 2000, S. 3f. = RIW 2000, S. 381 (382); mit Anm. *Schlechtriem*, EWiR 2000, S. 125.

[103] *Reinhart*, UN-Kaufrecht, Art. 39, Rn. 5.

[104] Kritisch dazu *Schlechtriem*, EWiR 2000, S. 125; s.a. *Fogt*, ZEuP 2002, S. 580 (590f.).

[105] Eingehend zum Streitstand vgl. statt vieler *Staudinger/Magnus*, CISG, Art. 38, Rn. 40ff. und Art. 39, Rn. 28ff.

[106] Hof van Beroep Antwerpen, 04.11.1998; Rb van Koophandel te Hasselt, 09.05.1999; Cour d'Appel Mons, 08.03.2001; Rb van Koophandel te Veurne, 25.04.2001; sämtlich abrufbar im Internet unter: www.cisg.law.pace.edu.

[107] Cour d'Appel de Colmar, 24.10.2000, CLOUT No. 400, ungefähr 2 Monate; doch das Gericht berücksichtigte, dass die Parteien lange Zeit versucht hatten sich außergerichtlich zu einigen.

samt nach sieben Wochen nach Eintritt des Schadens nicht verspätet war[108]. Zweifelhaft erscheint, ob der BGH mit der Formulierung „regelmäßig“ eine Festlegung mit präjudizieller Wirkung erzielen wird. Der oberste österreichische Gerichtshof hat sich, wohl in Anlehnung an die Literatur[109], schon in zwei Fällen dafür ausgesprochen, dass, vorbehaltlich besonderer Umstände für Untersuchung und Anzeige, von einer Gesamtfrist von 14 Tagen auszugehen sei[110]. *Magnus* vermutet, dass die divergierende höhere Rechtsprechung die Untergerichte dazu veranlassen wird, in ihrer praktischen Handhabung von einer Regelfrist zwischen vierzehn Tagen und einem Monat auszugehen[111]. Da es aber in erster Linie auf die konkreten Umstände des Einzelfalles ankommt, worauf der OGH in seinen Entscheidungen ausdrücklich hinweist, wird wohl auch in Zukunft schwer von einer „Regelfrist“ auszugehen sein. Im Interesse der Effektivität des internationalen Handelsverkehrs und der einheitlichen Auslegung des CISG sollte aber bedacht sein, dass die Art. 38 und 39 dem Ziel dienen sollen, möglichst schnell Klarheit darüber zu schaffen, ob ordnungsgemäß erfüllt wurde. Hierdurch soll nach Möglichkeit ausgeschlossen werden, dass sich die Parteien später über Mängel streiten, die auch auf unsachgemäßen Gebrauch oder Bedienungsfehlern des Käufers beruhen können.

#### dd) Verwirkung, Verjährung

In der Praxis werden die Parteien bei einem Streit über die Vertragsgemäßheit der gelieferten Ware vielfach versuchen, sich über eine Beseitigung der Vertragswidrigkeit außergerichtlich zu einigen. So wird etwa der Verkäufer auf seine Kosten Reparaturversuche am Kaufgegenstand vornehmen, um vom Käufer gerügte Mängel zu beheben. Der Verkäufer mag sogar aus „Kulanz“ dem Käufer Kosten der Schadenermittlung erstatten, um eine langjährige Lieferbeziehung zu retten. Für den Verkäufer birgt dies die Gefahr, seinen (möglicherweise gegebenen) Einwand einer verspäteten Mängelrüge durch den Käufer zu verlieren. Ob und unter welchen Voraussetzungen der Verkäufer in solchen Fällen still-

---

[108] BGH, 03.11.1999, TranspR-IHR 2000, S. 3f. = RIW 2000, S. 381 (382); mit Anm. *Schlechtriem*, EWiR 2000, S. 125. Im Ergebnis ist dem BGH wohl zuzustimmen, da es sich um eine komplexe Maschine, bei der die Ursachen von Fehlfunktionen nur schwer ermittelt werden konnte, handelte. Unklar bleibt jedoch, warum der BGH die Überlegungs- und Abklärungsbedürfnisse in einer eigenen, quasi „dritten“ Frist behandelte und nicht mit in die Untersuchungsfrist aufnahm.

[109] *Staudinger/Magnus*, CISG, Art. 39, Rn. 49; *Piltz*, UN-Kaufrecht, Rn. 142, 145; für eine Gesamtfrist von 6 Wochen aber etwa *Brunner*, CISG, Art. 39, Rn. 13.

[110] 2. Senat OGH 15.10.1998, JBl. 1999, 318; bestätigt vom 1. Senat OGH 27.08.1999, RdW 2000/10.

[111] *Magnus*, ZEuP 2002, S. 523 (536); siehe schon OLG Saarbrücken, IHR 2001, S. 64 (2 Wochen).

schweigend auf den Einwand der verspäteten Rüge der Vertragswidrigkeit durch den Käufer verzichtet hat, ist fraglich. Der BGH hat in einem Urteil zum CISG die Frage bejaht, dass ein Verkäufer auf seinen Einwand einer verspäteten Mängelrüge stillschweigend verzichtet, wenn er sich 15 Monate lang mit dem Käufer auf Verhandlungen über zu leistenden Schadensersatz wegen vertragswidriger Ware einlässt[112]. In seinen Entscheidungsgründen nimmt der BGH ausdrücklich Bezug auf seine bisherige Rechtsprechung in solchen Fällen für den Geltungsbereich des HGB. Dabei ist anerkannt, dass in der bloßen Aufnahme von Verhandlungen über die vom Käufer gerügten Mängel in der Regel noch kein solcher Verzicht zu sehen ist, da darin auch der Wunsch des Verkäufers liegen kann, zunächst eine gütliche Beilegung des Streits über die Mängel zu versuchen. Es müssen daher schon eindeutige Anhaltspunkte vorliegen, die der Käufer als Aufgabe des Rechts durch den Vertragspartner verstehen darf[113].

Abschließend enthält Art. 39 II CISG eine zweijährige Ausschlussfrist für die Erhebung der Mängelanzeige, die jedoch durch eine vertragliche Garantieregelung (HS 2.) verlängert oder verkürzt werden kann[114]. Die zweijährige Ausschlussfrist kommt freilich nur bei verborgenen Mängeln in Betracht, also solche, die der Käufer trotz sachgerechter Untersuchung nicht früher hätte entdecken können. Für offene Mängel gilt das oben gesagte zur angemessenen Rügefrist.

Die zweijährige Ausschlussfrist ist nicht mit der Verjährung der Gewährleistungsansprüche zu verwechseln[115], denn Verjährungsfristen, so auch die neuere Rechtsprechung[116], sind im CISG nicht geregelt[117]. Solche finden sich vielmehr in sonstigem Einheitsrecht oder sie müssen nach dem kollisionsrechtlich berufenen nationalen Verjährungsrecht beantwortet werden. Insoweit gilt die 4-jährige Verjährungsfrist des formell selbstständigen UN-Verjährungsabkommen von

---

[112] BGH, RIW 1999, S. 385 (386); kritisch dazu *Escher*, RIW 1999, S. 495ff.

[113] Vgl. insgesamt zur bisherigen Rechtsprechung zum HGB: BGH, BB 1991, S. 1732 m.w.N. Der BGH sah darüber hinaus keine Probleme diese für das nationale deutsche Recht entwickelten Grundsätze auch im Geltungsbereich des CISG anzuwenden.

[114] *Schlechtriem/Schwenzer*, CISG, Art. 39, Rn. 26.

[115] *Bamberger/Roth/Saenger*, CISG, Art. 39, Rn. 10; *Witz/Salger/Lorenz*, CISG, Art. 39, Rn. 14; *Brunner*, CISG, Art. 39, Rn. 16; *Schlechtriem/Schwenzer/Schwenzer*, CISG, Art. 39, Rn. 22; *Staudinger/Magnus*, CISG, Art. 39, Rn. 63.

[116] Vgl. OLG Zweibrücken, 26.07.2002, CISG-Online 688 = IHR 2002, S. 67 (69); OGH, 14.01.2002, CISG-Online 643 = IHR 2002, S. 77 (79); Tribunale di Vigevano, 12.07.2000, CISG-Online 493 = IHR 2001, S. 72 (76); OLG München, 21.01.1998, CISG-Online 536.

[117] *Herber/Czerwenka*, Internationales Kaufrecht , Art. 4, Rn. 19; *Schlechtriem/Schwenzer/Ferrari*, CISG, Art. 4, Rn. 35; *Staudinger/Magnus*, CISG, Art. 4, Rn. 38.

1974[118], falls die Parteien ihre Niederlassungen in Vertragsstaaten dieses Übereinkommens haben oder das IPR auf das Recht eines Vertragsstaates verweist (Art. 3 I VerjährungsÜE). Weder Deutschland noch andere EU-Staaten haben dieses Übereinkommen ratifiziert, so dass dort weiterhin das nach dem IPR als Vertragsstatut berufene unvereinheitlichte Recht gilt[119].

## 5. Lieferung der Ware frei von Rechten Dritter

Obgleich im CISG als Haftungsvoraussetzung von einem einheitlichen Vertragsverletzungstatbestand auszugehen ist, wird dennoch zwischen der Sach- und Rechtsmängelhaftung unterschieden[120]. Als systematische Grundlage für die Rechtsmängelhaftung ist die Verpflichtung des Verkäufers aus Art. 30 CISG zu sehen, „das Eigentum an der Ware zu übertragen". Die Frage, wie das Eigentum an der Ware übertragen wird, bleibt allerdings dem anwendbaren nationalen Recht überlassen (Art. 4 lit. b CISG). Art. 41ff. CISG legen die weiteren Pflichten des Verkäufers fest. Differenziert wird hier zusätzlich zwischen einer allgemeinen Haftung für Rechtsmängel (Art. 41 CISG) und einer Belastung durch gewerbliche Schutzrechte Dritter (Art. 42 CISG).

### a) Allgemeine Rechtsmängelfreiheit

Art. 41 CISG regelt, dass der Verkäufer Ware zu liefern hat, die frei von Rechten oder Ansprüchen Dritter ist, es sei denn, dass der Käufer eingewilligt hat, die mit einem solchen Recht oder Anspruch behaftete Ware anzunehmen[121]. Es macht dabei keinen Unterschied, ob die Rechte dinglicher, schuldrechtlicher, privatrechtlicher oder öffentlich-rechtlicher Natur sind. Entscheidend ist, dass der Dritte aufgrund seines Rechtes auf die Sache einwirken oder den Käufer in

---

[118] Übereinkommen der Vereinten Nationen über die Verjährung beim internationalen Warenkauf vom 14.07.1974 – geändert durch Protokoll vom 11.04.1980 (Text abgedruckt in *Staudinger/Magnus*, CISG, Anhang II, Rn. 31).

[119] Probleme bereitet die zweijährige Rügefrist solchen Ländern, die eine kürzere Verjährungsfrist für die Klagen auf Gewährleistung wegen Mängel kennen, weil Mängelansprüche dann noch vor Ablauf des Rügezeitraums verjähren können. Zum deutschen Recht siehe ausführlich *Magnus*, RIW 2002, S. 577ff.; für die Schweiz *Janssen*, IPrax 2003, S. 369ff.

[120] Allgemein zur Rechtsmängelhaftung des Verkäufers im CISG und im Vergleich mit dem chinesischem Vertragsgesetz siehe *Su*, ZvglRWiss 102 (2003), S. 101ff.

[121] Die Einwilligung braucht nicht ausdrücklich erklärt zu werden. Die allgemeine Rechtsmängelhaftung geht damit über die Sachmängelhaftung, bei der, wie oben bereits dargestellt, der Verkäufer schon durch die blosse Kenntnis oder fahrlässige Unkenntnis des Käufers entlastet wird. Vgl. *Enderlein/Maskow/Stargardt*, CISG, Art. 41, Rn. 3; *Ebenroth*, JBl. 1986, S. 681 (690).

sonstiger Weise in der Benutzung, Verwertung oder Verfügung beschränken kann[122].

Ansprüche Dritter, die in Wirklichkeit nicht bestehen, stellt Art. 41 CISG tatsächlich bestehenden Rechten gleich. Das CISG weicht damit von der Regelung in vielen nationalen Rechtsordnungen, die die Rechtsmängelhaftung vom Bestand des Drittrechts abhängig machen[123], bewußt ab. Dem Käufer soll nicht zugemutet werden, sich mit dem Dritten auseinandersetzen zu müssen[124]. Es obliegt daher dem Verkäufer einen unbegründeten Anspruch abzuwehren. Dies ergibt Sinn, da die Ansprüche und Rechte Dritter sich nach nationalem Recht, regelmäßig dem des Verkäuferstaates richten. Im internationalen Warenkauf kann deshalb eher dem Verkäufer zugemutet werden die Rechtslage vor Ort zu klären. Offensichtlich unbegründete Rechtsbehauptungen Dritter sollen jedoch noch keine Rechtsmängelhaftung nach Art. 41 S. 1 CISG auslösen[125]. Wo allerdings die Grenze für die Geltendmachung solcher „leichtfertigen" Ansprüche („frivolous claims") liegt, ist fraglich.

### b) Freiheit von gewerblichen Schutz- und Urheberrechten

Art. 42 CISG enthält eine Sonderregelung für den Fall, dass die Ware mit Rechten oder Ansprüchen Dritter belastet ist, die Dritte aus gewerblichen Schutzrechten oder anderem geistigen Eigentum[126] herleiten. Im Rahmen dieser Vorschrift haftet der Verkäufer, gegenüber der oben dargestellten allgemeinen Rechtsmängelhaftung, nur in deutlich abgeschwächter Form. Der Verkäufer hat einerseits nur für Schutzrechtsfreiheit im voraussichtlichen Verwendungsland der Ware einzustehen und haftet andererseits nur verschuldensabhängig, d.h. er muss das Bestehen derartiger Rechte oder Ansprüche bei Vertragsabschluss gekannt haben oder hätte über sie nicht in Unkenntnis sein können[127].

---

[122] Vgl. *Enderlein/Maskow/Stargardt*, CISG, Art. 41, Rn. 2; *Schlechtriem/Schwenzer/Schwenzer*, CISG, Art. 41, Rn. 4; *Staudinger/Magnus*, CISG, Art. 41, Rn. 7.

[123] Z.B. § 435 BGB, vgl. *Schmidt-Räntsch*, Das Neue Schuldrecht, Rn. 752.

[124] Siehe Sekretariatsbericht Art. 39, Anm. 3; *Staudinger/Magnus*, CISG, Art. 41, Rn. 14, *Honnold*, Rn. 266.

[125] *Schlechtriem/Schwenzer/Schwenzer*; CISG, Art. 41, Rn. 10; *Schlechtriem*, UN-Kaufrecht, Rn. 165; *Herber/Czerwenka*, Internationales Kaufrecht, Art. 41, Rn. 6.

[126] So z.B. Patente, Gebrauchsmuster, Warenzeichen, Firmennamen und Urheberrechte. Nicht erfasst vom Begriff des geistigen Eigentum sind Persönlichkeits- und Namensrechte Dritter, soweit es sich nicht um Handelsnamen handelt. Vgl. *Schlechtriem/Schwenzer/Schwenzer*, CISG, Art. 42, Rn. 4 und 5.

[127] Vorwerfbare Unkenntnis soll dem Sekretariatsbericht zufolge beispielsweise dann vorliegen, wenn das betreffende Schutzrecht im Bestimmungsstaat publiziert ist. Siehe Sekretariatskommentar, Art. 40, Nr. 6. *Honnold*, Rn. 427.

Ferner entfällt die Haftung des Verkäufers gemäß Art. 42 II CISG, wenn der Käufer seinerseits das betreffende Recht oder den Anspruch kannte oder darüber nicht in Unkenntnis sein konnte (lit. a)[128]. Ebenso auch, wenn der Verkäufer technische Zeichnungen, Entwürfe, Formeln oder sonstige Angaben, die der Käufer selbst zur Verfügung gestellt hat, befolgt (lit. b).

Letztlich verliert der Käufer, wie bei der Sachmängelhaftung, gemäß Art. 43 I CISG die ihm zur Verfügung stehenden Rechtsbehelfe, wenn er die Rechtsmängel nicht rechtzeitig rügt[129].

## C. Die gesetzlichen Pflichten des Käufers

Im Anschluss an die Pflichten des Verkäufers werden im CISG die Pflichten des Käufers normiert (Art. 53-65 CISG). Gemäß Art. 53 CISG bestehen für den Käufer zwei Grundpflichten, nämlich die Zahlung des Kaufpreises und die Abnahme der Ware.

### 1. Zahlung des Kaufpreises

Die Kaufpreiszahlungspflicht des Käufers wird in den Art. 54-59 CISG konkretisiert. Hierzu gehören gemäß Art. 54 CISG auch alle Maßnahmen, die nach dem Vertragsinhalt oder aufgrund nationaler Rechtsvorschriften zu treffen sind, um die Zahlung zu ermöglichen[130]. Dies ist daher zu beachten, weil die Einleitung der gebotenen Zahlungsvorbereitungsmaßnahmen somit eine eigenständige Pflicht des Käufers darstellt, deren Verletzung dem Verkäufer bereits deutlich vor der Fälligkeit das gesamte Spektrum der Rechtsbehelfe nach Art. 61 CISG eröffnet.

Die Höhe des Kaufpreises ergibt sich grundsätzlich aus dem Vertrag, d.h. dieser ist vertraglich festgesetzt. Fehlt eine preisliche Vereinbarung und enthält der Vertrag auch keine Regelung zur Berechnung, so wird nach Art. 55 CISG vermutet, dass die Parteien sich stillschweigend auf den zum Zeitpunkt des Ver-

---

[128] Das entspricht der Regelung bei der Sachmängelgewährleistung in Art. 35 III CISG (siehe dazu schon S. 21ff.)

[129] Zur fehlenden absoluten Ausschlussfrist siehe *Schlechtriem*, UN-Kaufrecht, Rn. 170; *Honnold*, Rn. 271.

[130] Hierzu gehören regelmäßig die Annahme eines Wechsels, die Eröffnung eines Akkreditivs, die Stellung einer Bankgarantie und die Beschaffung von Einfuhr- oder Devisengenehmigung.

tragsabschlusses handelsüblichen Kaufpreis der Ware bezogen haben[131]. Haben die Parteien bereits eine Vielzahl von Bestellungen nach Listenpreis abgewickelt, so kommt auch der übliche Listenpreis des Verkäufers in Betracht[132].

Art. 57 CISG legt ferner den Zahlungsort fest. Haben die Vertragsparteien nicht etwas anderes vereinbart, hat der Käufer entweder am Ort der Niederlassung des Verkäufers zu leisten oder, wenn die Zahlung gegen Übergabe der Ware oder von Dokumenten zu leisten ist, an dem Ort, an dem die Übergabe stattfindet. Die Kaufpreisschuld ist somit nach dem CISG, anders als beispielsweise nach deutschem Recht (qualifizierte Schickschuld[133]), als Bringschuld ausgestaltet[134]. Sofern der Käufer nicht vertraglich verpflichtet ist an einem anderen Ort zu zahlen, ist der Erfüllungsort also nach Art. 57 I lit. a CISG der Ort der Niederlassung des Verkäufers. Für einen deutschen Verkäufer hätte dies zur Folge, dass er gemäß Art. 57 I lit. a CISG i.V.m. §29 ZPO und auch Art. 5 Nr. 1 EuGVÜ (bzw. Art. 5 Nr. 1 Lugano-Übereinkommen) die Zahlungsklage am Erfüllungsort, also am Ort seiner Niederlassung erheben kann[135]. Ein in der Praxis nicht zu unterschätzender Vorteil.

Die Regelung des Zeitpunktes für die Zahlung des Kaufpreises in Art. 58 CISG betont die synallagmatische Verbindung von Liefer- und Zahlungspflicht. So ist der Käufer, vorbehaltlich abweichender vertraglichen Vereinbarungen, erst dann zur Zahlung verpflichtet, wenn ihm entweder die Ware bzw. die Dokumente zur Verfügung gestellt werden (Abs. 1) oder die Versendung der Ware erfolgt ist (Abs. 2). In beiden Fällen ist die Fälligkeit der Zahlungspflicht des Käufers weiterhin davon abhängig, dass dieser Gelegenheit zur Untersuchung[136] der Ware hatte (Abs. 3).

Der Verkäufer kann seinerseits gemäß Art. 58 I S. 1, II CISG die Übergabe der Ware oder der Dokumente von der Zahlung des Kaufpreises durch den Käufer abhängig machen.

---

[131] In Betracht kommen handelsübliche Börsen- oder Marktpreise.
[132] So OLG Rostock, IHR 2003, S. 17 (18).
[133] *Palandt/Heinrichs*, BGB, §270, Rn. 1.
[134] Bestätigt durch das LG Göttingen, 20.09.2002, abrufbar im Internet:: www.cisg.law.pace.edu/cases/020920g1.html.
[135] Diese Gleichsetzung des Gerichtsstandes mit dem Zahlungsort ist nicht unumstritten. Hauptkritikpunkt ist, dass mit der Bestimmung zum Zahlungsort die Gefahrverteilung geregelt werden sollte, die Schaffung eines weiteren Gerichtsstandes sei hingegen nicht angestrebt gewesen. Siehe *Schlechtriem/Schwenzer/Hager*, CISG, Art. 57, Rn. 11 m.w.N.
[136] Vgl. hierzu und zur Einschränkung des 2 HS. *Herrmann*, IPrax 1981, S. 109 (113).

Der Kaufpreis ist nach Art. 59 CISG ohne besondere Zahlungsaufforderung fällig. Der Verkäufer kann also die Rechtsbehelfe, die ihm bei nicht rechtzeitiger Zahlung des Käufers zur Verfügung stehen[137], sofort geltend machen.

### 2. Abnahme der Ware

Die Abnahmepflicht des Käufers in Art. 60 CISG besteht aus zwei Elementen. Neben der eigentlichen Pflicht zur Übernahme der Ware (lit. b), trifft den Käufer noch die Pflicht zur Mitwirkung bei der Lieferung (lit. a).

Bei der Pflicht zur Mitwirkung hat der Käufer laut Gesetz alle die von ihm vernünftigerweise zu erwartenden Mitwirkungshandlungen vorzunehmen, die dem Verkäufer die Lieferung der Ware ermöglichen. Oftmals ergeben sich die betreffenden Pflichten aus dem Vertrag, insbesondere aus vereinbarten Lieferklauseln[138], aus Gepflogenheiten oder Handelsbräuchen (Art. 9 CISG) oder aus ergänzenden Bestimmungen des Übereinkommens. Darüber hinaus hat der Käufer die Ware zu übernehmen (lit. a), d.h. körperlich entgegenzunehmen[139]. Welche Handlungen dabei im Einzelnen geschuldet sind, hängt wiederum von den Umständen insbesondere dem Lieferort ab[140].

## D. Die Gleichbehandlung von Haupt- und Nebenpflichten

### 1. Begriff der Nebenpflicht

Die zuvor aufgezeigten (Haupt-) Pflichten stellen das Grundprogramm der Parteien dar. Darüber hinaus können sich aber eine Reihe zusätzlicher Pflichten aus dem Vertrag, der Konvention oder aus Handelsbräuchen ergeben. Pflichten, die ein deutscher Jurist im nationalen Recht gemeinhin als sog. „Nebenpflichten" betrachten würde. Der Text des CISG, wie auch der des deutschen BGBs, trifft jedoch keine Unterscheidung in Haupt- und Nebenpflichten. Prinzipiell ist im

---

[137] Diese entsprechen spiegelbildlich den Rechtsbehelfen bei Vertragsverletzungen durch den Verkäufer. Der Verkäufer kann also Erfüllung (Art. 62 CISG), Aufhebung des Vertrages (Art. 64 CISG) oder Schadensersatz (Art. 74ff. CISG) verlangen.

[138] So muss der Käufer bspw. bei Lieferung „fob" das Schiff chartern und dem Verkäufer dessen Namen sowie Ladeplatz und Zeitpunkt nennen. Siehe *Soergel/Lüderitz/Budzikiewicz*, CISG, Art. 60, Rn. 2.

[139] BGHZ 129, 75 (81) = IPrax 1996, S. 29 = NJW 1995, S. 2099 = RIW 1995, S. 595.

[140] So ist beim Platzkauf die Abholung Käuferpflicht, beim Fernkauf muss der Käufer dem Verkäufer oder seinem Beauftragten Gelegenheit geben, die Ware auf dem Betriebsgelände abzuladen, beim Distanzkauf ist der Käufer zur Auswahl und Instruktion des Beförderers verpflichtet, nach Ankunft hat er die Ware am Bestimmungsort zu übernehmen.

CISG eine solche Differenzierung auch nicht notwendig, da aufgrund des einheitlichen Vertragsverletzungstatbestandes die Rechtsfolgen nicht von der Art der Pflichtverletzung abhängig sind, sondern von der Schwere, also ob die Vertragsverletzung eine „wesentliche" ist oder nicht[141]. Somit kann auch die Verletzung einer Pflicht, die nicht zu den Hauptpflichten aus dem Vertrag gehört, wesentlich sein und zur Vertragsaufhebung führen[142]. Überflüssig erscheint daher die dennoch, zumindest in der deutschsprachigen Kommentarliteratur bestehende Tendenz, die aus dem deutschen Recht gewohnte Unterteilung auch ins CISG übertragen zu wollen[143]. *Magnus* schlägt vor, um Missverständnisse zu vermeiden, anstatt von Nebenpflichten von Zusatzpflichten oder weiteren Pflichten zu sprechen[144]. Letztlich erscheint es jedoch eine Geschmacksfrage zu sein, ob man diese Pflichten nun als Pflichten, deren Nichterfüllung zu einer wesentlichen Vertragsverletzung führt und Pflichten, deren Nichterfüllung zu einer unwesentlichen Vertragverletzung führt nennt, oder ob man diese Pflichten kurz als Haupt- und Nebenpflichten bezeichnet[145].

## 2. Typische Beispiele einer Nebenpflicht

Angesichts der Vielfalt, da jeweils vom Vertragsinhalt abhängig, der in Frage kommenden Zusatz- oder Nebenpflichten, sollen hier lediglich einige typische Beispiele zur Veranschaulichung dargestellt werden.

Das Gesetz selbst kennt neben den in Art. 30 und 53 CISG genannten (Haupt-) Pflichten der Parteien noch eine Reihe ergänzender Vorschriften, die, wenn man wollte, wohl als Nebenpflichten bezeichnen könnte. Hierzu zählt die Pflicht beim Versendungskauf die Versendung der Ware anzuzeigen, gegebenenfalls einen Beförderungs- und Versicherungsvertrag abzuschließen und Auskunft zu

---

[141] *Staudinger/Magnus*, CISG, Art. 30, Rn. 20; *Honsell/Karollus*, CISG, Art. 32, Rn. 12.

[142] OLG Frankfurt, NJW 1992, S. 633 (634) Exklusivitätsabrede als vertragliche Nebenpflicht, deren Verletzung zur Aufhebung des gesamten Vertrages führte.

[143] In einigen Kommentaren heißt die Überschrift von Art. 32 CISG „Nebenpflichten bei Beförderung"; *Soergel/Lüderitz/Schüßler-Langeheine*, CISG, Art. 32; *Honsell/Karollus*, CISG, Art. 32. Andere Autoren sprechen hingegen von „Pflichten hinsichtlich der Beförderung der Ware" und meiden somit die Unterscheidung zwischen Haupt- und Nebenpfllichten. So *Staudinger/Magnus*, CISG, Art. 32; *Schlechtriem/Schwenzer/ Huber/Widmer*, CISG, Art. 32; *Achilles*, CISG, Art. 32; *Herber/Czerwenka*, Internationales Kaufrecht, Art. 32.

[144] *Schlechtriem/Magnus*, CISG, Art. 30, Rn. 20.

[145] Eigentlich ist auch im deutschen Zivilrecht nach der Schuldrechtsreform 2002 die Einteilung in Haupt- und Nebenpflichten entbehrlich geworden. Diente vormals das Rechtsinstitut der pVV zur Erfassung von Nebenpflichten, ist dieses nun in §280 BGB n.F. kodifiziert und der dort herrschende Begriff der „Pflichtverletzung" umfasst ebenfalls alle Leistungspflichten, Nebenleistungspflichten und Verhaltenspflichten. *Palandt/Heinrichs*, 60. Auflage, Ergänzungsband zum BGB, § 280, Rn. 12.

erteilen (Art. 32 CISG). Es gibt Pflichten zur Erhaltung der Ware (Art. 85ff. CISG), eine Pflicht zur Mitteilung der Erfüllungsaussetzung (Art. 73 III CISG) oder drohender Lieferhindernisse (Art. 79 IV CISG)[146].

Weitere Pflichten, wie die Pflicht zur Montage, Einarbeitung oder Wartung können vertraglich vereinbart werden. Auch verbindliche Gebräuche oder Gepflogenheiten (Art. 9 CISG) zwischen den Parteien, sowie der Grundsatz von Treu und Glauben[147] (Art. 7 CISG) können weitere Pflichten begründen, sofern vereinbarte Ziele den Einsatz bestimmter Mittel erfordern. So ist der Verkäufer, wenn er die Ware liefern muss, dazu verpflichtet, die entsprechende Ausfuhrgenehmigung zu besorgen. Dem Käufer muss er dann auch etwaige Auskünfte erteilen, damit dieser die erforderliche Importlizenz beantragen kann.

Ferner verlangt die aus Art. 7 CISG und anderen Einzelvorschriften abgeleitete Kooperationspflicht, das dem Vertragserfolg gefährdende Handlungen zu unterlassen sind[148].

Die Verletzung dieser Pflichten bedeutet immer auch eine Vertragsverletzung, für die die Parteien nach den Maßgaben von Art. 45ff bzw. 61ff. CISG haften, also dementsprechend auch schadensersatzpflichtig gemäß Art. 74 CISG werden.

## V. Rechtsfolgen der Vertragsverletzung und das Prinzip der Kumulierung des Schadensersatzanspruches mit anderen Rechtsbehelfen

Hat der Verkäufer oder der Käufer eine seiner vertraglichen oder gesetzlichen Pflichten verletzt, so steht der vertragstreuen Partei eine Anzahl von Rechtsbehelfen zur Verfügung. Dem Begriff der wesentlichen Vertragsverletzung kommt dabei zentrale Bedeutung[149] zu, da bestimmte Rechtsbehelfe an die Wesentlichkeit der Vertragsverletzung gebunden sind.

---

[146] Näher dazu *Kock*, S. 45

[147] Eine Entscheidung des Cour d'appel Grenoble, 22.02.1995, JDI. 1995, S. 632 (639) = Unilex E. 1995-7 verurteilte den Kläger zu Schadensersatz wegen rechtsmissbräuchlicher Klageerhebung. Als Begründung wird ohne weiteres der „Grundsatz des guten Glaubens im internationalen Handel“ angeführt, ohne jedoch weder das Bestehen noch die Voraussetzungen eines solchen zu prüfen. Ansprüche aus dem Prinzip von Treu und Glauben sollten daher zurückhaltend ausgeübt werden, um eine grenzenlose Ausweitung wie im deutschen Recht unter § 242 BGB zu vermeiden.

[148] *Soergel/Lüderitz/Budzikiewicz*, CISG, Art. 30, Rn. 3.

[149] *Piltz*, RIW 1986, S. 167 (170).

Um ein besseres Verständnis für das System der Rechtsfolgen im CISG zu gewinnen, folgt zunächst eine Übersicht der Rechtsbehelfe der Parteien. Sodann ist unter Beachtung des Grundsatzes der Kumulierung in gebotener Kürze auf die einzelnen Rechtsbehelfe und ihr Verhältnis zum Schadensersatzanspruch einzugehen.

## A. Rechtsbehelfe des Käufers bei Vertragsverletzung des Verkäufers

Die Rechtsbehelfe des Käufers sind in Art. 45 CISG aufgezeigt, hiernach kann der Käufer die in Art. 46-52 CISG vorgesehenen Rechte ausüben und Schadenersatz nach Art. 74-77 CISG verlangen[150]. Aus Art. 45 I lit. a) und b) ergibt sich daher im Überblick Folgendes Schemata:

- Im Falle der Nichtlieferung behält der Käufer nach wie vor seinen Erfüllungsanspruch (Art. 46 I CISG). Stellt die Nichterfüllung eine wesentliche Vertragsverletzung[151] dar, so kann der Käufer die Vertragsaufhebung erklären (Art. 49 I CISG).

- Bei Lieferung nicht vertragsgemäßer Ware steht dem Käufer zunächst ein Anspruch auf Nacherfüllung zu. Dieser kann in Form eines Nachbesserungsanspruches bestehen oder, bei wesentlicher Vertragsverletzung, das Recht auf Ersatzlieferung beinhalten (Art. 46 II und III CISG). Er kann jedoch auch den Vertrag aufheben, wenn die Vertragswidrigkeit eine wesentliche Vertragsverletzung darstellt (Art. 49 I CISG).Schließlich kann der Käufer bei Lieferung nicht vertragsgemäßer Ware den Kaufpreis mindern (Art. 50 CISG).

- Darüber hinaus kann der Käufer gemäß Art. 45 I lit. b) CISG Schadensersatz nach den Art. 74 bis 77 CISG geltend machen. Dieser Anspruch steht dem Käufer kumulativ, d.h. neben[152] den oben genannten Rechtsbehelfen zu. Art. 45 I lit. b) CISG stellt gleichzeitig die Anspruchsgrundlage des Käufers für jegliche Schadensersatzansprüche gegen den Verkäufer dar. Im Gegensatz zu Art. 45 I lit. a) CISG, der auf die dem Käufer zustehenden Rechtsbehelfe lediglich ver-

[150] Erwähnt sei, dass Art. 45 I lit. a CISG eine nicht ganz vollständige Aufzählung der Rechte des Käufers enthält. Es fehlt der Verweis auf die Art. 71-73 CISG (Leistungsverweigerungsrecht und Vertragsaufhebung bei drohender Vertragsverletzung, Rechte bei Sukzessiv-Lieferungsverträgen). So auch *Herber/Czerwenka*, Internationales Kaufrecht, Art. 45, Rn. 7; *Witz/Salger/Lorenz*, CISG, Art. 45, Rn. 9.

[151] Z.B. bei einem Fixgeschäft.

[152] So ausdrücklich Art. 45 II CISG.

weist, kommt dieser Bestimmung eine selbstständige, rechtserzeugende Bedeutung zu[153].

Während das deutsche BGB von einem zweistufigen Rechtsbehelfsystem ausgeht, vgl. § 437 BGB n.F. (1. Stufe Nacherfüllung, 2. Stufe Rücktritt, Minderung und/oder Schadensersatz), stehen die Rechtsbehelfe im CISG dem Käufer stets nebeneinander oder auch im Einzelnen zur Verfügung[154], solange sie nicht miteinander unvereinbar sind. Dieser Grundsatz der Kumulierung der Rechtsbehelfe folgt aus den Art. 61 II und 62 CISG[155] sowie aus dem Verbot des „venire contra factum proprium“[156]. Im Ergebnis steht nur die Selbstverständlichkeit, dass die Anspruchskumulation nicht zu einer Überentschädigung führen darf[157], d.h. der Anspruch auf Schadenersatz scheidet aus, wenn die Ausübung eines anderen Rechtbehelfes den Schaden der vertragstreuen Partei bereits ersetzen würde[158].

Die Höhe und Art des Schadensersatzes kann also unterschiedlich sein, je nachdem in welcher Kombination mit einem anderen Rechtsbehelf er geltend gemacht wird. Im Folgenden soll daher betrachtet werden, wie sich der Schadensersatzanspruch neben der Ausübung der anderen dem Käufer zustehenden Rechtsbehelfe verhält.

### 1. Verbindung des Erfüllungsanspruches mit dem Schadensersatzanspruch

Hält der Käufer an seinem Erfüllungsanspruch gemäß Art. 46 CISG fest, so kann er daneben nach Art. 45 I lit. b CISG Ersatz des Schadens verlangen, der durch die verspätete Erfüllung, durch Ersatzlieferung oder durch Nachbesserung nicht mehr behoben werden kann. Unvereinbarkeit mit dem Anspruch auf Erfüllung besteht sachlogisch mit dem Anspruch auf Vertragsaufhebung, Preisminde-

---

153 *Schlechtriem/Schwenzer/Müller-Chen*, CISG, Art. 45, Rn. 1.

154 Art. 45 II bzw. 61 II CISG lautet: „Der Käufer (bzw. Verkäufer) verliert das Recht, Schadenersatz zu verlangen, nicht dadurch, dass er andere Rechtsbehelfe ausübt“.

155 Art. 62 CISG statuiert, dass der Verkäufer die Kaufpreiszahlung und Abnahme nur verlangen kann, solange er keinen weiteren Rechtsbehelf ausgeübt hat, der mit diesem Verlangen unvereinbar wäre.

156 *Witz/Salger/Lorenz*, CISG, Art. 61, Rn. 4.

157 *Enderlein/Maskow/Strohbach*, CISG, Art. 45, Rn. 6.

158 OLG Schleswig, IHR 2003, S. 67. Im konkreten Fall ging es um Schafe, die nach Ansicht des Käufers (u.a.) zu mager waren. Der Käufer hatte einerseits den Kaufpreis nach Art. 50 CISG gemindert, andererseits aber Kosten für die Mästung der Schafe auf das (seiner Ansicht nach) geschuldete Niveau verlangt. Näher zu dem Verhältnis Preisminderung/Schadensersatz noch unten S. 44.

rung oder wenn der Käufer Schadensersatz wegen Nichterfüllung verlangt. Es können aber auch prozessuale Hindernisse dem Erfüllungsanspruch entgegenstehen. Gemäß Art. 28 CISG braucht ein Gericht einem Anspruch auf Erfüllung nur dann stattzugeben, wenn es dies auch nach seiner eigenen Rechtsordnung täte. Dies betrifft vor allem die Länder des Common Law, die die Durchsetzbarkeit von Ansprüchen auf Erfüllung in Natur („specific performance") nur in Ausnahmefällen zulassen, wenn der Gläubiger gerade hieran ein besonderes Interesse hat[159].

Im Falle der Nichtlieferung hat der Käufer das Recht, eventuell unter Festlegung einer neuen Frist, auf die Erfüllung des Vertrages zu bestehen. Als hinzukommende Schadensposition kommen dann die Kosten in Betracht, die infolge der Verzögerung beim Käufer entstanden sind.

Liefert der Verkäufer vertragswidrige Ware, kann der Käufer auf Nacherfüllung durch Ersatzlieferung (Art. 46 II CISG) oder Nachbesserung (Art. 46 III CISG) bestehen. Diese beiden Ansprüche unterliegen jedoch unterschiedlichen Tatbestands-voraussetzungen. So kann der Käufer eine Ersatzlieferung bei Beschaffenheitsmängeln nur dann fordern, wenn die Vertragswidrigkeit der Ware eine wesentliche Vertragsverletzung darstellt und er den Anspruch zusammen mit der Mängelanzeige oder innerhalb einer angemessenen Frist danach geltend macht[160]. Der Nachbesserungsanspruch des Käufers wiederum muss objektiv möglich sein und dem Verkäufer unter Berücksichtigung aller Umstände zugemutet werden können[161]. Auf die Wesentlichkeit der Vertrags-verletzung kommt es hingegen nicht an. Dies bedeutet in letztlicher Konsequenz, dass wenn die Vertragswidrigkeit nicht wesentlich ist und die Nachbesserung für den Verkäufer unzumutbar, dann bleibt dem Käufer nur übrig die fehlerhafte Ware zu behalten und sich mit dem Minderungs- und Schadensersatzanspruch abzufinden[162]. Der Käufer wird also seinen Erfüllungsanspruch in Form der Ersatzlieferung oder Nachbesserung geltend machen und zusätzlich als Schadensersatz den Verzögerungsschaden, der infolge verspäteter Lieferung der Ware oder verspä-

---

[159] Vgl. *Zweigert/Kötz*, Rechtsvergleichung, S. 477ff.

[160] Daneben ist weiterhin erforderlich, dass der Käufer die fehlerhafte Ware im Wesentlichen in dem Zustand zurückgeben kann, in dem er sie erhalten hat (Art. 82 CISG).

[161] Unzumutbarkeit wird vor allem dann vorliegen, wenn die Nachbesserung für den Verkäufer unverhältnismäßig kostspielig ist. Vgl. *Staudinger/Magnus*, CISG, Art. 46, Rn. 61.

[162] Dieses Ergebnis ist bei Mängeln von untergeordnetem Gewicht hinzunehmen. Bei gewichtigen Mängeln geht *Huber* davon aus, dass der Verkäufer im Regelfall zur Nachbesserung oder Ersatzlieferung freiwillig bereit ist. Unterlässt der Verkäufer die Nachbesserung aus welchen Gründen auch immer, so verletzt der Verkäufer zusätzlich zur fehlerhaften Lieferung seine Nachbesserungspflicht. Dies zusammen ergibt immer eine wesentliche Vertragsverletzung, die wiederum zur Ersatzlieferung oder Vertragsaufhebung berechtigt. So *Schlechtriem/Huber*, CISG (3. Auflage), Art. 46, Rn. 43, 49ff, 60.

teter Herstellung ihrer Fehlerfreiheit entstand, fordern. Er kann aber auch den Ersatz möglicher Begleit- und Folgeschäden geltend machen[163].

## 2. Verbindung der Vertragsaufhebung mit dem Schadensersatzanspruch

Nach Art. 49 I CISG kann der Käufer die Auflösung des Vertrages erklären, sofern er infolge der Pflichtverletzung durch den Verkäufer kein Interesse mehr an der Erfüllung hat. Diese Erklärung muss, in schriftlicher oder mündlicher Form, vom Käufer ausgehen und hat rechtsgestaltende Wirkung[164]. Die Möglichkeit der Vertragsaufhebung setzt jedoch das Vorliegen einer wesentlichen Vertragsverletzung oder die Nichtlieferung innerhalb der vom Käufer gesetzten Nachfrist voraus[165].

Eine Entscheidung des OLG Köln[166] setzte sich jüngst mit wichtigen Grundfragen der Anwendung des Art. 49 I CISG auseinander. Im konkreten Fall ging es um Kleidungsartikel. Das Gericht berücksichtigte dabei die Grundtendenz im CISG zutreffend, dass die Vertragsaufhebung zugunsten anderer Rechtsbehelfe, insbesondere der Minderung und Schadensersatz, zurückzudrängen sei. Die Rückabwicklung des Vertrages solle dem Käufer nur als letzte Möglichkeit zur Verfügung stehen[167].

Die Rechtsfolgen einer wirksam erklärten Vertragsaufhebung regelt Art. 81 CISG. Demnach werden die Parteien durch die Aufhebung des Vertrages von ihren Vertragspflichten, mit Ausnahme etwaiger Schadensersatzpflichten, be-

---

[163] BGH, RIW 1999, S. 617ff. = CISG-Online 396; OGH, ZfRVgl. 1996, S. 248ff. = CISG-Online 224; *Schlechtriem/Schwenzer/Müller-Chen*, CISG, Art. 45, Rn. 26.

[164] Siehe Art. 26 CISG. Die Erklärung ist, wenn sie auf geeigneten Übermittlungswegen abgegeben wurde, nach Art. 27 CISG nicht zugangsbedürftig. Eine Vertragsaufhabung kraft Gesetzes kennt das CISG im Gegensatz zum EKG nicht mehr. Näher *Leser*, in: *Schlechtriem* (Hrsg.), Einheitliches Kaufrecht und nationales Obligationenrecht, S. 232f.

[165] Darüber hinaus besteht gemäß Art. 72 CISG die Möglichkeit einer Partei die Aufhebung des Vertrages bei sog. „vorweggenommener Vertragsverletzung" bereits vor Fälligkeit zu erklären. Hierzu müßte sich jedoch vor dem eigentlichen Leistungstermin bereits eine wesentliche Pflichtverletzung durch eine Partei offensichtlich abzeichnen (Abs. 1) oder eine Partei hat ernsthaft und endgültig erklärt, zum Fälligkeitszeitpunkt nicht leisten zu wollen (Abs. 2).

[166] OLG Köln, IHR 2003, S. 15 = RIW 2003, S. 300.

[167] Ausführlich zur Zurückdrängung der Vertragsaufhebung im CISG und als Wesensmerkmal moderner Vertragsrechtswerke siehe *P. Huber*, Irrtumsanfechtung und Sachmängelhaftung, S. 247ff.

freit. Der Vertrag fällt allerdings nicht gänzlich weg[168], vielmehr wandelt sich das ursprüngliche Vertragsverhältnis in ein Rückgewährschuldverhältnis um[169], aus dem der Käufer nun im Wege der Schadensliquidation sein volles Interesse an der richtigen Erfüllung des Vertrages erhalten soll[170].

Das bedeutet, dass der Käufer neben der Vertragsaufhebung berechtigt ist, den vollen Schadensersatz wegen Nichterfüllung zu verlangen, der alle Verzögerungs-, Begleit-, und Folgeschäden einschließlich des entgangenen Gewinns mitenthält[171].

### 3. Verbindung der Preisminderung mit dem Schadensersatzanspruch

Die Verbindung der Preisminderung mit dem Schadensersatzanspruch ist ebenfalls zulässig. Hat der Verkäufer Ware geliefert die nicht vertragsgemäß ist[172], steht dem Käufer gemäß Art. 50 CISG das Recht auf Minderung des Kaufpreises zu. Danach behält dieser die nicht vertragsmäßige Ware und passt, mittels einer einseitigen rechtsgestaltenden und unter den Voraussetzungen des Art. 27 CISG nicht zugangsbedürftigen Willenserklärung, den Kaufvertrag an die veränderte Lage an, in dem er den Preis in dem Verhältnis herabsetzt, in dem der Wert, den die tatsächlich gelieferte Ware zum Zeitpunkt der Lieferung hatte, zu dem Wert steht, den die vertragsmäßige Ware zu diesem Zeitpunkt gehabt hätte[173]. Damit liegt dem CISG, ebenso wie dem deutschen Recht[174], die sog. „rela-

---

[168] Siehe *v. Caemmerer*, SJZ 77 (1981), S. 257 (264f) der insofern bedauert, dass die Formulierung „Vertragsaufhebung" gewählt wurde, da diese den Eindruck erweckt der Vertrag würde beseitigt oder zerstört und daher nicht mehr die Grundlage für Ansprüche auf das Vertragsinteresse oder für sonstige Ansprüche sein könnte.

[169] *Brunner*, CISG, Art. 81, Rn. 2; MünchKommHGB/*Benicke*, Art. 81, Rn. 10; *Soergel/Lüderitz/Dettmeier*, CISG, Art. 81, Rn. 1; *Staudinger/Magnus*, CISG, Art. 81, Rn. 2.

[170] *v. Caemmerer*, SJZ 77 (1981), S. 257 (265).

[171] Insgesamt führt die Kombination von Vertragsaufhebung und Schadensersatz zum gleichen Ergebnis wie nach deutschem Recht die Berechnung des Schadensersatzes wegen Nichterfüllung nach der Differenzmethode in den Fällen des §§ 325, 326 BGB und die Berechnung als „großer Schadensersatz" nach §§ 463, 480 BGB. Vgl. *Schlechtriem/Huber*, CISG (3. Auflage), Art. 45, Rn. 41.

[172] Erfasst ist der Fall der Lieferung mangelhafter Ware als auch der Fall der Falschlieferung. Der Fall des Quantitätsmangels ist in Art. 51 CISG besonders geregelt und erhält insoweit den Vorrang vor Art. 50 CISG. So *Schlechtriem/Huber*, CISG (3. Auflage), Art. 50, Rn. 4; a.A. *Honsell/Schnyder/Straub*, CISG, Art. 50, Rn. 10. Ob die Preisminderung nur bei Sachmängeln angewandt werden kann oder auch bei Rechtsmängeln, ist strittig. Zum Meinungsstand siehe: *Staudinger/Magnus*, CISG, Art. 50, Rn. 9f. Nach dem neuen deutschen Schuldrecht ist der Käufer nun nach § 441 I BGB gleichermaßen bei Rechts- und Sachmängeln zur Minderung des Kaufpreises berechtigt. Siehe BT-Drs. 14/6040, S. 234-236.

[173] Vgl. Art. 50 CISG.

tive" Berechnungsmethode zugrunde. Der maßgebliche Moment für die Schätzung der einzelnen Werte, also des Werts der tatsächlich gelieferten mangelhaften Sache und des hypothetischen Werts der mangelfreien Sache, ist der Zeitpunkt der Lieferung[175].

Die Minderung des Kaufpreises versteht sich daher als Vertragsanpassung und nicht als Schadensersatz[176]. Wird ein durch die Vertragswidrigkeit der gelieferten Ware entstandener Nachteil nicht durch die Kaufpreisminderung gedeckt, so kann der Käufer neben der Minderung seinen weiteren Anspruch auf Schadensersatz geltend machen[177]. Der Käufer kann so jeden ihm entstandenen Nachteil ersetzt verlangen, also auch den durch die vertragswidrige Lieferung eventuell entgangenen Gewinn.

In der Regel reicht der Schadensersatzanspruch also weiter als die Minderung, so dass es praktischer erscheint den gesamten Schaden ohne die Anspruchsdifferenzierung im Wege des Schadensersatzes geltend zu machen; zumal der Käufer so den Schaden einfacher im Wege der „linearen" Methode berechnen kann, indem er die Wertdifferenz oder den Reparaturaufwand einsetzt. Der Käufer wird demzufolge nur dann von der Preisminderung gebrauch machen, wenn sich der Verkäufer gemäß Art. 79 CISG seiner Haftung entlasten kann, so dass der Schadensersatzanspruch des Käufers entfällt. Eine mögliche Exkulpation der Schadensersatzpflicht berührt das Recht zur Preisminderung hingegen nicht[178].

## B. Rechtsbehelfe des Verkäufers bei Vertragsverletzung des Käufers

Art. 61 CISG stellt die spiegelbildliche Vorschrift zu den oben aufgeführten Rechtsbehelfen des Käufers aus Art. 45 CISG für die Rechtsbehelfe des Verkäufers dar. Grundsätzlich stehen dem Verkäufer ebenfalls die Ansprüche auf Erfül-

---

[174] § 441 III BGB n.F. lautet: „Bei der Minderung ist der Kaufpreis in dem Verhältnis herabzusetzen, in welchem zur Zeit des Vertragsschlusses der Wert der Sache in mangelfreiem Zustand zu dem wirklichen Wert gestanden haben würde."

[175] Im Gegensatz zu § 441 III BGB n.F., der auf den Zeitpunkt des Vertragsschlusses abstellt.

[176] *Schlechtriem/Schwenzer/Müller-Chen*, CISG, Art. 50, Rn. 1.

[177] Die Kaufpreisminderung ist dem System des Common Law fremd und wird dort als eine Art Schadensersatz behandelt. Vgl. *Bergsten/Miller*, Am. J. Comp. L. 1979, S. 255; *Honnold*, Rn. 313. Daher stieß diese Regelung bei den Vertretern des anglo-amerikanischen Rechtskreises zunächst auf Skepsis. Siehe Sekretariatskommentar O.R. S. 42.

[178] *Schlechtriem/Schwenzer/Müller-Chen*, CISG, Art. 50, Rn. 18. Näher zur Haftungsentlastung nach Art. 79 CISG noch unten S. 146ff.

lung (Art. 62, 63 CISG), Vertragsaufhebung (Art. 64 CISG) und Schadensersatz (Art. 74-77 CISG) zu[179].

So wie Art. 45 I lit. b CISG die Anspruchsgrundlage des Käufers für Schadensersatz gegen den Verkäufer darstellt, ist Art. 61 I lit. b CISG umgekehrt die rechtliche Grundlage des Verkäufers für Schadensersatzansprüche gegen den Käufer. Übergreifend gilt auch hier das Kumulationsprinzip der verschiedenen Rechtsbehelfe (Art. 62 CISG), so dass sich auch für den Schadensersatzanspruch des Verkäufers verschiedene Inhalte ergeben, je nachdem mit welchem Rechtsbehelf er kombiniert wird. Es folgt daher eine kurze Betrachtung der möglichen Paarungen.

### 1. Verbindung der Erfüllung mit dem Schadensersatzanspruch

Nach Art. 62 CISG steht dem Verkäufer ein Erfüllungsanspruch zu[180]. Dieser berechtigt ihn zunächst die Zahlung des Kaufpreises und die Abnahme der Ware[181] sowie die Erfüllung sonstiger Pflichten vom Käufer zu verlangen, soweit er nicht einen Rechtsbehelf geltend macht, der mit der Erfüllung unvereinbar ist[182]. Darüber hinaus ist auch auf der Verkäuferseite die prozessuale Beschränkung des Art. 28 CISG zu beachten[183].

Neben der unmittelbaren Durchsetzung seiner Ansprüche hat der Verkäufer nach Art. 63 I CISG bei jeder Pflichtverletzung[184] die Möglichkeit, dem Käufer eine angemessene Nachfrist zur Erfüllung zu setzen. Innerhalb dieser Frist kann

---

[179] Wie Art. 45 CISG ist auch der Katalog in Art. 61 CISG nicht erschöpfend. Insbesondere aus den gemeinsamen Bestimmungen über Pflichten des Käufers und Verkäufers (Art. 71ff. CISG) ergeben sich weitere Rechtsbehelfe des Verkäufers. Ebenso ist die Ersatzspezifikation (Art. 65 CISG) ein besonderer Rechtsbehelf beim Spezifikationskauf, um den Verkäufer die Möglichkeit zu verschaffen, die Voraussetzungen der Lieferung herbeizuführen.

[180] Der Zahlungsanspruch des Verkäufers beruht auf Art. 62 CISG und nicht, wie vereinzelt von der Rechtssprechung (fälschlich) angenommen, auf Art. 53 CISG. Hierauf weist *Piltz*, NJW 2000, S. 553 (560) m.w.N ausdrücklich hin. Folgerichtig gilt dies auch für den Anspruch auf Abnahme der Ware.

[181] Eine Erfüllungsklage auf Abnahme wird in der Praxis die Ausnahme sein, denn der Verkäufer, der trotz Nichtabnahme der Ware am Vertrag festhält, dürfte bevorzugt die Rechte aus Art. 87 und 88 CISG in Anspruch nehmen. Vgl. auch *Staudinger/Magnus*, CISG, Art. 62, Rn. 13; *Soergel/Lüderitz/Budzikiewicz*, CISG, Art. 62, Rn. 2.

[182] Vgl. die entsprechende Regelung für den Käufer in Art. 46 I CISG. Auch hier liegt Unvereinbarkeit mit dem Anspruch auf Vertragsaufhebung (Art. 64 CISG) vor.

[183] Siehe schon oben S. 41.

[184] MünchKommHGB/*Benicke*, Art. 63, Rn. 2; *Soergel/Lüderitz/Budzikiewicz*, CISG, Art. 63, Rn. 2; *Staudinger/Magnus*, CISG, Art. 63, Rn. 5.

der Verkäufer keinen, abgesehen von einem Anspruch auf Verzugsschaden, weiteren Rechtsbehelf ausüben, es sei denn, der Käufer verweigert die Erfüllung (Art. 63 II CISG). Läuft diese Frist erfolglos ab, stehen dem Verkäufer wieder alle Rechtsbehelfe zur Verfügung[185]. Hinzu kommt die Möglichkeit den Vertrag gemäß Art. 64 I lit. b CISG aufzuheben.

Der Schadensersatzanspruch besteht unabhängig von der Erhebung eines Erfüllungsanspruches und deckt insoweit jegliche Verzögerungs-, Begleit-, und Folgeschäden, die auch durch eine nachträgliche Erfüllung nicht mehr beseitigt werden können, ab[186].

## 2. Verbindung von Vertragsaufhebung und Schadensersatz

Stellt die Vertragsverletzung des Käufers eine wesentliche dar oder lässt er die oben beschriebene, vom Verkäufer gesetzte, Nachfrist zur Erfüllung fruchtlos verstreichen, so ist der Verkäufer dazu berechtigt vom Erfüllungsanspruch abzusehen und stattdessen den Vertrag aufzuheben (Art. 64 I CISG).

In der Regel stellen aber weder die Verletzung der Abnahmepflicht, noch die verspätete Zahlung, eine wesentliche Vertragsverletzung dar[187], so dass die Vertragsaufhebung durch den Verkäufer in der Praxis eher selten vorkommt. Eher wird der Verkäufer über die Möglichkeit der Nachfristsetzung den Vertrag aufheben.

Die Rechte auf Vertragsaufhebung und Schadensersatz stehen in keinem Kollisionsverhältnis. Im Falle einer Vertragsaufhebung steht dem Verkäufer grundsätzlich ein Ersatzanspruch hinsichtlich aller eingetretenen Vermögenseinbußen zu. Der Schadendersatzanspruch wird allerdings durch die erfolgreiche Geltendmachung des Anspruchs auf Rückgewähr der erbrachten Leistungen (Art. 81 II CISG) und auf den Gegenwert der gezogenen Vorteile (Art. 84 II CISG) im Umfang der erhaltenen Werte ausgeschlossen.

---

[185] ICC Schiedsspruch, JDI. 1993, S. 1028 (1032).
[186] *Honsell/Schnyder/Straub*, CISG, Art. 61, Rn. 71.
[187] *Schlechtriem/Schwenzer/Hager*, CISG, Art. 64, Rn. 5f.; *Soergel/Lüderitz/Budzikiewicz*, CISG, Art. 64, Rn. 3f.; *Staudinger/Magnus*, CISG, Art. 64, Rn. 17f.; siehe schon oben Teil 2. Abschnitt III, m.w.N. aus der Rechtsprechung.

## C. Zusammenfassung

Das CISG unterscheidet nicht zwischen den einzelnen Fällen der Leistungsstörung, sondern baut vielmehr auf einem einheitlichen Tatbestand der Vertragsverletzung („breach of contract", „failure to perform") auf. Die den kontinentaleuropäischen Rechtsordnungen bekannten „Leistungsstörungs-typen" (z.B. Verzug, Unmöglichkeit, Gewährleistung) sind in diesem einheitlichen Vertragsverletzungstatbestand enthalten, wobei der Sache nach auch im CISG durchaus ähnliche Differenzierungen, etwa zwischen Nichtlieferung und Schlechtlieferung zwischen Sach- und Rechtsmangel der Ware vorgesehen sind. Es handelt sich dabei jedoch nur um Differenzierungen hinsichtlich der Rechtsfolgen, die keine Auswirkungen auf den dogmatisch einheitlichen Ausgangspunkt der „Vertragsverletzung" haben. Von grundlegender Bedeutung für die Entscheidung über die dem vertragstreuen Teil zustehenden Rechtsbehelfe ist im CISG vielmehr die Unterscheidung zwischen „wesentlichen" und „unwesentlichen" Vertragverletzungen. Nur bei Vorliegen einer wesentlichen Vertragsverletzung ist die vertragstreue Partei zur Vertragsaufhebung berechtigt. Auch der Anspruch auf Ersatzlieferung setzt eine wesentliche Vertragsverletzung voraus. Auf Verkäuferseite dient das Wesentlichkeitsmerkmal der Vertragsverletzung zur sofortigen Vertragsaufhebung, d.h. ohne Nachfristsetzung an den Käufer. Bei weniger gravierenden Verletzungen ist dem Verkäufer hingegen zuzumuten dem Käufer zunächst eine Nachfrist zur Erfüllung zu setzten. Der Käufer kann andererseits bei unwesentlichen Mängeln der Ware zunächst nur Nachbesserung verlangen oder den Preis der Ware mindern. Der Anspruch auf Schadensersatz wird durch die Unterscheidung in wesentliche und unwesentliche Vertragsverletzung hingegen nicht berührt. Jede Art der Vertragsverletzung berechtigt die vertragstreue Partei zum Schadensersatz.

Eine Vertragsverletzung liegt dann vor, wenn eine der Parteien ihre Pflichten nach Maßgabe des Vertrages und des CISG nicht erfüllt hat. Dabei ist es unerheblich, ob eine Verletzung einer Haupt- oder Nebenpflicht vorliegt. Haben die Parteien nichts vereinbart, so ergeben sich ihre Pflichten aus Art. 31ff. bzw. 54ff. CISG.

Die vertraglichen Rechtsbehelfe bestehen grundsätzlich unabhängig von den Schadensersatzansprüchen. Soweit es zu einer Überschneidung kommt, kann der vertragstreue Teil zwischen vertraglichen Rechtsbehelfen und Schadensersatzansprüchen frei wählen. Aber auch eine Kumulation beider Rechtsfolgen ist möglich. Eine Einschränkung erfährt das Kumulationsprinzip nur insoweit, als durch die Ausübung eines anderen Rechtsbehelfs des vertragstreuen Teils der Schaden bereits gedeckt ist. Für den verbleibenden Schaden bleibt aber das Recht zum Schadensersatz aufrecht.

Wie das anglo-amerikanische Recht, geht das CISG von einer verschuldensunabhängigen Haftung aus. Bereits die Nichterfüllung einer Pflicht lässt den Schuldner schadensersatz-pflichtig werden. Die notwendige Beschränkung dieser objektiven Einstandstandspflicht wird hauptsächlich durch die Entlastungsmöglichkeit nach Art. 79 CISG und im Falle des Schadensersatzes durch die Vorhersehbarkeitsregel aus Art. 74 S. 2 CISG erreicht.

## Zweiter Teil: Inhalt und Umfang des Schadensersatzanspruches

### I. Einführung

Wurden im ersten Teil dieser Arbeit die Anspruchsgrundlagen des Schadensersatzanspruches dargestellt, so befasst sich der nunmehr folgende Teil mit dem Inhalt und Umfang des Schadensersatzanspruches an sich. Wie bereits erwähnt, kommt es im Bereich des Schadensersatzes nicht auf die Schwere der Vertragsverletzung an, vielmehr entsteht der Anspruch auf Schadensersatz bei jeglicher Vertragsverletzung; auch bei einer Leistungsverzögerung muss der Schuldner nicht etwa durch Mahnung in Verzug gesetzt werden. Eine drohende Vertragsverletzung begründet nur dann einen Schadensersatzanspruch, wenn der Gläubiger den Vertrag gemäß Art. 72 CISG wegen antizipierter wesentlicher Vertragsverletzung aufhebt[188] Inhalt und Umfang des zu ersetzenden Schadens regeln die Art. 74 bis 77, 79 und 80 CISG, welche jedoch keinen eigenen Anspruchscharakter haben[189]. Innerhalb des Normenkomplexes stellt Art. 74 CISG die Grundnorm dar. Er enthält zwar keine allumfassende Definition der Schadensersatzpflicht[190], ihm lassen sich jedoch eine Reihe von allgemeinen Prinzipien entnehmen, die für alle Fälle des Schadensersatzanspruches gelten[191]. Art. 75 und 76 CISG erfassen darüber hinaus besondere Schadenssituationen im Falle der Vertragsaufhebung. Begrenzt wird die Ersatzpflicht des Schuldners durch die in Art. 77 CISG statuierte Schadensminderungspflicht des Ersatzberechtigten. Eng verbunden, systematisch jedoch getrennt von der Schadensersatzpflicht, ist die Zinspflicht aus Art. 78 CISG, die bestimmt, dass rückständige Geldbeträge zu verzinsen sind, ohne Zeitpunkt und Höhe der Verzinsung festzulegen. Schließlich begrenzen nach der Systematik auch die Entlastungsmöglichkeiten des Schuldners nach Art. 79 und 80 CISG seine Ersatzpflicht und bilden damit Ausnahmen zu Art. 74 CISG. Weitere Einzelheiten über die Bemessung der Schadensersatzpflicht legt das CISG nicht fest.

---

[188] *Brunner*, CISG, Art. 74, Rn. 3; *Staudinger/Magnus*, CISG, Art. 74, Rn. 10.

[189] Ein solcher ergibt sich, wie oben bereits dargestellt, hauptsächlich aus Art. 45 I lit. b und Art. 61 I lit. b CISG.

[190] Im Vergleich zu Art. 74 CISG bieten die UNIDROIT-Prinzipien genauere Formulierungen hinsichtlich dessen, was unter dem Begriff Schadensersatz zu verstehen ist. Sie sollen daher an den auslegungsfähigen Stellen des CISG als Interpretationshilfe dienen. Zur eingeschränkten Zulässigkeit der Lückenfüllung im CISG durch UNIDROIT-Prinzipien, siehe *Schlechtriem/Schwenzer/Ferrari*, CISG, Art. 7, Rn. 59ff.; *Boele-Woelki*, IPRax 1997, S. 161ff.

[191] *Honnold*, Rn. 403.

## II. Schadensbegriff

### A. Entgangener Gewinn und entstandener Verlust

Wörtlich heißt es in Art. 74 S. 1 CISG, dass der „entstandene Verlust, einschließlich des entgangenen Gewinns“[192] zu ersetzen ist.

In der englischen Originalfassung des Sekretariatsberichts heißt es dazu: „...the basic philosophy of the action for damages is to place the injured party in the same economic position he would have been in if the contract had been performed."[193]

Der Ersatz des entstandenen Verlusts sowie des entgangenen Gewinns entspricht einem weltweit verbreiteten und allgemein anerkannten Prinzip im Bereich des Schadensersatzrechtes, wonach der Gläubiger das Recht auf vollen Ausgleich aller Nachteile hat, die ihm durch die Vertragsverletzung entstanden sind (Grundsatz der Totalreparation, principle of full compensation)[194]. Der Schadensersatzanspruch im CISG richtet sich damit sowohl auf das Interesse des Gläubigers an den mit der Befriedigung des Vertrages verbundenen Vorteile (Erfüllungsinteresse, expectation interest) als auch das Interesse daran, die ihm schon unabhängig vom Vertrag zugewiesenen Güter und Rechte zu erhalten (Integritätsinteresse, indemnity interest)[195].

---

[192] Die Unterscheidung zwischen „entgangenen Gewinn“ (damnum emergens) und „entstandenen Verlust“ (lucrum cessans) hat im CISG grundsätzlich keine rechtliche Konsequenz. Nur im Fall des Art. 44 CISG kommt die Unterscheidung zum Tragen: Bei entschuldbarer Rügeversäumnis ist nämlich ausnahmsweise der entgangene Gewinn nicht zu ersetzen. Die Hervorhebung des entgangenen Gewinns dient primär der Klarstellung für solche Länder, in deren Rechtsordnungen der entgangene Gewinn nicht zum ersatzfähigen Schaden zählt oder zumindest an besondere Voraussetzungen geknüpft ist. Diese restriktive Haltung beruht wohl darauf, dass die Berechnung der Gewinneinbußen auch immer spekulativen Charakter hat. *Schlechtriem/Stoll*, CISG (3. Auflage), Art. 74, Rn. 23.

[193] A/Conf.97/5, O.R. 59; *Honnold*, Rn. 403.

[194] OGH, 14.01.2002, CISG Online 643 = IHR 2002, S. 76 (80); OGH, 06.02.1996, ZfRV 1996, S. 248 (253); *Staudinger/Magnus*, CISG, Art. 74, Rn. 19, 26; *Honsell/Schönle*, CISG, Art. 74, Rn. 14; *Schlechtriem/Schwenzer/Stoll/Gruber*, CISG, Art. 74, Rn. 2; *Bamberger/Roth/Saenger*, CISG, Art. 74, Rn. 2, *Brunner*, CISG, Art. 74, Rn. 8; MünchKommBGB/*Huber*, Art. 74, Rn. 17; MünchKommHGB/*Mankowski*; Art. 74, Rn. 10.

[195] OGH, 14.01.2002, CISG-Online 643 = IHR 2002, S. 76 (80); eingehend *Schlechtriem/Schwenzer/Stoll/Gruber*, CISG, Art. 74, Rn. 2; *Staudinger/Magnus*, CISG, Art. 74, Rn. 20; *Witz/Salger/Lorenz/Witz*, CISG, Art. 74, Rn. 12; MünchKommHGB/*Mankowski*; Art. 74, Rn. 11; *Brunner*, CISG, Art. 74, Rn. 5.

Ob darüber hinaus im CISG der Ersatz des Vertrauensschadens (reliance interest) ebenfalls verlangt werden kann, d.h. der Gläubiger auch die Aufwendungen verlangen kann, die er im Vertrauen auf den Bestand des Vertrages getätigt hat, ist verschiedentlich in der Literatur in Frage gestellt worden[196]. Zweifel sind wohl vor allem darauf zurückzuführen, dass in manchen Rechtsordnungen die Geltendmachung von Erfüllungs- und Vertrauensinteresse nur unter bestimmen Voraussetzungen möglich ist[197]. Im CISG besteht jedoch nicht die begriffliche Notwendigkeit zwischen den verschiedenen Interessensarten zu unterscheiden, da die Interessensbegriffe dem CISG grundsätzlich fremd sind. Dies ist vor allem dem Wortlaut („entstandener Verlust, einschließlich entgangener Gewinn") zu entnehmen, der nochmals verdeutlichen soll, dass der gesamte Verlust zu ersetzen ist (Prinzip der Totalreparation)[198]. Der Schadensbegriff im CISG schreibt also weder eine konkrete Formel vor, noch knüpft er an bestimmte Voraussetzungen. Mit anderen Worten, es sollte im Prinzip jeglicher Schaden, den eine Partei infolge der Vertragsverletzung erleidet, ersetzbar sein, ohne dass man zwischen Erfüllungs-, Integritäts- und Vertrauensinteresse unterscheiden müsste.

Gleichwohl lässt das CISG eine Überkompensation nicht zu. Dies ergibt sich aus der oben angesprochenen Maxime, dass der Gläubiger durch den Schadensersatz in die Position gesetzt werden soll, in der er sich bei ordnungsgemäßer Vertragserfüllung befunden hätte. Der Schadensersatz bezweckt, dass dem Gläubiger ein Ausgleich dafür verschafft wird, dass sein vertraglich gesichertes Interesse an der Erfüllung seines Anspruches nicht befriedigt worden ist[199]. Nach diesem Grundsatz darf dem Gläubiger aber auch nicht mehr und nicht weniger zustehen, als worin sein Schaden tatsächlich besteht. Dies schließt insbesondere pönalisierende oder sanktionierende Strafen, wie sie aus dem US-amerikanischen Recht bekannt sind („punitive damages"), aus[200]. Von dem Grundsatz unberührt bleibt allerdings die Zulässigkeit einer vertraglich vereinbarten Konventionalstrafe[201].

---

196 Kritisch zur Erstattungsfähigkeit des Vertrauensinteresses: *Honsell*, SJZ 1992, S. 361 (362); *Ryffel*, S. 48; *Karollus*, S. 215f.; *Weber*, BTJP 1990, S. 165 (192); gänzlich ablehnend nur *Rummel* in: *Hoyer/Posch*, Das einheitliche Wiener Kaufrecht, S. 179.

197 *Treitel*, S. 89f.

198 Im Ergebnis zustimmend: *Schlechtriem/Schwenzer/Stoll/Gruber*, CISG, Art. 74, Rn. 2; *Staudinger/Magnus*, CISG, Art. 74, Rn. 19; *Herber/Czerwenka*, Internationales Kaufrecht, Art. 74, Rn. 4; *Kranz*, S. 210f.

199 *Larenz*, S. 424.

200 *Enderlein/Maskow/Strohbach*, CISG, Art. 74, Rn. 4; *Brunner*, CISG, Art. 74, Rn. 18.

201 Zu Vertragsstrafen im internationalen Wirtschaftsvertragsrecht, siehe *Berger*, RIW 1999, S. 401ff.

Die Beschränkung auf den Ausgleichszweck verbietet es auch den Schaden nach dem Gewinn des Schädigers zu berechnen. Hat der Verkäufer beispielsweise die Ware zu einem höheren Preis an einen Dritten verkauft und dadurch einen Vertragsbruch begangen, so kann der Gewinn vom ursprünglichen Käufer weder herausverlangt, noch seiner Schadensberechnung zugrunde gelegt werden[202]. Da das CISG die Rechtsfolgen einer Vertragsverletzung abschließend regelt, schließt dies auch die Geltendmachung konkurrierender landesrechtlicher Ansprüche, die auf derselben Vertragsverletzung beruhen, wie ungerechtfertigte Bereicherung oder Geschäftsführung ohne Auftrag, aus[203]. Dem Gläubiger steht es jedoch frei, sich auf deliktische oder bereicherungsrechtliche Anspruchsgrundlagen wegen unerlaubter Verfügung über fremdes Eigentum zu berufen[204]. Allerdings ist der Geschädigte dazu angehalten, soweit ihm durch die Vertragsverletzung unmittelbare Vorteile zugeflossen sind, diese im Rahmen eines Ausgleiches abzuziehen, denn sein „durch die Vertragsverletzung entstandener Verlust" wird dadurch geschmälert[205]. Diese im CISG zwar ungeschriebene, gleichwohl auf dem Ausgleichsgedanken beruhende Regel ist in anderen internationalen Abkommen deutlicher erfasst. Beispielsweise in Art. 7.4.2 der UNIDROIT-Prinzipien schließt der Schaden „sowohl jeden erlittenen Verlust ein, als auch jeden entgangenen Gewinn, wobei jeder Vorteil zu berücksichtigen ist, den die benachteiligte Partei infolge vermiedener Kosten oder Verluste gezogen hat"[206].

## B. Ersatz immaterieller Schäden?

Dem enttäuschten Vertragspartner kann durch die Vertragsverletzung aber nicht nur ein Vermögensschaden, sondern auch ein Nichtvermögensschaden entste-

---

202 MünchKommHGB/*Mankowski*; Art. 74, Rn. 9;. *Staudinger/Magnus*, CISG, Art. 74, Rn. 18; *Schlechtriem/Schwenzer/Stoll/Gruber*, CISG, Art. 74, Rn. 31; so auch schon die Rechtsprechung zum EKG in: *Harlo & Johns' Ltd. v. Adras,* Oberster Israelischer Gerichtshof vom 10.10.1983. Nur in den Fällen des Art. 84 II sieht das CISG auch die Herausgabe des Gewinns vor.

203 *Schlechtriem/Schwenzer/Stoll/Gruber*, CISG, Art. 74, Rn. 31; *Honsell*, SJZ 1992, S. 361.

204 *Honsell/Schönle*, CISG, Art. 74, Rn. 4.

205 Vgl. *Schlechtriem/Schwenzer/Stoll/Gruber*, CISG, Art. 74, Rn. 32; *Witz/Salger/Lorenz*, CISG, Art. 74, Rn. 14.

206 Im offiziellen Kommentar zu Art. 7.4.2 der UNIDROIT-Prinzipien ist dazu ein veranschaulichendes Beispiel aufgeführt: „ A vermietet an B Maschinen für 50,000 FF pro Monat. Nach 6 Monaten wird der Vertrag wegen Nichtzahlung der vereinbarten Miete aufgehoben. 6 Monate später kann A die Maschinen für 55,000 FF pro Monat weiter vermieten. Den Mehrerlös von 60,000 FF für das letzte Laufjahr im Vergleich zu dem ursprünglichen Vertrag zwischen A und B sollte von dem Schadensersatzanspruch des A gegen den B abgezogen werden."

hen. Das CISG enthält hinsichtlich der Unterscheidung von Vermögens- und Nichtvermögensschäden keine ausdrückliche Regelung. Die Meinungen sind geteilt. Nach einer Ansicht sind immaterielle Schäden personenbezogen und werden daher gemäß Art. 5 CISG nicht ersetzt[207]. Nach weiterer Auffassung erscheint es jedoch nicht gerechtfertigt die Ersatzfähigkeit immaterieller Positionen generell auszuschliessen, denn dem CISG fehlt schon ein mit § 253 BGB vergleichbarer Ausschluss der Geldentschädigung nichtvermögenswerter Nachteile. Voraussetzung ist nur, dass sich der Nachteil in Geld beziffern oder gegebenenfalls schätzen lässt[208]. Die wohl herrschende vermittelnde Ansicht argumentiert, dass das CISG hauptsächlich die rechtliche Beziehung zwischen Kaufleuten zu klären versucht, welche regelmäßig nur materielle bzw. kommerzielle Ziele verfolgen, so dass sich immaterielle Schäden dem Anwendungsbereich des CISG grundsätzlich entziehen, Ausnahmen gleichwohl denkbar seien[209].

Welche Schwierigkeiten im Einzelfall mit der Einordnung eines Verlusts als Vermögens- oder Nichtvermögensschaden verbunden sind, zeigt auch ein Blick auf das nationale deutsche Recht. Nach der fortentwickelten Kommerzialisierungsthese der ständigen Rechtsprechung des Bundesgerichtshofes[210], setzt ein Vermögensschaden voraus, dass der entstandene Nachteil in Geld bewertet werden kann[211]. Dies vermag in einer Wirtschaftsordnung, in der nahezu alle immateriellen Güter gegen Geld erworben werden können, jedoch nicht ohne Korrekturen zu überzeugen. Erforderlich sei daher stets eine Abwägung unter allen in Frage kommenden wertenden, normativen und wirtschaftlichen Gesichtspunkten im Einzelfall[212]. Es erscheint daher als müssten auch im CISG, zumindest in zwei denkbaren Situationen, immaterielle Einbußen ersetzt werden.

Im ersten Fall ist der Vertragzweck nicht gewerblicher Natur und die Parteien sind sich darüber bewusst, d.h. der immaterielle Leistungszweck hat ausdrücklich Eingang in den Vertrag gefunden, so dass die vertragsbrüchige Partei mit

---

207 *Honsell/Schönle*, CISG, Art. 74, Rn. 7; *Soergel/Lüderitz/Dettmeier*, CISG, Vorb. Art. 74, Rn. 6.
208 *Staudinger/Magnus*, CISG, Art. 74, Rn. 27; *Achilles*, CISG, Art. 74, Rn. 6; *Brunner*, CISG, Art. 74, Rn. 20.
209 Darauf weisen MünchKommHGB/*Mankowski*; Art. 74, Rn. 10; *Schlechtriem/Schwenzer/Stoll/Gruber*, CISG, Art. 74, Rn. 12 ausdrücklich hin; ähnlich *Witz/Salger/Lorenz/Witz*, CISG, Art. 74, Rn. 14; *Schlechtriem*, UN-Kaufrecht, Rn. 299.
210 Zur Entwicklung der Kommerzialisierungsthese in Deutschland siehe *Palandt/Heinrichs*, BGB (62. Auflage), Vorb. §249, Rn. 10.
211 BGHZ 98, (222); 106, (31).
212 So die Kritik in der Literatur an der Rechtsprechung des BGH, siehe nur *Palandt/Heinrichs*, BGB (62. Auflage), Vorb. §249, Rn. 12.

einem entsprechenden Nichtvermögensschaden Schaden rechnen musste[213]. Zuzugeben ist, dass ein solcher Fall im Kontext des internationalen Warenkaufes untypisch erscheint und daher eher theoretischer Natur sein dürfte.

Die zweite Situation beschäftigt sich mit dem guten Ruf des Geschäftsmanns. Sie betrifft den Fall, dass das geschäftliche Ansehen (good will) der geschädigten Partei durch die Vertragsverletzung negativ berührt wurde[214]. Der gute Ruf eines Kaufmanns spielt im internationalen Handel grundsätzlich eine wichtige Rolle und ist oftmals schon im Vorfeld entscheidend über das Zustandekommen eines Geschäfts. Derartige „good will" Schäden lassen sich aber tatsächlich nur schwer in Geld beziffern bzw. schätzen, so dass ein solcher Verlust in der Praxis kaum nachweisbar und daher nur in Ausnahmefällen zu ersetzen sein wird[215].

Darüber hinaus erscheint aber auch kein Grund ersichtlich den Ersatz weiterer immaterieller Schäden im CISG, wie z.B. die Echtheit einer Marke, kategorisch abzulehnen. Das dem CISG zugrundeliegende Prinzip der Totalreparation verlangt den Ersatz jeglicher tatsächlicher entstandener Verluste; warum also nicht auch immaterieller Verluste? Die Voraussehbarkeitsregel aus Art. 74 S. 2 CISG[216] bietet den Richtern ein geeignetes Instrument zur Begrenzung der Schadensart und Schadenshöhe. Inhalt und Umfang des Schadensersatzes sollten daher zuvörderst anhand der Voraussehbarkeitsregel bestimmt werden[217].

Schließlich spricht ein Vergleich zu den UNIDROIT-Prinzipien ebenfalls für die Ersatzfähigkeit immaterieller Schäden im CISG. Es gibt einen erheblichen Unterschied zwischen den Schadensersatzregeln im CISG und denen in den UNIDROIT-Prinzipien, nämlich im Hinblick auf immaterielle Schäden und Schäden die auf Körperverletzung oder Tod beruhen. Art. 5 CISG schließt eine Haftung letzterer Schäden aus. Will eine Partei derartige Schäden geltend machen, so richtet sich dies nach dem jeweiligen anwendbaren nationalen Recht (meist nach den Regeln der Produkthaftung). Im Gegensatz dazu ist eine Haftung für immaterielle Schäden in Art. 7.4.2 der UNIDROIT-Prinzipien ausdrücklich vor-

213 So ein Beispiel von *Stoll*, wenn ein Kaufvertrag über ein Kraftfahrzeug nach dem von beiden Seiten anerkannten Zweck es dem Käufer ermöglichen soll, eine bestimmte Vergnügungsreise auszuführen; in *Schlechtriem/Stoll*, CISG (3. Auflage), Art. 74, Rn. 11; a.A. *Honsell/Schönle*, CISG, Art. 74, Rn. 7.

214 Eingehend zur Voraussehbarkeit von good will Verlust siehe S. 81ff.

215 So im Ergebnis (fast) alle Autoren, vgl. *Witz/Salger/Lorenz/Witz*, CISG, Art. 74, Rn. 14; *Schlechtriem/Schwenzer/Stoll/Gruber*, CISG, Art. 74, Rn. 12 *Honsell/Schönle*, CISG, Art. 74, Rn. 7;*Staudinger/Magnus*, CISG, Art. 74, Rn. 27; *Achilles*, CISG, Art. 74, Rn. 6; *Schlechtriem*, UN-Kaufrecht, Rn. 299. *Ryffel*, S. 49f. Gänzlich gegen die Ersatzfähigkeit von good will nur *Honsell*, SJZ 1992, S. 361 (362).

216 Ausführlich zur Voraussehbarkeitsregel noch unten in S. 64ff.

217 *Schlechtriem/Stoll*, CISG (3. Auflage), Art. 74, Rn. 11.

gesehen[218]. Dies beruht aber nicht etwa auf einem unterschiedlichen Verständnis der Schadensersatzhaftung beider Regelwerke, sondern vielmehr darauf, dass die Verfasser des CISG den komplexen Bereich der Produkthaftung ausgrenzen wollten[219]. Die Tatsache aber, dass eine solche Regelung in die UNIDROIT-Prinzipien überhaupt aufgenommen wurde, bietet guten Grund zur Annahme, dass Art. 5 CISG restriktiv ausgelegt werden sollte und nur die Haftung für die Körperverletzung oder den Tod einer Person aus dem CISG ausgeschlossen ist, nicht aber für andere Persönlichkeitswerte, wie zum Beispiel der Ruf eines Geschäftsmannes.

### III. Berechnungsmethode

Grundsätzlich, d.h. mit Ausnahme von Art. 76 CISG, muss der Gläubiger seinen Schaden konkret nachweisen[220]. Darüber hinaus legt das CISG aber eine verbindliche Methode der Schadensberechnung ebenso wenig fest, wie es den Begriff des Schadens definiert. Ähnlichkeiten zeigt jedoch das in Art. 74 CISG zugrundeliegende Prinzip, dass der Gläubiger soweit wie möglich in diejenige Lage gesetzt werden soll, in der er sich ohne Vertragsverletzung befunden hätte, mit dem Wortlaut der hypothetischen Schadensformel aus § 249 I BGB. Ansatzweise wird daher, zumindest in der deutschen Literatur und Rechtsprechung, auf die hieraus bekannte Differenzhypothese zurückgegriffen[221]. Nach dieser Theorie besteht der Schaden aus der Differenz zwischen dem gegenwärtigen Vermögen des Geschädigten und dem Bestand den das Vermögen hätte, wenn das schädigende Ereignis nicht eingetreten wäre[222].

Die Differenzhypothese ist aber in ihrer Bedeutung und Tragweite nicht unumstritten, ihre Unzulänglichkeiten lassen sie längst nicht mehr als allgemeingülti-

---

[218] Art. 7.4.2 Abs. 2 der UNIDROIT-Prinzipien lautet: „Dieser Schaden kann immateriell sein und schließt beispielsweise ein körperliches Leiden und seelischen Kummer ein."

[219] Zur Entstehungsgeschichte siehe *Schlechtriem/Schwenzer/Ferrari*, CISG, Art. 5, Rn. 1ff.; *Kuhlen*, S. 17ff.

[220] *Schlechtriem/Schwenzer/Stoll/Gruber*, CISG, Art. 74, Rn. 29; *Staudinger/Magnus*, CISG, Art. 74, Rn. 25; *Brunner*, CISG, Art. 74, Rn. 8; MünchKommHGB/*Mankowski*; Art. 74, Rn. 10.

[221] *Staudinger/Magnus*, CISG, Art. 74, Rn. 26; *Witz/Salger/Lorenz*, CISG, Art. 74, Rn. 13; *Honsell/Schönle*, CISG, Art. 74, Rn. 11; *Achilles*, CISG, Art. 74, Rn. 6; MünchKommHGB/*Mankowski*, Art. 74, Rn. 16; OLG München, RIW 1977, S. 277 = NJW 1979, S. 2480 = MDR 1979, S. 317 zu Art. 82 EKG.

[222] MünchKommBGB/*Grunsky*, Vor. §249, Rn. 7.

ge Regel gelten[223]. Zu den bekanntesten Kritikpunkten gehört, dass bei einer abstrakten Bilanzierung zweier Gesamtvermögenszustände, namentlich der reale Ist- und der hypothetische Sollzustand, die im Einzelfall konkret betroffenen Schadensposten nicht hinreichend bewertet werden können[224]. Sie sollte daher auch nicht unbesehen in das Schadensersatzrecht des CISG übernommen werden[225]. Andererseits kann eine nach amerikanischen Recht übliche Einzelbetrachtung aller in Betracht kommenden Schadenspositionen ebenfalls Schwierigkeiten aufwerfen, insbesondere wenn es zu Überschneidungen der Schadensarten kommt[226], dies hat der bekannte amerikanische Fall *Delchi Carrier v. Rotorex Corp.*[227] demonstriert. Es erscheint daher sinnvoll die Differenzmethode zumindest in ihren Grundzügen auch im CISG anzuwenden, denn im Ergebnis stellt jede Schadensberechnung eine Differenzrechnung dar, die die Lage vor und nach dem schädigenden Ereignis vergleicht. Ausschlaggebend sind dabei die jeweils einzusetzenden Werte, die es im Einzellfall festzustellen und abzuwägen gilt[228]. Ein Vergleich der Güterlagen bleibt somit nach wie vor wesentlich. Das eine Differenzrechnung dem CISG nicht fremd ist, verdeutlichen schon Art. 75 und 76 CISG, die die Differenzrechnung für die dort geregelten Sonderfälle der Schadensberechnung nach Vornahme eines Deckungsgeschäftes und der Schadensberechnung nach dem Marktpreis verbindlich festlegen.

## IV. Form des Ersatzes

Im deutschen Recht genießt die Naturalrestitution gemäß § 249 BGB den Vorrang vor dem Geldersatz. Die Herstellung in Natur entspricht nach dieser Auffassung am ehesten dem Ausgleichsgedanken, in dem sie eben den realen Schaden beseitigt und den originären Zustand wiederherstellt, wohingegen der Geldersatz lediglich den rechnerischen Schaden ausgleicht[229]. Obgleich die Ersatzleistung durch Geld in der Praxis überwiegt, sei es, dass der Gläubiger gemäß § 249 I S. 2 statt der Herstellung den dazu erforderlichen Geldbetrag verlangt, sei

---

[223] Zu den weiteren Kritikpunkten im deutschen Recht, insbesondere bei der Erörterung der hypothetischen Kausalität sowie der Vorteilsausgleichung vgl. statt aller *Palandt/Heinrichs*, BGB, Vorb. §249, Rn. 8 m.w.N.

[224] So die Kritik von *Honsell* in SJZ 1992, S. 361 (362); *ders.*, JuS 1973, S. 69 (74); *Honsell/Harrer*, JuS 1991, S. 441 (442).

[225] Kritisch dazu auch *Schlechtriem/Stoll*, CISG (3. Auflage), Art. 74, Rn. 11 „einengende Differenzlehre des deutschen Rechts"; *Ryffel*, S. 46.

[226] So auch *Schlechtriem*, UN-Kaufrecht, Rn. 307.

[227] *Delchi Carrier SpA v. Rotorex Corp.*, U.S. Court of Appeals (2nd Cir.), 06.12.1995, CISG-Online Nr. 140.

[228] Ähnlich *Staudinger/Magnus*, CISG, Art. 74, Rn. 26.

[229] *Larenz*, S. 467ff.

es, dass sein Anspruch von vornherein auf Geldersatz gerichtet ist[230]. Diese Unterscheidung der Art des Schadensersatzes ist im CISG hingegen nicht vorhanden. Zwar hat der Verkäufer nach Art. 37 CISG die Möglichkeit bei vorzeitiger Lieferung die Vertragswidrigkeit der Ware zu beseitigen. Ebenso kann er gemäß Art. 48 CISG die gelieferten Sachen auf seine Kosten nachbessern. Trotz dieser „Herstellung" können dem Gläubiger aber Schäden entstanden sein, die nur durch die Geltendmachung des Schadensersatz-anspruches kompensiert werden können. Dieser Ersatzanspruch ist im CISG immer auf Geld gerichtet. Dies geht eindeutig aus dem verbindlichen englischen Originaltext des Abkommens hervor: „Damages for breach of contract by one party consist of a *sum* equal to the loss,...". Dadurch, dass der Gläubiger der „Summe" nach in die Position versetzt werden soll in der er wirtschaftlich bei ordnungsgemäßer Erfüllung darstünde wird klar, dass das CISG in erster Linie nicht die Wiederherstellung in Natur[231] verfolgt, sondern der Geschädigte soll in Geld[232] für seine Schäden kompensiert werden.

## V. Kausalität

Art. 74 S. 1 CISG verlangt, dass die vertragsbrüchige Partei den der anderen Partei „infolge der Vertragsverletzung entstandenen Verlust" ersetzt. Diese Bestimmung ist wörtlich zu verstehen, d.h. zwischen dem Vertragsbruch und dem Schaden muss lediglich ein ursächlicher Zusammenhang bestehen[233]. Dem Schuldner könnte somit jeder Schaden, zu dem sich eine kausale Verknüpfung zur Vertragsverletzung herleiten lässt, zugerechnet werden. Die hierdurch fast unübersehbare Ersatzpflicht, gerade was den Bereich der Folgeschäden betrifft, wird im CISG durch die sog. „Vorhersehbarkeitsregel" aus Satz 2 des Art. 74 beschränkt[234]. Es besteht daher kein Grund weitergehende Kausalitätslehren (Adäquanztheorie, Lehre von der proxima causa etc...) in das CISG einzufügen oder den Kausalitätsbegriff restriktiv auslegen zu müssen[235].

---

[230] *Larenz*, S. 474.

[231] Naturalrestitution kennt das CISG nur in den Ausnahmefällen des Art. 28. Siehe dazu ausführlich *Schulz*, JA 1991, S. 264ff.

[232] MünchKommBGB/*Huber*, Art. 74, Rn. 19; MünchKommHGB/*Mankowski*; Art. 74, Rn. 13; *Schlechtriem/Schwenzer/Stoll/Gruber*, CISG, Art. 74, Rn. 24; *Enderlein/Maskow/ Strohbach*, CISG, Art. 74, Anm. 4; *Bianca/Bonell/Knapp*, CISG, Art. 74, Anm. 2.3 und 3.1.

[233] *Bianca/Bonell/Knapp*, CISG, Art. 74, Anm. 2.4; *Witz/Salger/Lorenz*, CISG, Art. 74, Rn. 26; *Weber*, BTJP 1990, S. 165 (197); *Karollus*, S. 217.

[234] Eingehend dazu folgende Kapitel S. 66ff.

[235] Im Wesentlichen entsprechen die Resultate der Vorhersehbarkeitsregel aber denen, die mit den unterschiedlichen Eingrenzungen zur Kausalität erreicht werden. Vgl. *Staudinger/ Magnus*, CISG, Art. 74, Rn. 30.

## VI. Beweislast

Die Frage der Beweislast bezüglich möglicher Ansprüche aus Art. 74 CISG ist nicht explizit in der Konvention geregelt[236]. Einzig Art. 79 CISG enthält eine ausdrückliche Beweislastregelung. Andere Normen deuten konkludent eine bestimmte Beweislastverteilung an (so z.B. Art. 2 lit. a.; 26 oder 44 CISG). Nach ganz überwiegender Auffassung regelt das CISG daher Fragen der Beweislast generell mit und lässt einen Rückgriff auf das jeweils anwendbare Prozessrecht nicht zu[237]. Nur wenige Stimmen vertreten demgegenüber, dass die Beweislast im CISG nicht mitgeregelt sei, nur dort, wo der Wortlaut des CISG dies ausdrücklich nahe lege, etwa bei Art. 79 CISG, ansonsten sei die Beweislast aber nach nationalem Recht zu beurteilen[238]. Letztere Meinung lässt sich jedoch weder mit der Entstehungsgeschichte noch den Zielen der Rechtssicherheit (Gefahr des forum shoppings) und der Rechtsvereinheitlichung vereinbaren[239]. So trägt der Gläubiger die Beweislast für den entstandenen Schaden sowie für den Kausalzusammenhang mit der haftungsbegründenden Vertragsverletzung. Darüber hinaus kommt der Beweis der Voraussehbarkeit der Schadensfolge gemäß Art. 74 S. 2 CISG[240].

## VII. Begrenzung der Schadensersatzpflicht auf den voraussehbaren Schaden

### A. Die Voraussehbarkeitsregel (contemplation rule)

Art. 74 CISG stellt, wie zuvor gezeigt, in seinem ersten Satz den Grundsatz der Totalreparation bzw. des vollständigen Schadensausgleiches auf. In seinem zweiten Satz beschränkt die Vorschrift diesen Grundsatz sogleich. Der Anspruch auf Schadensersatz darf demnach „nicht den Verlust übersteigen, den die vertragsbrüchige Partei bei Vertragsabschluss als mögliche Folge der Vertragsver-

[236] BGH, NJW 2002, S. 1651 (1653)=CISG-Online 651.

[237] OLG Zweibrücken, 31.03.1998, CISG-Online 481; Tribunale Vigevano, 12.02.2000, CISG-Online 493 = IHR 2001, S. 72 (77); Kantonsgericht Appenzell Ausserrhoden, 10.03.2003, SZIER 2004, S. 107; *Baumgärtel/Laumen/Hepting*, Handbuch der Beweislast im Privatrecht, Vorb. Art. 1, Rn. 9ff; *Achilles*, CISG, Art. 74. Rn. 15; *Schlechtriem/Schwenzer/Stoll/Gruber*, CISG, Art. 74, Rn. 51; *Staudinger/Magnus*, CISG, Art. 4, Rn. 63ff;

[238] Cour de Justice de Geneve, 15.11.2002, SZIER 2004, S. 106; *Bianca/Bonell/Khoo*, CISG, Art. 2, Anm. 3.2.; *Ryffel*, S. 52.

[239] *Baumgärtel/Laumen/Hepting*, Handbuch der Beweislast im Privatrecht, Vorb. Art. 1, Rn. 9ff.

[240] *Schlechtriem/Schwenzer/Stoll/Gruber*, CISG, Art. 74, Rn. 51.

letzung vorausgesehen hat oder unter Berücksichtigung der Umstände, die sie kannte oder kennen musste, hätte voraussehen müssen". Art. 74 S. 2 CISG begrenzt also die Höhe des Schadensersatzes auf das voraussehbare Maß. Dieser Grundsatz ist als die sog. „Voraussehbarkeitsregel" (contemplation rule) bekannt.

Der Grundgedanke der Voraussehbarkeit ist dem deutschen Juristen im Zusammenhang mit den verschiedenen entwickelten Theorien zur Haftungsbegrenzung im Vertragsrecht bekannt[241]. Sowohl bei der Adäquanztheorie, wie der Schutzzwecklehre und der Haftungsbegrenzung durch Risikozurechnung kommt die „Voraussehbarkeit" in entscheidenden Wertungsfragen zum Ausdruck[242]. Alle diese Theorien haben das gemeinsame Ziel, den Schadensersatz auf ein vernünftiges Maß zu beschränken und völlig unwahrscheinliche Schadensfolgen von der Haftung auszuschließen.

Die Vorhersehbarkeitsregel aus Art. 74 S. 2 ist jedoch kein eigens für das CISG erfundenes Instrument zur Beschränkung des Haftungsumfanges. Ihre Geschichte lässt sich bis ins römische Recht verfolgen[243]. Über die Zeit wurde das Element der Vorhersehbarkeit in viele verschiedene Rechtsordnungen übernommen[244] und ist heutzutage vor allem im gesamten Common Law Bereich anerkannt. Dort wurde die Voraussehbarkeitsregel (nachweislich) erstmals in der berühmten englischen Gerichtsentscheidung *„Hadley vs. Baxendale"*[245] aus dem Jahre 1854 konkretisiert und wurde rund ein Jahrhundert später in *„Victoria Laundry vs. Newman Industries"*[246] nochmals bestätigt[247]. Ihren Eingang in das einheitliche Kaufrecht verdankt die Voraussehbarkeitsformel maßgeblich den Vorarbeiten von *Ernst Rabel*, der sie als einvernehmlichste Lösung sah, die Rechtsgeschichte und Rechtsvergleichung anbieten, um die Schadensersatzhaftung zu begrenzen[248]. Die Vorschrift fand sich daher schon in Art. 82 S. 2 EKG[249] und wurde inhaltsgleich in Art. 74 S. 2 CISG übernommen. Es erscheint

---

[241] Vgl. *Schack*, JZ 1986, S. 305ff.

[242] *Schlechtriem*, Voraussehbarkeit, S. 507f.; *Schack*, JZ 1986, S. 305 (313).

[243] Zur gesamten historischen Entwicklung der Voraussehbarkeitsregel siehe ausführlich *König*, Voraussehbarkeit des Schadens, S. 75-130.

[244] Eine Parallele findet sich beispielsweise im franz. Cc. Art. 1150 und ital. Cc. Art. 1225.

[245] *Hadley vs. Baxendale* 9 Exchequer Reports 341, Engl. Rep. 145.

[246] *Victoria Laundry vs. Newman Industries* (1949) 2KB (C.A.) 528.

[247] Zur Entwicklung der englischen Rechtsprechung: *McGregor*, On Damages, §§247-281; in den USA: *Calamari/Perillo*, Contracts, S. 593-599.

[248] *Rabel*, Warenkauf I, S. 495-511.

[249] Art. 82 S. 2 EKG lautete: „Der Schadensersatz darf jedoch nicht den entstandenen Verlust und Gewinn nicht übersteigen, welche die Partei, die den Vertrag verletzt hat, bei Vertragsabschluss unter Berücksichtigung der Umstände, die sie gekannt hat oder hätte kennen müssen, als mögliche Folge der Vertragsverletzung hätte voraussehen müssen".

daher angebracht bei ihrer Betrachtung auch auf die vorhandene Rechtsprechung und Literatur zum EKG zurückzugreifen[250]. Eine vergleichbare Regelung findet sich im Übrigen auch in Art. 7.4.4 der UNIDROIT- Prinzipien[251].

Die Vorhersehbarkeitsregel (contemplation rule) findet also vornehmlich im anglo-amerikanischen Rechtskreis ihre Entwicklung und „moderne" Ausprägung. Die Regelung im CISG weicht jedoch von den anglo-amerikanischen Vorbildern teilweise ab. Während etwa Art. 74 CISG allein auf die Voraussehbarkeit des Schadens seitens der vertragsbrüchigen Partei abstellt, zieht die englische und amerikanische Rechtsprechung meist die „contemplation" beider Parteien maßgeblich in Erwägung. Ein weiterer Unterschied ist, dass für die Zurechnung nach Sec. 2-715 (2) UCC das Bewusstsein erheblicher Wahrscheinlichkeit des Schadenseintritts gefordert wird, wohingegen nach Art. 74 S. 2 CISG es genügt, dass die vertragsbrüchige Partei den Schaden bei Vertragsschluss als „mögliche Folge" der Vertragsverletzung vorausgesehen hat oder hätte voraussehen müssen[252]. Die in der englischen und amerikanischen Rechtsprechung entwickelten Maßstäbe sollten daher nur bedingt zur Auslegung des Art. 74 S. 2 CISG herangezogen werden[253].

Letztlich sei darauf hingewiesen, dass die Vorhersehbarkeitsformel in Art. 74 S. 2 CISG im Unterschied zu Art. 82 EKG nicht mehr vom entgangenen Gewinn spricht. Dies beruht jedoch nur auf der folgerichtigen Begriffssystematik, denn der Begriff des Verlusts in S. 1 umfasst bereits den entgangenen Gewinn, so dass es einer weiteren Klarstellung nicht bedarf[254].

## B. Relevante Personen, maßgeblicher Zeitpunkt und Verschulden

Entsprechend dem Wortlaut von Art. 74 S. 2 CISG wird einhellig davon ausgegangen, dass es auf die Vorhersehbarkeit (nur) durch die vertragsbrüchige Partei ankommt, und zwar zum Zeitpunkt des Vertragsschlusses[255].

---

[250] *Soergel/Lüderitz/Fenge*, CISG, Art. 7, Rn. 2; *Staudinger/Magnus*, CISG, Art. 74, Rn. 3; *Witz/Salger/Lorenz*, CISG, Art. 74, Rn. 28; *Faust*, S. 10.

[251] Die deutsche Fassung des Art. 7.4.4 der UNIDROIT-Prinzipien lautet: „Die nichterfüllende Partei haftet nur für Schaden, den sie bei Vertragsabschluß als wahrscheinliche Folge ihrer Nichterfüllung vorausgesehen hat oder vernünftigerweise hätte voraussehen können".

[252] Näher dazu siehe unten S. 71ff.

[253] *Schlechtriem/Schwenzer/Stoll/Gruber*, CISG, Art. 74, Rn. 34; *Witz/Salger/Lorenz*, CISG, Art. 74, Rn. 28.

[254] *Soergel/Lüderitz/Dettmeier*, CISG, Art. 74, Rn. 21.

[255] BGH, 24.10.1979 (noch zu Art. 82 EKG), abrufbar im Internet unter www.cisg.law.pace.edu/cases/791024g1.html = DB 1980, S. 343; Schweizer Bundesgericht, SZIER 1999, S. 179 (181); *Bianca/Bonell/Knapp*, CISG, Art. 74, Anm. 2.13; *Schlechtriem/Schwenzer/Stoll/Gruber*, CISG, Art. 74, Rn. 37; *Staudinger/Magnus*, CISG, Art.

Auf ein Verschulden der vertragsbrüchigen Partei kommt es nach allgemeiner Meinung im CISG nicht an; auch wenn manche Rechtsordnungen die Begrenzung des Schadensersatzes durch die Vorhersehbarkeit ihrerseits einschränken, wenn die Vertragsverletzung vorsätzlich erfolgte. Da das CISG eine derartige Regel nicht enthält, gilt die Vorhersehbarkeitsregel immer, wenn eine Schadensersatz-pflicht begründet ist, also auch dann, wenn dem Schuldner Fahrlässigkeit oder gar Vorsatz zur Last fällt[256].

## C. Gegenstand der Vorhersehbarkeit

Nicht die Vertragsverletzung selbst ist Gegenstand der Vorhersehbarkeit, sondern der „Verlust...als mögliche Folge der Vertragsverletzung" muss vorhergesehen werden[257]. In der Kommentarliteratur besteht Einigkeit darüber, dass weder die Einzelheiten des Schadens noch die genaue ziffernmäßige Höhe des Verlustes vorauszusehen sind. Ausreichend ist vielmehr, dass der Schuldner den Schaden hinsichtlich Art und Umfang voraussehen konnte, der im wesentlichen dem entspricht, der tatsächlich eingetreten ist[258].

## D. Maßstab für die Vorhersehbarkeit

Rechtsprechung und Literatur geben sich zurückhaltend, wenn es darum geht, auf allgemeiner Ebene zu konkretisieren, wann die vertragsbrüchige Partei einen Schaden „als mögliche Folge der Vertragsverletzung....unter Berücksichtigung der Umstände, die sie kannte oder kennen musste, hätte voraussehen müssen".

Stellt man auf das Wissen oder die Kenntnis der vertragsbrüchigen Partei ab, so lässt sich die Vorhersehbarkeitsregel in zwei Kategorien einteilen: subjektive oder objektive Vorhersehbarkeit. Ein subjektiver Maßstab ist dort anzusetzen,

---

74, Rn. 38; *Enderlein/Maskow/Strohbach*, CISG, Art. 74, Anm. 7; *Honsell/Schönle*, CISG, Art. 74, Rn. 26; *Ryffel*, S. 59.

256 Vgl. O.R., 60; *Bianca/Bonell/Knapp*, CISG, Art. 74, Anm. 2.15; *Schlechtriem/Schwenzer/Stoll/Gruber*, CISG, Art. 74, Rn. 35; *Staudinger/Magnus*, CISG, Art. 74, Rn. 32; *Witz/Salger/Lorenz*, CISG, Art. 74, Rn. 27; MünchKommHGB/*Mankowski*, Art. 74, Rn. 22.

257 *Schlechtriem/Schwenzer/Stoll/Gruber*, CISG, Art. 74, Rn. 36; *Staudinger/Magnus*, CISG, Art. 74, Rn. 32; *Karollus*, S. 217; *Weber*, BTJP 1990, S. 165 (198). Anders und offenbar falsch das LG Duisburg v. 16.07.1976, RIW 1977, S. 424, allerdings in einem Fall zum EKG; kritisch zu diesem Urteil auch *Faust*, S. 11.

258 *Staudinger/Magnus*, CISG, Art.74., Rn. 34; *Brunner*, CISG, Art. 74, Rn. 12; MünchKommHGB/*Mankowski*; Art. 74, Rn. 23.

wo die vertragsbrüchige Partei den entstandenen Schaden tatsächlich vorhergesehen hat. Die objektive Komponente kommt immer dann zu tragen, wenn vielleicht nicht der konkrete Schuldner tatsächliche Kenntnis hatte, wohl aber ein „idealtypischer"[259] Schuldner angesichts der Umstände in seiner Lage gehabt hätte[260]. Die Vorhersehbarkeit ist also an dem Wissen der vertragsbrüchigen Partei zu messen. Welches Wissen die vertragsverletzende Partei nun tatsächlich hatte, wird in der Praxis regelmäßig vom Gericht ex post facto zu beurteilen sein[261]. Die Quellen des Wissens sind dabei vielfältig und werden von Fall zu Fall zu unterscheiden sein. In erster Linie wird auf den Inhalt des Vertrages zu achten sein. Enthält der Vertrag Anhaltspunkte, dass für die vertragsbrüchige Partei das Risiko des Eintritts eines bestimmten Schadens bei Vertragsverletzung bekannt und somit hinreichend vorhersehbar war, dann kann der Schuldner auch für außergewöhnliche und/oder hohe Schäden haften, selbst für solche, die ein „idealtypischer" Schuldner objektiv nicht hätte vorhersehen können[262].

Des Weiteren können Handelsbräuche eine hilfreiche Quelle sein, um die Vorhersehbarkeit zu beurteilen. Zumindest in einer Entscheidung zum EKG hat der BGH ausgeführt, dass Auskünfte der Handelskammer und Handelsbräuche als taugliches Mittel zur Feststellung der Vorhersehbarkeit in Frage kommen[263].

Art. 9 CISG enthält subjektive (Abs. 1) und objektive (Abs. 2) Voraussetzung zur Anwendbarkeit von Gebräuchen und Gepflogenheiten zwischen den Vertragsparteien. Man könnte daher die subjektiven und objektiven Bedingungen der Handelsbräuche aus Art. 9 CISG mit den subjektiven und objektiven Faktoren der Vorhersehbarkeitsregel verknüpfen.

Ist ein subjektiver Grund anwendbar, d.h. haben die Parteien ausdrücklich die Anwendbarkeit eines Handelsbrauches vereinbart oder verbindliche Gepflogen-

---

[259] In der Regel kommt es hierbei auf die Erfahrungen eines Kaufmanns an; vgl. *Bianca/Bonell/Knapp*, CISG, Art. 74, Anm. 2.11 „as a merchant"; *Honsell/Schönle*, CISG, Art. 74, Rn. 24; *Kranz*, S.212; *Welser*, S. 127 der zudem die Branchenzugehörigkeit betont.

[260] *Achilles*, CISG, Art. 74, Rn. 10; *Bianca/Bonell/Knapp*, CISG, Art. 74, Anm. 2.8; *Enderlein/Maskow/Strohbach*, CISG, Art. 74, Anm. 10; *Honsell/Schönle*, CISG, Art. 74, Rn. 24f.; *Staudinger/Magnus*, CISG, Art. 74, Rn. 35f.; *Witz/Salger/Lorenz*, CISG, Art. 74, Rn. 32.

[261] *Bianca/Bonell/Knapp*, CISG, Art. 74, Anm. 2.14.

[262] *Bianca/Bonell/Knapp*, CISG, Art. 74, Anm. 2.12. Siehe auch zum EKG die Rechtsprechung des OLG Hamm vom 23.03.1978 (unveröffentlicht), wo das Gericht den eingetretenen Verlust für vorhersehbar hielt, da der Verkäufer den Käufer ausdrücklich auf die Möglichkeit des Schadens hinwies.

[263] BGH 24.10.1979 RIW/AWD 1980, S. 143 (144) zu Art. 82 EKG. Zustimmend *Weitnauer*, IPRax 1981, S. 83.

heiten zueinander aufgebaut[264], dann kann dieser Brauch oder die Gepflogenheit Aufschluss darüber geben, ob die vertragsbrüchige Partei tatsächliche Kenntnis hatte. Wobei nicht definitiv unterstellt werden darf, dass wenn eine Partei tatsächliche Kenntnis über eine Tatsache hatte, sie dann auch deren Konsequenzen tatsächlich vorhergesehen hat. Man kann das subjektive Tatsachenwissen aber objektivieren, in dem man sagt, dass eine Partei, die von bestimmten Umständen wusste, auch in der Position gewesen wäre die Folgen eines Vertragsbruches abzuschätzen, obgleich sie sie tatsächlich nicht vorhergesehen hat.

Sind die objektiven Anwendbarkeitskriterien gemäß Art. 9 II CISG erfüllt[265], also geht man davon aus, dass die Parteien trotz fehlender Vereinbarung die in Frage stehenden Bräuche „kannten oder kennen mussten", so lässt dies eher auf eine objektive Vorhersehbarkeit („hätte voraussehen müssen"[266]) der vertragsbrüchigen Partei schließen, als auf tatsächliche Vorhersehbarkeit. Aus dem einfachen Grund, dass es unwahrscheinlich ist, dass jemand etwas tatsächlich vorhersieht, wovon er keine Kenntnis hat.

## E. Vorhersehbar als „mögliche" Folge

In der deutschen Fassung[267] besagt Art. 74 S. 2 CISG, dass der Schaden als „mögliche" Folge (possible consequence) der Vertragsverletzung vorhersehbar gewesen sein muss. Andere vergleichbare Rechtsätze, wie etwa die UNIDROIT Prinzipien, interpretieren den Vorhersehbarkeitsgrundsatz restriktiver und fordern den Schaden als „wahrscheinliche" oder „zu erwartende" (likely) Folge[268]. Es erscheint daher, als sei der Maßstab im CISG dadurch viel weiter gefasst. In der Literatur wird hieraus teilweise gefolgert, dass die insoweit großzügige Vorhersehbarkeitsregel im CISG nicht besonders geeignet sei, um den Schadensersatzanspruch gebührend zu beschränken[269]. Der Unterschied zwischen den Beg-

---

[264] Zur Bildung und Anwendung von „Gepflogenheiten" im CISG siehe *Weitnauer*, IPRax 1984, S. 185f.
[265] Ausführlich zu Handelsbräuchen im internationalen Warenhandel siehe *Bonell*, JBl. 1985, S. 385 (388).
[266] Art. 74 S. 2 CISG.
[267] Die deutsche Fassung gilt jedoch nicht als verbindlicher Originaltext des Abkommens. Die offiziellen Sprachen sind: Arabisch, Chinesisch, Englisch, Französisch Russisch und Spanisch.
[268] In Art. 7.4.4 der UNIDROIT-Prinzipien heißt es: "foreseeability of harm being *likely* to result from its non-performance". Siehe auch zum Vergleich mit dem amerikanischen Uniform Commercial Code (UCC) *Kritzer*, Practical Applications, S. 587f.
[269] *Enderlein/Maskow/Stargardt*, CISG, Art. 74, Rn. 2; *Murphey*, Consequential Damages, 23 Geo. Wash. J. Intl. L. & Econ. (1989), S. 439 (440); *Ziegel*, Canada and the Vienna Sales Convention, 18 Canada Bus. L.J. (1991), S. 14.

riffen ist freilich fein und nuancenhaft. Folgendes Beispiel soll helfen den Unterschied zwischen „möglicher Folge" und „wahrscheinlich eintretender Folge" darzustellen: Wenn man von einem zuvor gut gemischten Kartendeck die oberste Karte abhebt, so besteht zwar die Möglichkeit, aber es ist nicht wahrscheinlich, dass dies die Karo neun ist, obwohl die Chancen 51 zu 1 dagegen stehen[270]. Um zu sachgerechten Lösungen im Einzelfall zu kommen, halten einige Autoren daher eine möglichst enge Auslegung des Wortes „möglich" für erforderlich[271]. Andere Autoren fordern hingegen ein gewisses Mass an Wahrscheinlichkeit[272]. Letztlich ist jedoch zu beachten, dass als „mögliche Folge" ohnehin nur das in Betracht kommt, welches „...unter Berücksichtung der Umstände..." hätte vorausgesehen werden müssen, so dass der Schadensumfang dem Einzelfall entsprechend beschränkt werden kann[273]. Zutreffend charakterisiert *Stoll* die Vorhersehbarkeitsregel daher als heuristische Formel, „die nach dem Sinn und Zweck des jeweiligen Vertrages und den gesamten Umständen des Vertragsschlusses ausgefüllt werden muss"[274].

Darüber hinaus ist zu befürchten, dass gerade die in der anglo-amerikanischen Rechtsprechung festgefahrene Diskussion über die Auslegung der genauen Bedeutung der verschiedenen Ausdrücke für „wahrscheinlich" („probability", „likely", „reasonable certain", „reasonably foreseeable", „liable to result" oder „not unlikely to result") auch im CISG fortgeführt wird[275]. Erste Anzeichen hierfür setzte der berühmte *Delchi Carrier S.p.A. vs. Rotorex Corp.* Fall, in dem sowohl der erstinstanzliche New Yorker District Court als auch der U.S. Court of Appeals for the Second Circuit in der anschliessenden Berufung jeweils CISG fremde Begriffe benutzten, um die Vorhersehbarkeit von Schäden einzugrenzen. Wenn auch der vom Court of Appeals gewählte Ausdruck „probable consequen-

---

270 Zitat nur gefunden bei *Kritzer*, Practical Applications, S. 588.

271 *Ziegel*, S. 9ff. bemerkt: „Presumably...the literal words of Art. 74 will have to be read down somewhat to prevent the injured party being saddled with extravagant damage claims".

272 *Ziegler*, S. 210; *Eiselen*, Guide to Art. 74, Anm. h (Text abrufbar im Internet: www.cisg.law.pace.edu/biblio.html.) unter Berufung auf die Art. 7.4.3 und 7.4.4 der UNIDROIT Prinzipien, in denen ebenfalls ein gewisser Grad an Wahrscheinlichkeit („reasonable degree of certainty") erforderlich ist. A.A. *Faust*, S. 269ff. (331), der jegliche „Wahrscheinlichkeitsschwelle" ablehnt.

273 Vgl. *Farnsworth*, Damages and specific relief, Am. J. Comp. L. 1979, S. 247 (253) "Although..."possible consequence" may seem at first to cast a wider net than the Restatement's "probable result", the preceding clause ("in the light of the facts") cuts this back...".

274 *Schlechtriem/Stoll*, CISG (3. Auflage), Art. 74, Rn. 34.

275 *Farnsworth*, On Contracts. Zum englischen Recht siehe die Entscheidungen wie *Victoria Laundry Ltd. v. Newman Ind. Ltd.* (1949) 2 KB 528; *Czarnikow Ltd. v. Koufos* (The Heron II) (1969) 1 AC 350.

ce"[276] anstatt richtigerweise „possible consequence" (vgl. Art. 74 S. 2 CISG) weniger gravierend erscheint, so offenbart die Formulierung des noch vorinstanzlichen District Courts: „Damages may not be in excess of the amount *reasonably envisioned by the parties*"[277], schon deutliche Züge eines Rückgriffs auf die anglo-amerikanische Ausprägung der Vorhersehbarkeitregel. Allerdings kam es in beiden Instanzen massgeblich auf die tatsächliche Beweisbarkeit der Schäden und nicht deren Vorhersehbarkeit an. Den Entscheidungstexten ist somit nicht zu entnehmen, dass die Wahl der unterschiedlichen Formulierungen, bzw. der Formulierung an sich, Auswirkung auf das Ergebnis hatte. Schließlich zeigt der Fall aber auch, dass Grund zur kritischen Beobachtung dieses Themas fortbesteht. Insoweit man sich durchaus die Frage stellen könnte, ob die Verfasser des CISG sich nicht bewusst von den bestehenden Formulierungen im anglo-amerikanischen Recht abgesetzt und das Wort „möglich" gewählt haben, um im Geiste einer einheitlichen Auslegung zu einem unvoreingenommenen Neubeginn zu gelangen.

## VIII. Konkretisierung der Voraussehbarkeit durch Bildung möglicher Haftungsfälle

Die Voraussehbarkeitsregel wird einerseits als flexibles und anpassungsfähiges Instrument in der Hand des Richters gesehen[278]. Andereseits sind die Richter stets gehalten die Rechtsvereinheitlichung zu wahren und voranzutreiben. Dies stellt die nationalen Gerichte vor die schwierige Aufgabe die abstrakte Vorhersehbarkeitsformel im konkreten Fall zu präzisieren und gleichzeitig die allgemeinen Ziele des CISG im Auge zu behalten. Offensichtlich erscheint, dass es hierbei zu Wertungskonflikten kommen kann. Anstatt im Einzelfall eine Deduktion der Vorhersehbarkeitsregel vorzunehmen oder Ausnahmen auf einen einzigen Wertungsgesichtspunkt zurückzuführen, ist man in der Literatur, bis sich eine gefestigte Rechtsprechung entwickelt hat, dazu übergegangen, die Schadenpositionen fallgruppenweise zu entwickeln. Aus Gründen der Übersichtlichkeit wird auch in dieser Arbeit auf die in der Literatur „übliche" Kategorisierung zurückgegriffen.

---

[276] *Delchi Carrier S.p.A. vs. Rotorex Corp.*, U.S. Court of Appeals (2nd Circuit) 06.12.1995, 10 F. 3 d. 1024 = CISG-Online 140 = http://cisgw3.law.pace.edu/cases/951206u1.html.
[277] *Delchi Carrier S.p.A. vs. Rotorex Corp.*, U.S. District Court New York, 09.09.1994, 1994 U.S. Dist. Lexis 12820 = Unilex E. 59 = http://cisgw3.law.pace.edu/cases/940909u1.html.
[278] So *Honnold*, Rn. 408; *Schlechtriem/Schwenzer/Stoll/Gruber*, CISG, Art. 74, Rn. 34.

## A. Die typischen Fallgruppen der Verkäuferhaftung

Zunächst, wegen ihrer überwiegenden praktischen Relevanz, sind die typischen vom Verkäufer verursachten Schäden zu betrachten.

### 1. Primäre Nichterfüllungsschäden des Käufers

Zu den primären Nichterfüllungsschaden gehört in erster Linie der Minderwert der mangelhaften Ware; der Käufer kann die Differenz zwischen dem objektiven Wert der mangelhaften Ware und demjenigen Wert berechnen, den die Ware im Zeitpunkt der Schadensberechnung bei vertragsmäßiger Beschaffenheit hatte[279]. Auf diesem Wege kann der gesamte Wert ersetzt werden, wenn die Ware durch den Mangel wertlos ist[280]. Hat der Käufer die Ware auf Mängel untersuchen lassen und hat sich ein solcher herausgestellt, so sind nicht nur die Kosten der Untersuchung (auch durch Sachverständige)[281] ersatzfähig, sondern auch die Kosten der Reparatur- oder Nachbesserung, sowie gegebenenfalls Lager- und Rücktransportkosten[282], wenn sich der Mangel nicht beheben lässt. Die Aufwendungen müssen aber in einem angemessenen Verhältnis zum Warenwert stehen[283].

Auch wenn der Verkäufer nicht zum vereinbarten Termin liefert, werden dem Käufer hierdurch regelmäßig (Mehr-) Kosten entstehen, die für den Verkäufer voraussehbar und daher zu ersetzen sind (Verzögerungsschaden). Wegen des Lieferverzuges kann der Käufer beispielsweise dadurch geschädigt werden, dass Kosten zur Empfangnahme der Ware vergeblich sind und wiederholt werden müssen[284]. Während des Lieferverzuges ist der Käufer auch regelmäßig dazu berechtigt angemessene Ersatzmaßnahmen zur Überwindung des zeitweiligen

---

[279] Den Minderwert kann der Käufer sowohl im Wege der Minderung gem. Art. 50 CISG wie auch als Schadensersatz geltend machen. Siehe schon S. 44.

[280] LG Trier, NJW-RR 1996, S. 564 (565); gelieferter Wein ist unerlaubt mit Wasser zugesetzt.

[281] *Brunner*, CISG, Art. 74, Rn. 24.

[282] OLG Hamm IPRax 1996, S. 269 (mit Anm. *Schlechtriem* S. 256) = NJW-RR 1996, S. 689 = Unilex E. 1995-17; AG München E. 1995-17.3; *Delchi Carrier v. Rotorex* No. 88-CV-1078, 1994 WL 495787 (N.D.N.Y. Sept. 9, 1994) = SZIER 1996, S. 54 = Unilex E. 1994-22 = www.cisg.law.pace.edu/cases/940909u1.html.; affirmed in part by court of appeals, reversed and remanded in part, 71 F. 3d 1024 (2nd. Circ. 1995) = www.cisg.law.pace.edu/ cases/951206u1.html.

[283] So der BGH NJW 1997, S. 3311 (3313); der den Schadensersatzanspruch in Höhe von 75.578,53 DM für das zweifache Nachschleifen von mangelhaft gelieferten Walzdraht gegenüber einer Restkaufpreisforderung in Höhe von 63.180 DM für unvernünftig hielt.

[284] Z.B. Aufwendungen für die Abholung, Einfuhrgenehmigung oder ähnliche Kosten. Vgl. *Soergel/Lüderitz/Dettmeier*, CISG, Art. 74, Rn. 4.

Leistungsausfalles zu treffen, sofern der Käufer hierauf angewiesen ist oder die Maßnahme dazu geeignet ist weitergehende Folgeschäden abzuwenden[285]. Muss der Käufer wegen der verzögerten Lieferung besondere Lieferungsfahrten organisieren und durchführen, um seine Abnehmer schnellstmöglich beliefern zu können und dadurch eigene Vertragsstrafen abzuwenden, so kann er die hieraus entstandenen Mehrkosten ersetzt verlangen[286].

Zu beachten ist allerdings, dass der Geltendmachung eines Mangelschadens in irgendeiner Form stets Art. 48 CISG entgegensteht, sofern der Verkäufer zur Mangelbeseitigung bereit ist und sie dem Käufer unter den Voraussetzungen des Art. 48 CISG auch zugemutet werden kann[287]. Für den gewöhnlichen, unmittelbar aus der Nichterfüllung (Vertragsverletzung), bzw. verspäteten Erfüllung entstandenen Schaden beim Käufer wird der Verkäufer also in aller Regel einstehen müssen, da dieser für ihn grundsätzlich vorhersehbar ist[288]. Auch der Schadensumfang ist regelmäßig vorhersehbar, soweit er sich im Rahmen des Üblichen hält.

## 2. Folgeschäden des Käufers

Wesentlich schwieriger ist es hingegen, die beim Käufer infolge der Vertragsverletzung auftretenden Folgeschäden zu typizieren und bezüglich ihrer Voraussehbarkeit eine allgemeingültige Aussage zu treffen. Aus der Vielzahl möglicher Haftungsfälle sollen im Folgenden nur solche näher betrachtet werden, die in der Praxis und Wissenschaft am bedeutsamsten erscheinen. In Betracht kommen etwa solche Verluste des Käufers, die auf Schadensersatzpflichten gegenüber den Abnehmern, entgangenen Weiterveräußerungs- und Betriebsgewinnen, sowie auf Einbussen von good will beruhen.

### a) Entgangener Weiterverkaufsgewinn

Grundsätzlich wird ein entgangener Gewinn in üblicher Höhe aus einem gescheiterten Weiterverkauf, den der Käufer bei ordnungsgemäßer Erfüllung der

---

[285] OLG Köln, 08.01.1997, CISG-Online 217 (Ersatz der Kosten für die Inanspruchnahme eines Drittunternehmens während der Reparaturmaßnahmen); *Schlechtriem/Schwenzer/Stoll/Gruber*, CISG, Art. 74, Rn. 16.
[286] OLG Düsseldorf, 28.05.2004, CISG-Online 850.
[287] *Schlechtriem/Schwenzer/Stoll/Gruber*, CISG, Art. 74, Rn. 15; *Karollus*, ZIP 1993, S. 490f.
[288] *Honsell/Schönle*, CISG, Art. 74, Rn. 29; *Staudinger/Magnus*, CISG, Art. 74, Rn. 40; *Schlechtriem/Schwenzer/Stoll/Gruber*, CISG, Art. 74, Rn. 41; MünchKommHGB/*Mankowski*, Art. 74, Rn. 27ff.; *Karollus*, S. 217; *Kranz*, S. 214.

Verkäuferpflichten hätte erzielen können, für den Verkäufer voraussehbar sein, da dieser beim Verkauf von handelbarer Ware an einen Kaufmann mit dem Weiterverkauf rechnen müsse[289]. Außergewöhnliche entgangene Gewinne sind hingegen nur dann zu ersetzen, wenn der Verkäufer bei Vertragsschluss auf sie hingewiesen wurde oder den Umständen nach mit ihnen rechnen musste[290].

Um entgangenen Gewinn (lost profit) im Rahmen des CISG ging es maßgeblich in dem bekannten amerikanischen Fall *Delchi Carrier v. Rotorex*[291]. Es verklagte die italienische Firma Delchi, Herstellerin und Verkäuferin von Klimaanlagen, die Firma Rotorex mit Sitz in New York. Im Januar 1988 schlossen die Parteien einen Vertrag über den Verkauf von 10,800 Kompressoren der Firma Rotorex an Delchi. Delchi wollte die Kompressoren in ihr Modell „Ariele" einbauen. Diese Modellreihe sollte im Frühjahr und Sommer 1988 verkauft werden. Die Kompressoren sollten in drei Teillieferungen bis zum 15. Mai 1988 verschifft werden. Nach der ersten Teillieferung machte die Klägerin fehlende Vertragsmäßigkeit der Ware geltend, verweigerte die Annahme der zweiten Teillieferung und lagerte diese ein. Nachdem erfolglos seitens Delchi versucht worden war die Mängel zu beheben, klagte die italienische Firma vor der amerikanischen Gerichtsbarkeit auf Schadensersatz wegen Vertragsverletzung (Art. 74ff. CISG). Das Gericht sprach der Klägerin u.a. Schadensersatz aus entgangenen Gewinn zu, weil das Gericht es für objektiv vorhersehbar hielt, dass Delchi Verkaufsaufträge für ihre „Ariele" Klimaanlagen in Höhe der bestellten Kompressoren annehmen würde und mit dementsprechenden Weiterverkaufsvolumen rechnen müsste[292]. Dabei berücksichtigte sowohl der erstinstanzliche District Court als auch der höhere Court of Appeals nur den entgangenen Gewinn aus tatsächlich bestehenden Aufträgen. Lediglich „indizierte Aufträge", also solche, die zwar noch nicht konkret vorlagen, aber, wie Delchi behauptete, abgeschlossen hätten werden können, wenn mehr „Ariele" Klimaanlagen vorhanden gewesen wären, wurden von beiden Instanzen als zu „spekulativ" verworfen. Letzteres

---

[289] OGH, 28.04.2000, IHR 2001, S. 206; OGH 06.02.1996, 10 Ob 518/95 = RdW 1996, 203 = ZfRV 1996, S. 248 (nichtgeliefertes Erdgas); *Schlechtriem/Schwenzer/Stoll/Gruber*, CISG, Art. 74, Rn. 44; *Soergel/Lüderitz/Dettmeier*, CISG, Art. 74, Rn. 21.
[290] *V. Caemmerer*, AcP 178 (1978), S. 121 (147).
[291] *Delchi Carrier SpA v. Rotorex Corp.*, No. 88-CV-1078, 1994 WL 495787 (N.D.N.Y. Sept. 9, 1994) = SZIER 1996, S. 54 = Unilex E. 1994-22 = www.cisg.law.pace.edu/cases/940909u1.html; affirmed in part by Court of Appeals, reversed and remanded in part, 71 F. 3d 1024 (2nd. Circ. 1995) = www.cisg.law.pace.edu/cases/951206u1.html = CISG-Online 140.
[292] United States Court of Appeals for the Second Circuit, 06.12.1995, Doc. Nos. 95-7182, 95-7186 = www.law.pace.cisg.edu/cases/951206u1.html.

erscheint jedoch eine Frage der Beweisbarkeit und nicht der Vorhersehbarkeit zu sein[293].

### b) Dritthaftungsschäden

Ähnlich des entgangenen Weiterverkaufsgewinnes werden die Schadensfälle behandelt, die darauf beruhen, dass der Käufer infolge des Vertragsbruches einem Dritten gegenüber haftet (Dritthaftungsschäden). Die überwiegende Rechtsprechung geht davon aus, dass beim Verkauf handelbarer Ware an eine Handelsfirma der Verkäufer damit rechnen müsse, dass die Lieferung vertragswidriger Ware den Käufer seinen Abnehmern gegenüber haftbar machen kann[294]. Ebenfalls sind Preisnachlässe[295], die der Käufer seinen eigenen Abnehmern aufgrund der mangelhaften Ware gewährt, vorhersehbar und zu ersetzen. Anders ist wohl bei außergewöhnlichen Haftungsschäden zu urteilen, etwa eine Konventionalstrafe die den Käufer trifft. Das der Käufer einem Dritten bei nicht ordnungsgemäßer Erfüllung eine Vertragsstrafe zahlen muss, wird für den Verkäufer grundsätzlich nicht für vorhersehbar gehalten. Es sei denn, und dies gilt für alle ungewöhnlichen Verpflichtungen, sie sind dem Verkäufer vor Vertragsschluss offen gelegt worden[296].

---

[293] Der Fall *Delchi* wurde in der Literatur stark kritisiert. Das Gericht habe trotz (zutreffender) Anwendbarkeit des CISG, die Probleme zu sehr nach nationalem, ihm bekannten Recht behandelt und somit den internationalen Charakter des Abkommens vernachlässigt Gerade in der Beurteilung des „indizierten" entgangenen Gewinns sei das Gericht von einem amerikanischen Rechtsgrundsatz ausgegangen, den es im CISG nicht gibt. Es handelt sich hierbei um die Restriktion, dass nach amerikanischem Recht nur solche Schäden ersetzbar sind, die mit „reasonable certainty" bewiesen werden können. Amerikanische Gerichte, insbesondere solche in New York, neigen daher dazu, Beweise für „indizierten" entgangenen Gewinn und vor allem für „good will" Schäden, von vornherein nicht zum Prozess zuzulassen; wohlbemerkt, als eine Frage des materiellen Rechts und nicht aus prozessualen Gründen. Wohingegen im CISG der Schaden nur als „mögliche Folge" vorhersehbar sein muss und Beweisfragen dem Prozess überlassen sind. Es scheint daher, dass ein europäisches Gericht den Fall großzügiger behandelt hätte; zum einen was die Zulässigkeit von Beweismitteln betrifft und zum anderen die weniger einschränkende Auslegung der Vorhersehbarkeitsregel. Zweifelhaft ist allerdings, ob angesichts der vagen Beweislage ein anderes (nicht amerikanisches) Gericht zu einem unterschiedlichen Ergebnis gekommen wäre. *Schneider*, Consequential Damages in the International Sale of Goods: Analysis of two Decisions, J.Int.B.L. 16 (1995), S. 615ff. m.w.N.

[294] BGH, IPRax 1999, S. 377 (379) m. Anm. *Otte*, S. 352 = NJW 1999, S. 1259 (1261) = RIW 1999, S. 385 (386) m. Anm. *Escher*, S. 485 = Transp- IHR 1999, S. 18 (20) = WM 1999, S. 868 (870); LG Aachen, RIW 1993, S. 760; für Österreich siehe nur: OGH 06.02.1996, 10 Ob 518/95 = RdW 1996, 203 = ZfRV 1996, S. 248.

[295] Vgl. LG Landshut, 05.04.1995, CISG Online 193; ICC Schiedsspruch, Unilex E. 1994-20.

[296] *Staudinger/Magnus*, CISG, Art. 74, Rn. 45; *Brunner*, CISG, Art. 74, Rn. 42; MünchKommBGB/*Huber*, Art. 74, Rn. 37; MünchKommHGB/*Mankowski*, Art. 74, Rn. 31;

### c) Betriebsausfallschäden

Ebenfalls vergleichbar mit dem Ersatz von entgangenen Weiterverkaufsgewinn und Dritthaftungsschäden werden Schäden die sog. Betriebsausfallschäden behandelt. Diese entstehen, wenn der Käufer, aufgrund der mangelhaften oder überhaupt nicht gelieferten Ware, den eigenen Betrieb bzw. die Weiterverarbeitung der Ware nicht fortführen kann.

Die überwiegende Rechtsprechung und ein Großteil der Lehre sehen die Haftung des Verkäufers in solchen Fällen schon gegeben, wenn der Verkäufer bei Vertragsschluss wusste oder damit rechnen musste, dass der Käufer die Ware zur Produktion im eigenen Betrieb verwenden werde. Außergewöhnlich hohe Schäden hat der Verkäufer hingegen auch nur dann zu ersetzen, wenn der Käufer bei Vertragsschluss auf die Gefahr eines solchen Schadens hingewiesen hat und der Verkäufer das Risiko zu tragen gewillt ist[297]. Ein anderer Teil der Lehre will die Ersatzfähigkeit von Betriebsausfallschäden hingegen nur dann bejahen, wenn der Käufer bei Vertragsschluss auf den drohenden Betriebsausfall konkret hingewiesen hat und dem Verkäufer die Haftung nach Wert oder Umfang der Lieferung zumutbar ist bzw. dieser bereit ist für diese Gefahr einzustehen[298].

Problematisch kann jedoch die Berechnung derartiger Schäden im Einzelfall sein. In der amerikanischen Entscheidung *Delchi v. Rotorex Corp.*[299] ging es ebenfalls um Betriebsausfallschäden. Mangels Kompressoren stand die Produkti-

---

*Schlechtriem/Schwenzer/Stoll/Gruber*, CISG, Art. 74, Rn. 45; *Ryffel*, S. 68; zum EKG: LG Bonn, IPRax 1983, S. 243. Bei Branchenüblichkeit, z.B. in der Baubranche, und wenn der Verkäufer hiervon Kenntnis hatte oder hätte kennen müssen, wird das Einstehen für eine Konventionalstrafe ausnahmsweise bejaht. Vgl. *Tiling*, RabelsZ 32 (1968), S. 258 (273); *Mertens/Rehbinder*, EKG, Art. 82, Rn. 15.

297 OGH, 28.04.2000, CISG-Online 581 = IHR 2001, S. 206 (208) = ZfR 2000, S. 188 (189); HG Zürich, 10.02.1999, CISG-Online 488 = SZIER 2000, S. 111 (113); *Schlechtriem/Schwenzer/Stoll/Gruber*, CISG, Art. 74, Rn. 44; *Staudinger/Magnus*, CISG, Art. 74, Rn. 40; *Herber/Czerwenka*, CISG, Art. 74, Rn. 12; *Ryffel*, S. 70.

298 *Soergel/Lüderitz/Dettmeier*, CISG, Art. 74, Rn. 17; *Witz/Salger/Lorenz*, CISG, Art. 74, Rn. 35; *Schlechtriem*, UN-Kaufrecht, Rn. 305; *Weber*, BTJP 1990, S.165 (200); *Karollus*, S. 218; *Kranz*, S. 215. Gänzlich ablehnend hingegen nur *v. Caemmerer*, AcP 178 (1981), S. 257 (266).

299 *Delchi Carrier SpA v. Rotorex Corp.*, No. 88-CV-1078, 1994 WL 495787 (N.D.N.Y. Sept. 9, 1994) = SZIER 1996, S. 54 = Unilex E. 1994-22 = www.cisg.law.pace.edu/cases/940909u1.html, reversed and remanded United States Court of Appeals for the Second Circuit, 06.12.1995, Doc. Nos. 95-7182, 95-7186 = www.law.pace.cisg.edu/cases/ 951206u1.html = CISG-Online 140.

on der Klimaanlagen 4 Tage still. Der Ersatz dieser Kosten wurde schließlich abgelehnt, weil sie nach Meinung des Gerichts bereits in dem Posten des „entgangenen Weiterverkaufgewinns" (lost profits) enthalten seien. Der Ausschluss dieser Verluste beruhte aber allein auf dem kalkulatorischen Unterschied, dass amerikanische Gerichte jeden Schadensposten einzeln bewerten und nicht, wie deutsche Gerichte es zu tun pflegen, eine Gesamtbetrachtung auf der Grundlage der Differenzmethode anstellen[300]. So entschied das OLG Hamburg in einem Fall, in dem es um mangelhafte Jeanshosen ging, dass die Beklagte einen Aufrechnungsanspruch gegen die geltend gemachte Zahlungsklage nicht nur in Höhe des Nettoerlöses von 5% habe sondern auch in Höhe der sogenannten fixen Kosten (Generalunkosten), also diejenigen Aufwendungen, die mit der Aufrechterhaltung der Betriebsbereitschaft, mit der Unterhaltung der Be- und Vertriebsanlagen sowie mit der Betriebsführung und der Verwaltung zusammenhängen[301].

### d) Verlust von good will

Unter good will versteht man gemeinhin das geschäftliche Ansehen eines Kaufmanns. Die Reputation eines Unternehmers kann in Mitleidenschaft gezogen werden, wenn dieser aufgrund der Vertragsverletzung nicht in der Lage ist, sich gegenüber seinen Abnehmern vertragsgemäß zu verhalten. Oftmals drohen der verletzten Partei (meist seitens des Käufers) durch das vertragsschädigende Verhalten der anderen Partei zukünftige Kundenaufträge zu entgehen, da diese das Vertrauen in die Leistungsfähigkeit ihres Vertragspartners verloren haben.

In dem bekannten „Gouda-Käse"-Fall des deutschen BGH, der noch zum EKG entschieden wurde, waren 3% des von einem niederländischen Exporteur gelieferten Käses mangelhaft gewesen. Vier Großabnehmer hatten deshalb ihre Geschäftsbeziehungen zum Importeur beendet. Der BGH stellte in Bezug auf die Vorhersehbarkeit darauf ab, ob ein vernünftiger „idealtypischer" Schuldner damit rechnen musste, dass eigene Schlechtlieferung bei einem Zwischenhändler zu einem Verlust von Kunden und damit Gewinnentgang führen könnten. Das wurde angesichts der Wettbewerbssituation auf dem deutschen Käsemarkt für möglich gehalten[302]. Ähnlich entschied das schweizerische Bundesgericht zum

---

300 Siehe auch *Schlechtriem*, UN-Kaufrecht, Rn. 307.

301 OLG Hamburg, 26.11.1999, IHR 2001 S. 19 (21) mit zustimmender Anmerkung von *Piltz*, S. 22 = CISG-Online 515. Zum deutschen Recht siehe BGHZ 107, S. 67 (69).

302 BGH, WM 1980, S. 36 = IPRax 1981, S. 96 (zu Art. 82 EKG). Das vorinstanzliche OLG hatte die Vorhersehbarkeit verneint, nachdem es Auskünfte über die Wettbewerbssituation bei den Industrie- und Handelskammern eingeholt hatte. Der BGH beanstandete das Verfahren

CISG, aber unter Hinweis auf das ältere Urteil des deutschen Bundesgerichtshofes, in dem es um eine Fleischlieferung mit überhöhten Fettanteil ging, dass eine Ersatzpflicht des Verkäufers dann gegeben sei, „wenn der Käufer erkennbar Zwischenhändler in einem empfindlichen Markt ist und zudem keine Möglichkeit hat, durch eigene Vorkehren seine Abnehmer anderweitig fristgerecht mit mangelfreier Ware zu versehen" und verwies damit die Sache an die Vorinstanz zurück, die noch einen good will Schaden ausgeschlossen hatte, weil der Verkäufer mit der Übernahme eines solchen außergewöhnlichen Risikos nur dann zu rechnen brauche, wenn der Käufer bei den Vertragsverhandlungen nähere Angaben hierüber gemacht habe und der Verkäufer dadurch Gelegenheit hatte, entweder die Haftung abzulehnen oder die Übernahme bei der Preisvereinbarung zu berücksichtigen[303].

Uneinheitlich zeigt sich hingegen die teilweise untere und internationale Gerichtsbarkeit in ihrer Handhabung von good will Schäden. Großzügig ist das LG Kassel der Ansicht, dass es ohne weiteres kaufmännischer Erfahrung entspricht, dass Geschäftsbeziehungen mit unzuverlässigen Lieferanten alsbald beendet werden[304]. Im konkreten Fall, in dem es um geschälte Holzmasten für einen amerikanischen Abnehmer ging, wurden die geltend gemachten good will Einbußen jedoch nur unzureichend unter Beweis gestellt, so dass über den Anspruch letztlich nicht entschieden werden konnte. Zumindest aber schien das Gericht keinerlei Bedenken hinsichtlich der Voraussehbarkeit des Schadens zu haben. Auch der Helsinki Court of Appeals hielt in einem Fall die vorinstanzliche Entscheidung aufrecht und gewährte Schadensersatz infolge des Verlusts von good will[305]. Man mag dieses Urteil jedoch dahingehend kritisieren, dass es sich in keinster Weise mit dem Kriterium der Vorhersehbarkeit beschäftigte.

Ablehnend hingegen das LG München. In einem Fall hielt es generell für keinen unmittelbar infolge einer Vertragsverletzung der Klägerin entstandenen Vermögensverlust im Sinne des Art. 74 CISG, wenn Umsatzeinbußen durch den „Verlust" von Kunden entstehen, die infolge des mangelhaft gelieferten Weines keine Bestellungen mehr getätigt haben[306]. Ebenso fehlte es auch hier an tatsächlichem Vorbringen der Partei, so dass das Gericht weitere rechtliche Ausführung

---

nicht, hob aber das Urteil dennoch auf, da es nicht offen legte, worauf die von den Kammern gegebenen Auskünfte beruhen. Kritisch hierzu *Weitnauer*, IPRax 1981, S. 83f.

303 BG, SZIER 1999, S. 179 (181) = CISG-Online 413; zustimmend *Schlechtriem*, UN-Kaufrecht, Rn. 306; *Brunner*, CISG, Art. 74, Rn. 21.

304 LG Kassel (1. Kammer für Handelssachen), 21.09.1995 (unveröffentlicht), CISG-Online 192; ähnlich in der Literatur *Herber/Czerwenka*, CISG, Art. 74, Rn. 12.

305 Helsinki Court of Appeals, 26.10.2000, englische Übersetzung abrufbar im Internet www.cisg.law.pace.edu/cases/001026f5.html.

306 LG München, 30.08.2001 (unveröffentlicht), CISG-Online 668.

für nicht erforderlich hielt. Das Urteil erscheint jedoch falsch, da es auf das Erfordernis der Unmittelbarkeit eben nicht ankommt. Tatsächlich ist der Verlust von good will aber eine Frage der Vorhersehbarkeit und der im Einzelfall nur schwer zu beweisen sein mag.

Mangels substantiierten Vortrags lehnte auch das LG Darmstadt den Ersatz von Umsatzeinbußen in einem Fall ab. Es ging um Videogeräte, die die Beklagte exklusiv in der Schweiz vertrieb. Zusätzlich hatte die Beklagte (als aufrechenbaren Anspruch gegen die streitgegenständliche Kaufpreisforderung) geltend gemacht, dass ihr guter Name in der Schweiz aufgrund der mangelhaften Geräte irreparabel geschädigt sei und schätzte ihren hieraus entstandenen Imageschaden auf 500,000 sFr. Das Gericht führte dazu aus, dass einem Kaufmann sein Image gleichgültig sein kann, solange er hinreichende Absatzzahlen zu verzeichnen hat und lehnte den insoweit zusätzlich behaupteten Imageverlust ab[307]. Auch ein französisches Gericht verweigerte die Anerkennung eines über den Umsatzverlust aus dem konkreten Geschäft hinausgehenden Imageschaden im CISG[308]. Richtigerweise ist dem Ruf- bzw. Imageverlust, auch wenn er sich nicht in Umsatz- oder Gewinnrückgang niederschlägt, aber ein eigener Wert zuzusprechen, der von dem daraus resultierenden entgangenen Gewinn zu unterscheiden ist. Der Wert des guten Rufes ist komplexer Natur. Schließlich setzt sich dieser nicht nur aus dem konkreten Umsatz und Gewinn eines Geschäftsvorganges zusammen. Hier geht es vielmehr um die über die direkte Vertragsverletzung hinausgehenden dauerhaften und nachhaltigen Minderungen bestimmter, in den einzelnen Auswirkungen jedoch nicht mehr konkret fassbaren Marktpositionen. Der Schaden, der durch die Rufschädigung entstanden ist, enthält also auch immaterielle Verluste, nämlich in der Höhe des Wertes, den der Ruf hatte. Wenngleich ein solcher Schaden nur äussersts schwer nachzuweisen sein wird, sich bestenfalls nur schätzen lässt, ist kein Grund ersichtlich, solche Imageschäden nach Art. 74 CISG nicht zu ersetzen[309].

In der Literatur ist man vorsichtig, wenn es darum geht auf allgemeiner Ebene zu konkretisieren, wann und ob eine Partei vorhersehen konnte, dass durch mangelhafte Lieferung oder sonstige Vertragsverletzung ein good will Schaden entsteht. Viele Autoren sind der Ansicht, dass ein solcher Schaden nur „unter besonderen Umständen" zu ersetzen ist. Etwa dann, wenn der Käufer auf die be-

---

[307] LG Darmstadt, 09.05.2000 (unveröffentlicht), abrufbar im Internet: www.cisg.law.pace.edu/cases/000509g1.html.

[308] *Calzados Magnanni v. Shoes General International*, Cour d'appel Grenoble, 21.10.1999 englische Übersetzung abrufbar im Internet: www.cisg.law.pace.edu/cases/991021f1. "...as damages and interest for loss of brand image, damages *not remedied by the CISG independently* of a loss suffered or a loss of profit".

[309] Siehe dazu schon oben S. 57ff.

sondere Gefahr der Rufschädigung bei Vertragsschluss hingewiesen hat[310]. Womit festzustellen ist, dass die Praxis bzw. Gerichte die Voraussehbarkeit im Falle von good will Schäden weiter auslegen als die Literatur. Dazu führte schon das schweizerische Bundesgericht aus, dass sich nicht eine generelle Regel dahingehend aufstellen liesse, dass bestimmte Schadensarten nur dann voraussehbar sind, wenn sie ausdrücklich Gegenstand der Vertragsverhandlungen geworden sind, sondern auch wenn der Schuldner mit einem solchen Schaden rechnen musste[311]. Dennoch sollte nicht bei jeder Vertragsverletzung zugleich die Voraussehbarkeit von abspringenden Kunden bejaht werden. Die konkrete Wettbewerbssituation am Markt kann dabei als Indiz für die Voraussehbarkeit gelten. Auch die Schwere der Vertragsverletzung kann hilfreich sein. Bei geringfügiger Vertragsverletzung auf Märkten von Massen- und Konsumwaren erscheint der Verlust von Kunden ohnehin unwahrscheinlich[312].

Schwierigkeiten scheinen in der Praxis allein die Nachweisbarkeit derartiger Schäden zu bereiten. Es sei erwähnt, dass das CISG, gerade in Bezug auf drohende bzw. zukünftige Schäden, keine explizite Regelung enthält. Die Formulierung „entgangener Gewinn" in Art. 74 CISG erscheint in dieser Hinsicht wenig aufschlussreich. Hingegen Art. 7.4.3. der UNIDROIT Prinzipien[313] diese Schadensart ausdrücklich erwähnt. Hiernach misst sich deren Ersatzfähigkeit an zweierlei Voraussetzungen: Erstens, der zukünftige Schaden muss mit einem vernünftigen Grad an Bestimmtheit festgestellt werden. Zweitens, die Berechnung des Schadens richtet sich nach dem Maße der Wahrscheinlichkeit ihres Eintrittes. Dies erscheint ein praktischer und fairer Weg die Ersatzfähigkeit und die Höhe des Schadens zu bestimmen[314].

Letztlich sei angemerkt, dass ein russisches Schiedsgericht einen weiteren interessanten Aspekt hinsichtlich der Rufschäden aufnahm. Dabei ging es nicht um die Schädigung des Rufes eines Geschäftsmannes, sondern um den Ruf der Ware selbst. Dem Fall lag ein Sukzessivlieferungsvertrag zugrunde. Nachdem die erste Lieferung fehlerhaft war, verlangte der Käufer Schadensersatz in Höhe des entgangenen Gewinns. Der Verlust, so der Kläger, resultiere aus der Tatsache,

---

[310] So *Staudinger/Magnus*, CISG, Art. 74, Rn. 50; ähnlich auch *Schlechtriem/Schwenzer/Stoll/Gruber*, CISG, Art. 74, Rn. 46; *Witz/Salger/Lorenz*, CISG, Art. 74, Rn. 30; *Soergel/Lüderitz/Dettmeier*, CISG, Art. 74, Rn. 17 und 18; *Honsell/Schönle*, CISG, Art. 74, Rn. 7; *Rossmeier*, RIW 2000, S. 407 (411); *Kranz*, S. 179, 216; *Ryffel*, S. 69; gänzlich ablehnend *Honsell*, SJZ 1992, S. 361 (364); *Karollus*, S. 218.

[311] BG, SZIER 1999, S. 179 (181).

[312] *Soergel/Lüderitz/Dettmeier*, CISG, Art. 74, Rn. 18.

[313] Artikel 7.4.3. lautet insoweit: "Compensation is due only for harm, including future harm, that is established with a reasonable degree of certainty".

[314] Ebenso *Brunner*, CISG, Art. 74, Rn. 19.

dass die Ware mangelhaft war und dadurch im Wert am Markt gesunken sei. Das Schiedsgericht lehnte den Anspruch aus verschiedenen Gründen ab, u.a. weil der Kläger die Kausalität nicht hinreichend dargelegt habe[315]. Allerdings erweckt das Gericht den Eindruck als hätte es, vorausgesetzt die Merkmale des Art. 74 CISG wären erfüllt gewesen, dem Kläger diesen Schaden zugesprochen. Inwieweit der Ruf eines Geschäftsmannes mit dem Ruf der Ware zusammenhängt hätte dann noch eingehender untersucht werden müssen. Hier sei nur angemerkt, dass in einigen Fällen der Ruf der Ware eine eigene Schadenskategorie darstellen kann.

### e) Rechtsverfolgungskosten

#### aa) Gerichts- und Anwaltskosten

In dem Fall *Zapata Hermanos Sucesores S.A. v. Hearthside Baking Co. Inc.*[316], verklagte ein mexikanischer Verkäufer von Keksdosen seinen amerikanischen Käufer auf Zahlung des vereinbarten Kaufpreises vor der amerikanischen Gerichtsbarkeit. Nachdem die Anwendbarkeit des CISG rechtsfehlerfrei festgestellt wurde, hielt der erstinstanzliche U.S. District Court für den Northern District of Illinois in der Sache das Verdikt der Jury aufrecht, wonach die beklagte Käuferin im wesentlichen zur Zahlung des Kaufpreises verurteilt wurde und gewährte auf der Grundlage der Art. 74, 78 CISG u.a. Zinsen als Schadensersatz. Das Urteil wäre somit nicht weiter spektakulär gewesen, wenn nicht das Gericht der Klägerin auch noch die ihr entstandenen Anwaltskosten (attorney's fees) als Teil des zu ersetzenden Schadens (consequential damages) zugesprochen hätte. Diese Kostenübertragung auf die unterliegende Partei als Schaden der obsiegenden Partei ist nämlich ein Einbruch in die sog. „American rule", wonach grundsätzlich[317] jede Partei ihre Kosten der Rechtsverfolgung selbst trägt.

---

[315] Int'l. Court of Commercial Arbitration Chamber of Commerce and Industry of the Russian Federation, Case No. 054/1999, 24.01.2000; http://cisg.law.pace.edu/cases/000124r1.html.

[316] *Zapata Hermanos Sucessores S.A. v. Hearthside Baking Co. Inc.*, N.D. Ill 2001 WL 10000927 = 2001 U.S. Dist. LEXIS 15191. Siehe im Internet: www.cisg.law.pace.edu/ cases/010829u1.html, diese Seite enthält ein „Memorandum and Opinion Order" vom 28.08.2001 und verweist u.a. auf acht weitere Beschlüsse des Gerichts in dieser Sache, die aufgrund der komplizierten, hier im Einzelnen nicht darstellbaren, Prozessregeln ergingen.

[317] Es bestehen Ausnahmen dieser Regel, etwa dann, wenn eine Partei den Prozess bösgläubig hinauszögert oder erschwert. Bösglaubigkeit seitens des Beklagten war ein weiterer Grund für das Gericht der Klägerin die Anwaltskosten als Schaden zuzusprechen. Das Gericht führte aus: „ Seller is entitled to recover attorney's fees not only as an element of consequential loss under the convention, but under the court's inherent power to award attorney's fees in cases of bad faith". Hier interessiert aber allein die Sachfrage, ob die obsiegende Partei ihre An-

Für den Ersatz der Rechtsverfolgungskosten der obsiegenden Partei gibt es weltweit unterschiedliche Regeln[318]. Oftmals wird in der Entscheidung selbst über die Kosten des Verfahrens mitentschieden, so wie in Deutschland nach § 91 ZPO. Aus deutscher Sicht erscheint das Urteil auf den ersten Blick daher nicht außergewöhnlich, denn nach deutschem Verfahrensrecht sind der obsiegenden Partei die zur zweckentsprechenden Rechtsverfolgung oder Rechtsverteidigung notwendigen Kosten stets zu ersetzen (loser pays rule). Über die Erstattung von Prozesskosten, also Gerichts- und Anwaltskosten[319], wird im gerichtlichen Kostenerstattungsverfahren entschieden, welches auch für den Schadensersatzanspruch maßgebend sein kann. § 91 ZPO ist dabei lex specialis für Verzugsschäden in Gestalt von Rechtsverfolgungskosten[320], so dass für solche Unkosten als materieller Verzugsschaden nur Raum ist, soweit sie nicht von der Regelung in § 91 ZPO erfasst werden; also vor allem Kosten außergerichtlicher Rechtsverfolgung. Die prozessuale Kostentragungsregel ist also nicht erschöpfend, sondern je nach Sachlage lässt sie Raum für ergänzende materiellrechtliche Ansprüche auf Kostenerstattung[321].

In Teilen der Literatur löste das erstinstanzliche *Zapata* Urteil Verwunderung aus. Hauptkritikpunkt war, dass die Kostentragungspflicht grundsätzlich eine Frage des Prozessrechts sei und somit nicht dem Anwendungsbereich des CISG, sondern dem jeweils anwendbaren lex fori unterfällt[322]. Der für die Revision zuständige U.S. Court of Appeals teilte im Ergebnis die Meinung der Literatur ("The Convention is about contracts, not about procedure")[323], ohne sich jedoch auf sie zu beziehen. Der zuständige Richter *Posner* war der Ansicht, es fehle schon an Hinweisen in der Entstehungsgeschichte der Konvention darauf, dass der Begriff „Schaden" auch Anwaltskosten umfassen sollte. Im Übrigen bezwei-

---

waltskosten als Schaden gemäß Art. 74 CISG aus der erforderlich gewordenden Rechtsverfolgung geltend machen kann.

[318] Zu den unterschiedlichen Kostentragungsregeln siehe *Gotonda*, Awarding costs and attorney's fees in international commercial arbitration, 21 Mich.J.Int'l Law, S. 1ff.

[319] Vgl. *Thomas/Putzo*, ZPO, Vorb. §91, Rn. 2ff.

[320] Vgl. *Staudinger/Löwisch*, BGB, § 286, Rn. 55.

[321] MünchKommZPO/*Belz*, Vor. § 91, Rn. 10.

[322] *Rogers*, Attorney's Fees: Is the "American Rule" Applicable to International Sales Law Cases?, New York International Chapter News, Vol. 7 No.1 (Spring 2002) S. 21ff.; *Flechtner*, Recovering Attorney's Fees as damages under U.N. Sales Convention, 22 Northwestern J. Int'l.L & Bus. (2002); *Lookofsky*, Commentary: Zapata Hermanos v. Hearthside Baking, 6 Vindobona Journal of Int'l Comm. Law and Arb. (2002), S. 27-29. Alle Aufsätze erhältlich im Internet: www.cisg.law.pace.edu/cisg/biblio.html.

[323] U.S. Court of Appeals ($7^{th}$. Cir. III) 313 F.3d 385 = CISG-Online 684. Anmerkungen zu dem Urteil siehe *Flechtner/Lookofsky*, Viva Zapata!, 7 Vindobona Journal of Int'l. Comm. Law and Arb. (2003), S. 93ff. Text abrufbar im Internet: www.cisg.law.pace.edu/biblio.html.

felte das Gericht, dass weder die U.S.A. noch andere Länder die Konvention überhaupt unterschrieben hätten, wenn sie damit auf ihre „heilige" Regel (d.h. american rule) hätten verzichten müssen. Er geht daher davon aus, dass diese als „deal-breaker" erachtete Frage gar nicht erst zur Diskussion kam, weil offensichtlich keine Veränderung der Kostentragungsregel beabsichtigt wurde. Darüber hinaus würde eine Auslegung des Schadensbegriffes nach der Auffassung des erstinstanzlichen Gerichts zu Anomalien führen. Nämlich dann, wenn sich der Beklagte erfolgreich verteidigen kann; d.h. die Partei kann darlegen, dass sie keinen Vertragsbruch begangen hat. Es stelle sich somit die Frage, wie ein siegreicher Beklagter seine Anwaltskosten zurückerstattet bekommen kann, wenn Art. 74 CISG Schadensersatz im Falle der Vertragsverletzung regelt und nun eine Partei im Prozess beweisen kann, dass es keine Vertragsverletzung gegeben habe. Mit anderen Worten, betrachtet man Anwaltsgebühren als Folgeschaden nach Art. 74 CISG, könnte man nur dem siegreichen Kläger seine Anwaltskosten zusprechen, nicht aber dem siegreichen Beklagten[324].

Das höchste amerikanische Gericht, der U.S. Supreme Court, hat es abgelehnt, sich mit dem vom Kläger eingelegten Rechtsmittel (writ of certiorari) zu befassen[325]. Damit ist das Urteil des Court of Appeals nicht nur formal endgültig, es wird vor allem amerikanische Gerichte verpflichten gleichzutun[326]. In der neueren (deutschen) Kommentarliteratur geht man daher davon aus, dass die Erstattung von Prozesskosten (Gerichts- und Anwaltskosten) sich nach dem jeweils anwendbaren lex fori richtet, Art. 74 CISG als subsidiäres Instrument darüber hinaus nicht zum Zuge kommt[327]. Insoweit ist das Urteil von großer praktischer Bedeutung für Parteien, die aus Verträgen, die dem CISG unterliegen, in den U.S.A. gerichtlich vorgehen oder belangt werden. Um jedoch sicher zu gehen, ist den Parteien, die aus Ländern mit unterschiedlichen Kostentragungsregeln

---

[324] Ein Lösungsvorschlag in der Literatur sieht vor, dass der Kläger, der eine erfolglose Klage vor Gericht bringt, die Pflicht zur Vertragstreue („duty of loyalty to the contract") bricht und daher der Beklagte seinerseits zum Ersatz der Anwaltskosten berechtigt sein müsste, wegen Verletzung dieser Pflicht durch den Kläger. So *Felemegas*, An Interpretation of Art. 74 CISG by the U.S. Circuit Court of Appeals, 15 Pace Int'l L.R. 2003, S. 91ff.; abrufbar im Internet:: www.cisg.law.pace.edu/cisg/biblio.html. Diese ergebnisorientierte Lösung findet jedoch weder in der Entstehungsgeschichte noch in der Systematik des CISG Rückhalt.

[325] Die entsprechenden Schriftsätze, auch die Replik der Gegenseite, sind abrufbar im Internet: www.cisg.law.pace.edu/cisg/biblio.

[326] Siehe schon *Ajax Tool Works, Inc. v. Can-Eng Manufacturing Ltd.*, U.S. Dist. LEXIS 1306 (Illinois), 29 Jan. 2003. Abrufbar im Internet: www.cisg.law.pace.edu/cases/030129u1.html.

[327] *Schlechtriem/Schwenzer/Stoll/Gruber*, CISG (4. Auflage 2004), Art. 74, Rn. 20; MünchKommHGB/*Mankowski*, CISG, Art. 74, Rn. 35; *Brunner*, CISG, Art. 74. Rn. 31; a.A. *Staudinger/Magnus*, CISG, Art. 74, Rn. 52, wonach verbleibende Kosten nach Art. 74 geltend gemacht werden können, solange sie zur angemessenen und berechtigten Rechtsverfolgung notwendig waren.

stammen, dringend zu raten eine Anwaltskostentragungs-regel vertraglich zu fixieren. Eine solche Ausnahmeregelung dürfte auch vor amerikanischen Gerichten bestand haben[328].

Schließlich sei angemerkt, dass auch wenn das erstinstanzliche Gericht im Fall *Zapata* im Ergebnis falsch lag, es zumindest noch in einem anderen Punkt erwähnenswert erscheint. Das Gericht beschäftigte sich nämlich in seiner Urteilsbegründung mit der internationalen, überwiegend deutschen, Rechtsprechung zu diesem Thema und sah sich, zur Förderung der internationalen Rechtsvereinheitlichung im CISG, dazu verpflichtet, über die eigene „american rule" hinwegzusetzen. Dabei ging das Gericht offenbar davon aus, dass die internationale Rechtsprechung regelmäßig sämtliche Rechtsverfolgungskosten über Art. 74 CISG erstatten würde; dass in den einschlägigen Urteilen jeweils gewisse außergerichtliche und vorprozessuale Rechtsverfolgungskosten nur ausnahmsweise und ergänzend als materieller Schaden erstattet wurden[329], ist dem Gericht scheinbar nicht aufgefallen. Mögen Schwierigkeiten oder gar Fehler in den Übersetzungen in die englische Sprache ursächlich gewesen sein[330] oder mangelte dem Gericht schlichtweg Kenntnis, so bleibt letztlich der Versuch eines amerikanisches Gerichts zu würdigen, sich nicht dem Trend des „Heimwärtsstrebens" anzuschliessen, sondern nach einer den internationalen Charakter des Abkommens berücksichtigenden Lösung zu suchen[331].

### bb) außergerichtliche Kosten (Inkassokosten)

Allerdings ließ der Court of Appeals in der *Zapata* Entscheidung durchblicken, dass er gewisse vorgerichtliche Anwaltskosten für ersatzfähig halte, nicht aber solche, die während des Prozesses entstehen[332]. Dabei bezog sich das Gericht

[328] Zum amerikanischen Recht siehe *Alyeska Pipeline Serv. Co. v. Wilderness Soc'y,* 421 U.S. 240, 257 (1975).
[329] Siehe dazu die Rechtsprechungsnachweise im folgenden Abschnitt.
[330] So *Flechtner*, Recovering Attorney's Fees as Damages under U.N. Sales Convention, 22 Northwestern Journal of International Law & Business 2002, S. 121 (126ff.). Text abrufbar im Internet: www.cisg.law.pace.edu/biblio.html.
[331] Zur zurückhaltenden Anwendung des CISG in den U.S.A. siehe *Thiele*, IHR 2002, S. 9ff. Erfreulich in dieser Hinsicht aber das Urteil *Chicago Prime Packers v. Northam Food Trading,* 21.05.2004, U.S. District Court, Northern District of Illinois, Eastern Division, 2004 U.S. Dist. LEXIS 9347 = IHR 2004, S. 156ff. = Unilex 974 in dem zur Bestimmung der Untersuchungs- und Rügefrist auf die internationale Rechtsprechung zum CISG eingegangen wurde. Siehe auch *Teiling,* CISG: U.S. Court Relies on Foreign Case Law and the Internet, Modern Law Review 2004, S. 431ff.
[332] „...it seems apparent that loss does not include attorney's fees incurred in the litigation of a suit for breach of contract, though certain pre-litigation expenditures...would probably be covered as incidental damages."

zur Unterstützung seiner Auffassung bedauerlicherweise nur auf die eigene nationale Rechtsprechung und machte keinerlei Ausführung zur internationalen Rechtsprechung zum CISG. Letztere, sowie die überwiegende Mehrheit in der Literatur, sind nämlich der Ansicht, dass bestimmte außergerichtliche Kosten der Rechtsverfolgung zu dem nach Art. 74 CISG vorhersehbaren und folglich zu ersetzenden Schaden gehören[333]. So etwa die Kosten eines anwaltlichen Mahnschreibens[334], Telefongebühren[335] sowie die Kosten für die Einholung eines Handelsregisterauszuges[336]. In einem Fall aus der Schweiz wurden auch die Kosten für die vorprozessualen Tätigkeiten zweier Anwälte, einen im Heimatland der Klägerin (Deutschland) und einen im Land der Beklagten (Schweiz), für ersatzfähig gehalten[337].

Umstritten ist allerdings, ob auch die vorprozessualen Kosten für die Einschaltung eines Inkassounternehmens für den Schuldner vorhersehbar sind. Die Einschaltung eines Inkassobüros zur Durchsetzung von fälligen Forderungen ist nach einer Meinung unüblich und führe nur zur Kostenerhöhung, da ein Inkassobüro im Allgemeinen keine überlegene Möglichkeit zur Rechtsdurchsetzung hat[338]. Nach anderer Auffassung sind aber auch Inkassokosten vorhersehbar, da und soweit sie der angemessenen Rechtsverfolgung dienen[339]. Jedenfalls sollte die Möglichkeit die Kosten für die Einschaltung eines Inkassobüros im Rahmen

---

[333] So die Meinungen im Schrifttum: *Schlechtriem/Schwenzer/Stoll/Gruber*, CISG, Art. 74, Rn. 20; *Staudinger/Magnus*, CISG, Art. 74, Rn. 51; *Herber/Czerwenka*, CISG, Art. 74, Rn. 7, *Schlechtriem*, UN-Kaufrecht, Rn. 306.

[334] OLG Düsseldorf, 22.07.2004, CISG Online 916; LG Berlin, 21.03.2003, CISG-Online 795; OLG Düsseldorf, RIW 1996, S. 958 (960); Kantonsgericht Zug, SZIER 1997, S. 134; Schiedsgericht der Handelskammer Hamburg, RIW 1996, S. 771 „außergerichtliche Anwaltskosten"; LG Frankfurt a.M., RIW 1991, S. 952 = Unilex E. 1991-8 (zum EKG);

[335] AG Viechtach, 11 April 2002, (unveröffentlicht) abrufbar im Internet: www.cisg.law.pace.edu/cases/020411g1.html.

[336] AG Berlin-Tiergarten, IPRax 1999, S. 172.

[337] Handelsgericht des Kantons Aargau, SZIER 1999, S. 192. Diese Fundstelle ist jedoch missverständlich, da in dieser Kurzfassung des Urteils lediglich von den „Kosten der angemessenen Rechtsverfolgung" die Rede ist; dass es sich hierbei jedoch um jeweils vorprozessuale Anwaltskosten handelt, ist nur dem Volltext der Entscheidung zu entnehmen. Der Volltext ist abrufbar im Internet: www.cisg.law.pace.edu/cases/971219s1.html. A.A. für den konkreten Fall jedoch zulässig (doppelte Anwaltstätigkeit) AG Alsfeld, NJW-RR 1996, S. 120 (121).

[338] AG Tiergarten, IPRax 1999, S. 172, mit zustimmender Anm. *Peter*, IPRax 1999, S. 159 (es fehlt an einer zwischenstaatlichen Übereinstimmung); *Piltz*, Internationales Kaufrecht, § 5, Rn. 463.

[339] OLG Rostock, 27.07.1995, (unveröffentlicht) abrufbar im Internet: www.cisg.law.pace.edu/cases/950727g1.html. *Staudinger/Magnus*, CISG, Art. 74, Rn. 51; *Herber/Czerwenka*, Internationales Kaufrecht, Art. 74, Rn. 7; *Witz/Salger/Lorenz*, CISG, Art. 74, Rn. 39; *Brunner*, CISG, Art. 74, Rn. 31; MünchKommHBG/*Mankowski*, Art. 74, Rn. 34.

des Schadensersatzanspruches geltend zu machen nicht von vornherein ausgeschlossen sein. Durfte der Gläubiger davon ausgehen, dass das Inkassounternehmen bessere Möglichkeiten zur Durchsetzung der Ansprüche habe als er selbst[340], so ist kein Grund ersichtlich dem Gläubiger die Kosten hierfür zu verwehren. Die Grenze wird allerdings dort zu ziehen sein, wo sich der Schuldner bereits ausdrücklich der Forderung widersetzt hat und die Hinzuziehung eines Anwalts unvermeidbar erscheint, denn hier wird der Gläubiger regelmäßig gegen seine Schadensminderungspflicht aus Art. 77 CISG verstoßen[341].

Somit bleibt festzuhalten, dass die Erstattung von Prozesskosten (Gerichts- und Anwaltskosten) dem jeweils anwendbaren Verfahrensrecht unterliegt. Darüber hinausgehende Kosten der Rechtsverfolgung, insbesondere vorprozessuale Anwaltskosten, können jedoch als Schaden gemäß Art. 74 CISG geltend gemacht werden, sofern sie angemessen sind.

### 3. Mangelfolgeschäden

#### a) Ersatz von Mangelfolgeschäden im allgemeinen

Mangelfolgeschäden sind Schäden, die auf der Beschädigung anderer Sachen[342] des Käufers durch die mangelhafte Ware beruhen. Nach der Literatur ist das im CISG geltende Kriterium der Vorhersehbarkeit zur Begrenzung dieser Schadensfälle allein unzureichend, da bei Vertragsschluss stets vorhersehbar sei, dass die Lieferung einer wegen eines Sachmangels gefährlichen Ware einen Mangelfolgeschaden verursachen könne[343]. Hinzu kommt die verschuldensunabhängige Haftung des Verkäufers im CISG, so dass er praktisch für alle eventuellen Produktrisiken einzustehen habe. Gerade in den Fällen, in denen ein relativ billiges und unbedeutendes Teil einen Schaden in immenser Höhe verursacht[344], erscheint die Haftung im CISG daher unsachgerecht. Daher wird gefordert, dass die Grenze der Haftungsbelastung durch die bestimmungsgemäße Verwendung

---

[340] *Magnus* stellt hierbei auf die Vorteile der Ortsansässigkeit, Mentalitäts- und Sprachkenntnisse ab. Siehe *Staudinger/Magnus*, Art. 74, Rn. 51.

[341] So die überwiegende Rechtsprechung, vgl. nur LG Frankfurt, RIW 1991, S. 952; *Schlechtriem/Schwenzer/Stoll/Gruber*, CISG, Art. 74, Rn. 20 m.w.N.

[342] Personenschäden, die die vertragswidrige Ware verursacht, sind gemäß Art. 5 CISG aus dem Anwendungsbereich der Konvention ausgeschlossen.

[343] Vgl. nur *Schlechtriem/Schwenzer/Stoll/Gruber*, CISG, Art. 74, Rn. 47.

[344] Bekanntes Beispiel hierfür ist der deutsche „Schwimmschalter-Fall“ (BGH 67, 359 = NJW 1977, S. 379ff), bei dem ein fehlerhafter Schwimmschalter von geringem Wert einen enormen Brandschaden in der Fabrik des Käufers verursachte.

der Kaufsache zu ziehen sei[345]. Dadurch könnten von vornherein Schäden ausgeschlossen werden, die sich durch eine unzulässige und daher unvorhersehbare Art des Gebrauchs ergeben. Zusätzlich fordert *Magnus*, dass kein ganz ungewöhnlicher Kausalverlauf zugrunde liegt[346].

Der deutsche Bundesgerichtshof hat in einem Fall zum CISG, in dem mangelhafter Rebwachs Beschädigungen an den Weinreben des Käufers verursachte, die Schadensersatzhaftung des Verkäufers angenommen[347]. Hier lag kein ungewöhnlicher Kausalverlauf vor und auch musste der Verkäufer des Wachses damit rechnen, dass der Käufer diesen für den bestimmungsgemäßen Zweck einsetzen würde, so dass an der Vorhersehbarkeit des Schadens durch den Verkäufer vorliegend nicht zu zweifeln war. Darüber hinaus muss aber auch bei Mangelfolgeschäden grundsätzlich gelten, dass wenn bei Vertragsschluss eine besondere Eigenschaft der Ware vereinbart worden ist, weil die Kaufsache für bestimmte Sachgüter des Käufers ungefährlich sein muss, die Verletzung dieser Sachen und der Schaden beim Fehlen der versprochenen Eigenschaften vorhersehbar und daher Haftungsgrund ist.

### b) Mangelfolgeschäden im CISG und nationales Deliktsrecht

#### aa) Problemdarstellung

Umstritten ist die Frage, ob neben Ersatzansprüchen des Käufers wegen Schäden, die er aufgrund vertragswidriger Lieferung von Sachen am eigenen Sachbestand erlitten hat, auch Ansprüche aus nationalem Deliktsrecht geltend gemacht werden können. Praktische Bedeutung erlangt die Frage dann, wenn Einschränkungen im Einzelfall den vertraglichen, dem CISG unterliegendem, Ersatzanspruch ausschließen oder mindern. Dies ist der Fall, wenn der Käufer den Man-

---

[345] *Schlechtriem/Schwenzer/Stoll/Gruber*, CISG, Art. 74, Rn. 47; *Staudinger/Magnus*, CISG, Art. 74, Rn. 45f.; *Witz/Salger/Lorenz*, CISG, Art. 74, Rn. 36; *Karollus*, UN-Kaufrecht, S. 218; *Kranz*, S. 179, 218; *Ryffel*, S. 66; *Weber*, BTJP 1990, S. 165 (200). Anders nur *Mertens/Rehbinder*, EKG, Art. 82, Rz. 13, wonach auch Schäden die auf vertragswidrigen Gebrauch beruhen vorhersehbar sein können, wenn der Verkäufer Schutzmassnahmen unterlasse, die der Käufer üblicherweise erwarten könne, wie z.B. die Kennzeichnung von Giften.

[346] *Staudinger/Magnus*, CISG, Art. 74, Rn. 46; MünchKommHGB/*Mankowski*, Art. 74, Rn. 32; siehe auch Handelsgericht Zürich, SZIER 1996, S. 51 (52) undichter Wassertank beschädigt Haus des Käufers.

[347] BGH, 24.03.1999, CISG Online 396 = BGHZ 141, 129-137 = DB 1999, 1442-1444 = WM 1999, 1466-1469 = NJW 1999, 2440-2442 = RIW 1999, 617-619 = JZ 1999, 791-794 = MDR 1999, 1009-1011.

gel nicht rechzeitig nach Art. 39 CISG gerügt hat[348], der Schaden nicht als Verletzungsfolge vorhersehbar war (Art. 74 S. 2 CISG) oder der Anspruch verjährt ist. So könnte nach nationalem Deliktsrecht aber immer noch ein Anspruch geltend gemacht werden, da es nach nationalem Deliktsrecht keiner Mängelrüge bedarf oder das nationale Deliktsrecht den Schadensersatz großzügiger bewertet als die Vorhersehbarkeitsformel der Konvention.

Dabei ist zunächst zwischen einer „normalen“ Deliktshaftung (§ 823 BGB) und der Produkthaftung zu unterscheiden, da die Produkthaftung im rechtstechnischen Sinne voraussetzt, dass der Verkäufer zugleich Hersteller des Produktes ist. Das CISG unterscheidet aber bei der Festlegung von Pflichten nicht zwischen dem Nur-Verkäufer (Zwischenhändler) und dem Verkäufer, der gleichzeitig Hersteller ist. Vielmehr unterliegen beide den Ansprüchen und Anforderungen gleichermaßen. Eine solche Unterscheidung würde in einem System der Garantiehaftung auch wenig Sinn ergeben, denn der Verkäufer (Hersteller oder nicht) garantiert durch den Vertragsschluss mit dem Käufer die einwandfreie Beschaffenheit der Ware.

Das CISG selbst, namentlich in Art. 5 CISG, gibt keinen direkten Aufschluss darüber, ob eine deliktsrechtliche Produkthaftung für Sachschäden aus dem Anwendungsbereich des Übereinkommens ausgegrenzt ist. Lediglich im Bereich der Personenschäden (Tod und Körperverletzung) trifft die Konvention eine ausschließliche Regelung, lässt damit aber eine vertragliche Haftung für Sach- und Vermögensschäden an sonstigen Eigentums- und Vermögenswerten des Käufers unberührt und darüber hinaus die Frage nach nationaler deliktsrechtlicher Haftung offen.

### bb) Meinungsstand in Lehre und Judikatur

Nach einer in der älteren Kommentarliteratur und jüngst in einigen Dissertationen vertretenen Meinung verdrängt die Konvention das nationale Deliktsrecht, soweit dieses ebenfalls eine Haftung für Schäden durch fehlerhafte Ware vorsieht[349]. Diese Vertreter sehen im System der Leistungsstörungen des CISG eine

---

[348] Siehe BGH, RiW 1995, S. 118ff.= IPRax 1996 S. 124ff. (zum EKG).

[349] *Bianca/Bonell*, CISG, Art. 5, Rn. 3.2; *Honnold*, Rn. 73; *Herber/Czerwenka*, Internationales Kaufrecht, Art. 5, Rn. 5; *Piltz*, UN-Kaufrecht, Rn. 128; *Herber*, IHR 2001, S. 187 ff. will jedoch für das Produkthaftungsgesetz eine Ausnahme machen, da es auf EG-Vereinheitlichung beruht und deshalb nach Art. 90 CISG Vorrang geniesse; *ders.* In FS-Schlechtriem, S. 207 (219); *P. Huber*, IPRax 1996, S. 91 (95); *Otto*, MDR 1992, S. 533 (537); *Schneider*, S. 246f.; *Kuhlen*, S. 114f.

allumfassende Schadensregelung, die die Ersatzansprüche durch mangelhafte Ware abschließend erfasse und daher die Geltendmachung eines daneben, nach nationalem Recht, bestehenden deliktsrechtlichen Anspruchs ausgeschlossen sei[350]. Das Prinzip der Totalreparation, welches in Art. 74 CISG zum Ausdruck kommt, regele hiernach alle wirtschaftlichen Schäden, die sich aus der Mangelhaftigkeit der Ware ergeben können und damit auch Folgeschäden[351]. Die Konvention erfasse daher den gleichen Sachverhalt, wie das nationale Deliktsrecht. Man dürfe demnach nicht nach Delikts- oder Vertragsverletzung unterscheiden[352], denn durch konkurrierende Deliktsansprüche könnten somit die vertraglichen Haftungseinschränkungen umgangen werden. Rügeobliegenheiten und Fristen würden so ihre Bedeutung verlieren, wenn der Käufer beispielsweise nach verstreichen der Rügefrist sich noch auf nationales Deliktsrecht berufen könne. Wenn der Verkäufer schon im Prinzip unbegrenzt für, auch unverschuldete, Schäden durch mangelhafte Ware hafte, dann sollte der Käufer wenigstens den Mangel, dessen Feststellung ihm zuzumuten ist, rechtzeitig rügen, um dem Verkäufer Gelegenheit zu geben, sich auf Ansprüche rechtzeitig einzustellen. Könnte der Käufer sich auch ohne rechtzeitige Rüge auf Deliktsrecht berufen, setze er diese vertragliche Balance außer Kraft[353]. Im Übrigen, würde man eine konkurrierende Deliktshaftung neben der Anwendung des CISG bejahen, kämen auch unter dem Aspekt der Rechtsvereinheitlichung Bedenken auf, da die Geltendmachung von deliktsrechtlichen Ansprüchen dann nur davon abhängt, in welchem Land die Parteien ihre Niederlassungen haben[354]. Andere Vertragsstaaten, wie z.B. Frankreich oder die Schweiz gewähren in ihren Rechtsordnungen neben vertraglichen keine deliktsrechtlichen Haftungsansprüche, oder jedenfalls nur unter Berücksichtung derselben Haftungseinschränkungen und Rügeobliegenheiten die im vertraglichen Haftungsfall gelten würden[355].

Die wohl herrschende Lehre ist dagegen der Ansicht, dass neben Schadensersatzansprüchen aus Art. 45 I i.V.m. 74ff. CISG wegen Mangelfolgeschäden ein Anspruch nach nationalem Deliktsrecht geltend gemacht werden könne, soweit das vom Kollisionsrecht berufene Recht die Möglichkeit konkurrierend vorsieht[356]. Die Konvention habe nämlich von vornherein nicht das außervertragli-

---

[350] *Herber*, IHR 2001, S. 187ff.
[351] *Kuhlen*, S. 115.
[352] *Piltz*, UN-Kaufrecht, Rn. 128.
[353] *Herber*, IHR 2001, S. 187 (189).
[354] So *Honnold*, Rn. 73.
[355] Siehe Schweizer Bundesgericht zum EKG vom 2.6.1981, BGE 107 II 161,168; eingehend zum französischen Prinzip des *non cumul* siehe *C. Schmid*, S. 98ff.
[356] *Achilles*, CISG, Art. 5, Rn. 1; *Schlechtriem/Schwenzer/Stoll/Gruber*, CISG, Art. 74, Rn. 7; ebenso *Ferrari* in Art. 5, Rn. 12 unter Aufgabe seiner Ansicht in den ersten beiden Auflagen; *Soergel/Lüderitz/Dettmeier*, CISG, Vorb. Art. 74, Rn. 14, ebenso *Fenge* in Art. 5, Rn 4; *Stau-*

che Schuldverhältnis zwischen Schädiger und Geschädigtem erfassen wollen[357]. *Schlechtriem* will den Regelungsbereich des CISG in Abgrenzung zum Deliktsrecht anhand einer interessenabhängigen Charakterisierung festlegen. Das CISG beanspruche folglich nur insoweit ausschließliche Anwendung, als es um wirtschaftliche Interessen der Parteien gehe. Geschützt sei vor allem das Interesse des Käufers an mangelfreier sowie fristgerechter Warenlieferung, damit er die Sache entweder selbst verwenden, konsumieren oder auch weiterveräußern kann, sowie die Pflichten des Verkäufers zur Übernahme und Verschaffung des Eigentums. Geht es dagegen nicht um genuin kaufrechtlich einzuordnende Interessen, sondern um die Einhaltung bzw. Verletzung von Sorgfaltspflichten und um andere auf die Integrität von Leib und Leben sowie von Vermögenswerten des Käufers abzielende Pflichten, so seien diese deliktsrechtlicher Natur[358]. *Magnus* argumentiert die Beziehung zwischen kaufvertraglich verbundenen Schädiger und Geschädigtem sei komplexer Natur und ließe sich sowohl aus dem vertraglichen, als auch aus dem deliktsrechtlichen Blickwinkel betrachten. Die beiden Bereiche zeigen andere Wertungen auf, so dass ein Vorrang des Vertragsrechts vor dem Deliktsrecht angenommen werden könnte. Es müsse deshalb dem anwendbaren nationalen Recht überlassen bleiben, ob und wann es eine konkurrierende Deliktshaftung neben einer vertraglichen Beziehung annehmen will[359].

Nach einer vermittelnden Ansicht von *U. Huber*[360] ist in Bezug auf eine konkurrierende deliktische Haftung nach nationalem Recht auf die Gefährlichkeit der Ware abzustellen. Das Deliktsrecht sei neben dem kaufrechtlichen Schadensersatzanspruch nicht schon anwendbar, wenn der Schaden daraus entsteht, dass der Verkäufer fahrlässig Sachen liefert, die lediglich für den bestimmungsgemäßen Zweck ungeeignet sind (Beispiel: die mangelhaften Korken lassen den in Flaschen abgefüllten Wein verderben). Anders sei jedoch zu entscheiden, wenn die gelieferten Sachen so gefährlich sind, so dass es unzulässig ist, sie in diesem Zustand in den Verkehr zu bringen, wie etwa die Lieferung verkauften Schrotts mit beigemischter scharfer Munition. In letzterem Fall würde der Verkäufer wegen des In-Verkehr-Bringens jedem Dritten gegenüber haften, so dass es nicht gerechtfertigt sei, hier wegen der Anwendbarkeit des CISG anders zu entschei-

---

*dinger/Magnus*, CISG, Art. 5, Rn. 14; *Bamberger/Roth/Saenger*, CISG, Art. 5, Rn. 3; *Brunner*, CISG, Art. 5, Rn. 2; *Honsell/Siehr*, CISG, Art. 5, Rn. 4; *Witz/Salger/Lorenz*, CISG, Art. 4, Rn. 28; *Schmid*, RiW 1996, S. 904 (912).

[357] *Staudinger/Magnus*, CISG, Art. 5, Rn. 14.

[358] *Schlechtriem*, UN-Kaufrecht, Rn. 40.

[359] *Staudinger/Magnus*, CISG, Art. 5, Rn. 14; *ders.*, ZEuP 1993, S. 96ff. Ähnlich *Stoll* in *Schlechtriem/Stoll*, CISG (3. Auflage), Art. 74, Rn. 7f. wonach die Verletzung von Leistungs- und Integritätsinteresse sich oft nicht sachgerecht differenzieren liesse.

[360] *Schlechtriem/Huber*, CISG (3. Auflage), Art. 45, Rn. 46ff.

den. Daher sei generell von einer Exklusivität des Einheitsrechts auszugehen, wobei ein konkurrierender Rechtsbehelf des Käufers, der auf nationales Recht gestützt wird, nur unter drei Voraussetzungen zuzulassen sei: Der Grund, auf den der Rechtsbehelf gestützt ist, darf nicht in den eigenen Regelungsbereich des Einheitskaufrechts fallen; der Rechtsbehelf darf nicht zu den Regelungszielen des Einheitskaufrechts in Widerspruch stehen; und das nationale Recht selbst muss die konkurrierende Geltendmachung des Rechtsbehelfs zulassen[361].

### cc) Stellungnahme

Zumindest die deutsche Rechtsprechung hat das Verhältnis des Einheitskaufrechts zum nationalen Deliktsrecht scheinbar zu Gunsten der herrschenden Meinung entschieden. Der BGH bereits in früheren Entscheidungen, allerdings zum BGB[362], neben der vertraglichen Sachgewährleistung einen deliktischen Anspruch aus § 823 BGB zugelassen. Diese Rechtsprechung hat der BGH (stillschweigend) in das EKG übernommen. In dem einzigen hierzu ersichtlichen Fall hatte ein italienischer Käufer von Chemikalien (Vinnol-Dispersionen), die er für die Behandlung von Gardinenstoffen benutzte, den deutschen Verkäufer auf Schadensersatz verklagt, weil die Gardinen Vergilbungen und Flecken aufzeigten und dabei seinen Anspruch sowohl aus dem EKG als auch aus deliktsrechtlichen Gesichtspunkten hergeleitet. Nachdem das OLG München bereits in der Berufung die Mängelrüge des Käufers als verfristet ansah und einen deliktischen Anspruch nicht zuließ, entschied der BGH in der Revision das vorinstanzliche Berufungsurteil des OLG Münchens aufzuheben und die Sache an das Berufungsgericht zurückzuverweisen. Der BGH ist der Ansicht das OLG habe deliktische Schadensersatzansprüche nicht im gebotenen Umfang geprüft und ging damit wohl davon aus, dass auf dem Einheitsrecht beruhende Ansprüche mit deliktischen Ansprüchen konkurrieren können[363].

Schließlich ist der wohl herrschenden Meinung zuzustimmen, die das nationale Deliktsrecht neben dem CISG zur Geltung kommen lassen will. Erstens sind die Regelungen des CISG gemäß Art. 6 CISG dispositiv. Folglich kann sich die aus dem Abkommen ergebende Produkthaftung durch vertragliche Vereinbarung erweitern oder auch eingeschränkt werden. Dies wiederum bedeutet, dass die staatliche Produkthaftungsgesetzgebung, die in den nationalen Rechtsordnungen

---

[361] *Schlechtriem/Huber*, CISG (3. Auflage), Art. 45, Rn. 49; ebenso *Müller-Chen* in der Nachfolgeauflage *Schlechtriem/Schwenzer/Müller-Chen*, CISG, Art. 45, Rn. 32;

[362] Siehe „Schwimmschalterfall“, BGHZ 67, 359; oder „Weinkorkenfall“, BGHZ 101, 337.

[363] BGH, 28.11.1994, IPrax 1996, S. 124-125 mit kritischer Anm. *P. Huber*, IPrax 1996, S. 124ff.; OLG München, 09.08.1995, IPrax 1997, S. 38-39. Im konkreten Fall kam es jedoch aus tatsächlichen Gründen nicht zu einer Deliktshaftung.

als eine zwingende ausgestaltet ist[364], im Rahmen des Anwendungsbereichs des CISG vertraglichen Vereinbarungen weichen müsste[365] und der Geschädigte gänzlich schutzlos wäre. Zweitens, würde man ein Rückgriff auf nationales Deliktrecht nicht zulassen, könnte auch kein Schmerzensgeld bei vom CISG erfassten Personenschäden[366], wenn das nationale Deliktsrecht es demgegenüber gewährt, geltend gemacht werden. Darüber hinaus ist ohnehin zweifelhaft inwieweit das Ziel der Rechtsvereinheitlichung der herrschenden Meinung entgegengehalten werden kann, da das Abkommen in erster Linie die Vereinheitlichung kaufvertraglicher Fragen verfolgt. Weitere Vereinheitlichungsbestreben mögen daher wünschenswert sein, können aber nicht dem CISG unterlegt werden. Dieses Ergebnis scheint auch die Entstehungsgeschichte zu bestätigen, die keinerlei Hinweis darauf gibt, dass mit Art. 5 CISG der Rückgriff auf nationales Deliktsrecht in diesem Bereich ausgeschlossen werden sollte[367]. Es muss daher letztlich den nationalen Rechten überlassen bleiben, ob und inwieweit sie ihrer Natur nach außervertragliche Ansprüche neben vertraglichen Grundlagen zusprechen.

### 4. Frustrierte Aufwendungen

Hat der Käufer im Hinblick auf die Vertragserfüllung Aufwendungen getätigt, die bei Nichterfüllung durch den Verkäufer nutzlos geworden sind, so kann er diese ersetzt verlangen, soweit die Aufwendungen im Vertrauen auf die Erfüllung des Vertrages gemacht worden sind und aus der Sicht einer verständigen Person in gleicher Lage (Art. 8 II CISG) zur Vertragsdurchführung geeignet und angemessen waren[368]. So kann der Ersatz für nutzlos gewordene Werbemaßnahmen[369] Transport-, Zoll-, und Lagerkosten sowie nutzlos gewordenes Spezialwerkzeug[370] verlangt werden. Konnte die Mangelhaftigkeit der Ware erst bei der Weiterverarbeitung der Ware entdeckt werden, so sind die bis dahin entstan-

---

364 Vgl. z.B. zum deutschen Recht § 14 ProdHaftG: „Die Ersatzpflicht des Herstellers nach diesem Gesetz darf im voraus weder ausgeschlossen noch beschränkt werden. Entgegenstehende Vereinbarungen sind nichtig".

365 So auch *Herber*, MDR 1993, S. 105f.

366 So z.B. wenn der Personenschaden beim Anliefern oder der Montage entstanden ist und der Verkäufer dies zu vertreten hat. Hier ist das Merkmal „durch die Ware" (Art. 5 CISG) nicht mehr erfüllt. Siehe *Herber/Czerwenka*, Internationales Kaufrecht, Art. 5, Rn. 2.

367 Vgl. statt vieler *Staudinger/Magnus*, CISG, Art. 5, Rn. 14.

368 *Schlechtriem/Schwenzer/Stoll/Gruber*, CISG, Art. 74, Rn. 18; *Brunner*, CISG, Art. 74, Rn. 24; MünchKommBGB/*Huber*, Art. 74, Rn. 47f.; MünchKommHGB/*Mankowski*; Art. 74, Rn. 36.

369 LG Darmstadt, 09.05.2000, CISG-Online 560, im konkreten Fall konnten die Kosten allerdings aus Beweisgründen nicht erstattet werden.

370 *Delchi Carrier SpA v. Rotorex Corp.*, 71 F 3d 1024, U.S. Court of Appeals (2nd Cir.) 1995 = CISG-Online 140.

den Bearbeitungskosten frustrierter Vermögensaufwand und zweifelsfrei vorhersehbar[371] Hat der Käufer im Hinblick auf das Eintreffen der bestellten Ware eine Lagerhalle gebaut, so kann der Käufer im Falle der Nichtlieferung die Kosten als Schadensersatz verlangen[372]. Dies gilt jedoch nicht, wenn die Ware lediglich verspätet geliefert wird. Insoweit handelt es sich um einen Nichterfüllungsschaden, der bei Aufhebung des Vertrages in Betracht kommt, nicht jedoch neben der Erfüllung.

## B. Die typischen Fallgruppen der Käuferhaftung

Die wohl häufigste Pflichtverletzung des Käufers ist, dass er den vereinbarten Kaufpreis nicht bzw. nicht rechtzeitig zahlt. Die möglichen Folgeschäden eines Zahlungsverzugs bedürfen daher einer eingehenden Betrachtung.

### 1. Kreditkosten

Infolge des Zahlungsverzuges kann der Gläubiger dadurch geschädigt werden, dass er Kredit aufnehmen muss, um eigenen Zahlungsverpflichtungen nachzukommen. Die Zinsen hierfür werden in der Regel den gesetzlichen Zinssatz übersteigen und können als Schadensersatz gem. Art. 74 CISG geltend gemacht werden. Einen solchen Verlust hat der Gläubiger grundsätzlich konkret zu beweisen[373]. Inwieweit dabei Beweiserleichterungen in Betracht kommen, richtet sich nach dem Prozessrecht der lex fori[374]. Entsprechend dem deutschen autonomen Recht ließ das LG Saarbrücken es dafür ausreichen, dass Kredit in Anspruch genommen wird. Dabei kommt es nicht darauf an, dass die Kreditaufnahme gerade mit der Verzögerung zusammenhängt; denn es ist anzunehmen, dass eingehende Zahlung alsbald zur Abdeckung einer Kreditschuld verwendet worden wären[375].

---

[371] LG Krefeld, 19.12.1995, CISG-Online 397 (gezogener Stahl).

[372] *Staudinger/Magnus*, CISG, Art. 74, Rn. 53.

[373] So die überwiegende Rechtsprechung. Siehe nur OLG Hamm, IPRax 1996, S. 197; *Schlechtriem/Schwenzer/StollGruber*, CISG, Art. 74, Rn. 16 m.w.N.

[374] Eingehend hierzu *Asam/Kindler*, RIW 1989, S. 841 (843-845).

[375] LG Saarbrücken, IHR 2003, S. 70 (71); LG Aachen, RIW 1990, S. 492; ebenso *Piltz*, NJW 1996, S. 2768 (2773) unter Hinweis auf HG Zürich, Urteil v. 21.09.1995, HG 930476, kritisch *Schlechtriem/Schwenzer/Stoll/Gruber*, CISG, Art. 74, Rn. 16 wonach der Maßstab nur schwer mit den Erfordernis einer konkreten Schadensberechnung zu vereinbaren sei.

## 2. Geldentwertungsschäden

Der Gläubiger kann aber auch infolge der Zahlungsverzögerung dadurch einen Verlust erleiden, dass während des Verzuges die geschuldete Währung (Geld) verfällt. Dabei muss zunächst zwischen dem „Aussenwert“ und dem „Binnenwert“ einer Währung unterschieden werden, d.h. zwischen Schäden, die als Folge von Wechselkursschwankungen entstehen (Verlust des Aussenwerts) und Schäden, die Folge einer inflationären Verringerung der Kaufkraft einer Währung sind (Verlust des Innenwerts)[376].

### a) Kursverluste (Verlust des Aussenwerts)

Nach der überwiegenden Literatur ist zu differenzieren, ob der Gläubiger Zahlung in seiner Heimatwährung erhalten soll oder nicht. Im letzteren Fall sei regelmäßig davon auszugehen und daher vorhersehbar, dass der Gläubiger die fremde Währung in eine andere (feste) Währung nach rechtzeitiger Zahlung sogleich konvertiert und so den drohenden Kursverlust vermieden hätte. Ansonsten könne der Schuldner jedoch davon ausgehen, dass der Verkäufer (Gläubiger) eingehende Zahlungen typischerweise zur Verminderung seiner Verbindlichkeiten verwenden werde und daher keinen Kursverlust als Schaden erleidet[377].

In der Rechtsprechung zeigt sich in dieser Hinsicht bislang noch kein einheitliches Bild. Mögen im Einzellfall besondere Umstände die Durchsetzung des Anspruches verhindert haben[378], so tendieren Gerichte dazu dem Gläubiger den

---

376 *Asam/Kindler*, RIW 1989, S. 841 (845).

377 *Schlechtriem/Schwenzer/Stoll/Gruber*, CISG, Art. 74, Rn. 17; *Staudinger/Magnus*, CISG, Art. 74, Rn. 49; *ders.*, RabelsZ 53 (1989), S. 138ff.; *Witz/Salger/Lorenz*, CISG, Art. 74, Rn. 37; *Brunner*, CISG, Art. 74, Rn. 45; MünchKommBGB/*Huber*, Art. 74, Rn. 50; MünchKommHGB/*Mankowski*; Art. 74, Rn. 40; *Piltz*, Internationales Kaufrecht, § 5, Rn. 453; *ders.*, NJW 1994, S. 1106; *Kranz*, S. 219; *Scheifele*, S. 111f.; *Weber*, BTJP 1990, S. 165 (200f.); *Asam/Kindler*, RIW 1989, S. 841 (846); ähnlich *Herber/Czerwenka*, Internationales Kaufrecht, Art. 74, Rn. 6 (halten Geldentwertungsschäden generell für ersatzfähig); *Soergel/Lüderitz/Dettmeier*, CISG, Art. 74, Rn. 19 (bejaht die Vorhersehbarkeit zumindest bei inflationistischen Währungen).

378 Grundsätzlich **für** den Ersatz von Kursverlusten: OLG Düsseldorf, 14.01.1994, www.cisg.law.pace.edu/cases/940114g1.html = CISG-Online 119 im konkreten Fall jedoch abgelehnt; LG Krefeld, 28.04.1993, Unilex E. 1993-11 = www.cisg.law.pace.edu/cases/930428g1.html; Arrondissementsrechtbank Roermond (*Gruppo IMAR v. Protech Horst*) www.cisg.law.pace.edu/cases/930506n1.html); Handelsgericht Zürich, SZIER 1998, S. 76 (missverständlich, da das Gericht erwägt Kursverluste zwischen Fälligkeit und Zahlung grundsätzlich als Folgeschaden nach Art. 45 I lit. b. i.V.m. 74 CISG zu ersetzen, aber auf-

Kursverlust als Schaden zuzusprechen, solange er nachweisen kann, dass er bei rechtzeitiger Zahlung einen höheren Geldwert hätte realisieren können als es infolge der verspäteten Zahlung möglich ist[379]. Kursverluste sollten daher prinzipiell zu ersetzen sein; dabei kann die von der Literatur vorgeschlagene Differenzierung allenfalls als Vermutung herangezogen werden. Vielmehr wird zu beachten sein, ob der Umtausch gerade dieser Währung unter den konkreten Umständen üblich ist[380].

### b) Kaufkraftverlust (Verlust des Innenwerts)

Seitens des Verkäufers können nach Fälligkeit des Kaufpreisanspruchs auch Schäden infolge eines inflationsbedingten Kaufkraftverlustes (Verlust des Binnenwertes) der Vertragswährung eintreten. Die Rechtsprechung hat, soweit ersichtlich, sich mit diesem Thema bisher noch nicht beschäftigt[381]. Diese Art von Geldentwertung führt zwar zu einer Vermögensminderung beim Verkäufer, sie wird jedoch regelmäßig durch die Zinsposition abgedeckt (Art. 78 CISG). Ein darüber hinausgehender Schaden ist daher nur dann zu ersetzen, wenn der Verkäufer nachweist, dass der Schaden nicht schon durch andere Schadensposten ausgeglichen wurde[382].

## IX. Schadensberechnung im Falle der Vertragsaufhebung

Wie bereits aufgezeigt, stellt Art. 74 CISG nur die Grundnorm zur Berechnung des Schadens dar. Darüber hinaus enthält das CISG aber noch zwei Sonderrege-

---

grund schweizerischem Recht letztlich den Anspruch ablehnt, da die künftige Kursentwicklung bis zur Vollstreckung oder Zahlung nicht voraussehbar sei und es daher an einem konkreten Schaden fehle. Indessen ist zweifelhaft, ob nicht das CISG auch den maßgeblichen Zeitpunkt für die Schadensberechnung vorgibt. Siehe dazu auch *Staudinger/Magnus*, CISG, Art. 74, Rn. 55 der auf den Zeitpunkt der letzten mündlichen Verhandlung abstellen will; a.A. *Bianca/Bonell/Knapp*, CISG, Art. 74, Anm. 3.16 „at an appropriate time“; *Neumayer/Ming*, CISG, Art. 74, Anm. 2 maßgeblich sei das Prozessrecht der lex fori; **gegen** den Ersatz von Kursverlusten: Gerechtshof Arnhem (*Celli v. Agrolang*), NIPR 1998, Nr. 101.

379 So auch *Schlechtriem/Schwenzer/Stoll/Gruber*, CISG, Art. 74, Rn. 17 mit älteren Nachweisen der Rechtsprechung schon zum EKG.

380 Die Differenzierung erscheint in dem Fall eines brasilianischen Verkäufers, dem US $ geschuldet werden nicht zu überzeugen. So ein Beispiel von *Soergel/Lüderitz/Dettmeier*, CISG, Art. 74, Rn. 19 (dort Fn. 64).

381 Offengelassen in OLG Düsseldorf, 14.01.1994, Unilex E. 1994-1 = CISG Online 119.

382 Vgl. *Schlechtriem/Schwenzer/Stoll/Gruber*, CISG, Art. 74 Rn. 17 es ist ein konkreter Nachweis erforderlich, dass ein höherer Geldwert hätte erzielt werden können; *Asam/Kindler*, RIW 1989, S. 841 (849).

lungen für den Gläubiger zur Berechnung des Schadens im Falle der Vertragsaufhebung:

Erstens, ist der Vertrag aufgehoben und wurde ein Deckungsgeschäft vorgenommen, kann der Gläubiger seinen Schaden konkret in dem Unterschied zwischen dem vertraglich vereinbarten Preis und dem tatsächlichen Preis des Deckungsgeschäfts berechnen (Art. 75 CISG),

oder

zweitens, wenn die Ware einen Marktpreis hat und es wurde kein Deckungsgeschäft vorgenommen, so kann eine abstrakte Schadensberechnung zwischen dem Vertragspreis und dem Marktpreis vorgenommen werden (Art. 76 CISG).

In beiden Fällen hat der Gläubiger jedoch das Recht jeden weiteren Schaden konkret nach Art. 74 CISG zu berechnen. Grundsätzlich geht das CISG aber von der konkreten Schadensberechnung aus, denn bei marktgängigen beschaffbaren Waren ist dem Käufer zuzumuten, sich anderweitig einzudecken bzw. dem Verkäufer zuzumuten anderweitig zu verkaufen. Die abstrakte Berechnung des Schadens ist bei Aufhebung des Vertrages hingegen nur subsidiär. Keineswegs ist der Gläubiger aber unter allen Umständen dazu verpflichtet ein Deckungsgeschäft vorzunehmen bzw. seinen Schaden nach der Marktpreisregel zu berechnen. So steht es dem Verkäufer frei, anstelle der Schadensberechnung nach Art. 75 gemäß Art. 74 CISG Ersatz des entgangenen Gewinnes aus dem gescheiterten Geschäft, also die Differenz zwischen dem Vertragspreis und den Selbstkosten zu fordern[383]. Umgekehrt kann der nicht vertragsgemäß belieferte Käufer Ersatz für den entgangenen Gewinn, einschließlich Lagerungskosten, verlangen, den er in vorhersehbarer Weise bei Weiterverkauf der Ware hätte erzielen können, wenn er die mangelhafte Ware später zurücksendet[384].

[383] Tallinn Circuit Court (Estland), 19.02.2004, CISG-Online 826 (englische Übersetzung), 827 (Originaltext); OLG Hamburg, 26.11.1999, CISG-Online 515 = IHR 2001, 19 (21).
[384] *Delchi Carrier SpA v. Rotorex Corp.*, Court of Appeals (2nd. Circ. 1995), 71 F. 3d 1024 = www.cisg.law.pace.edu/cases/951206u1.html = CISG-Online 140.

## A. Die konkrete Schadensberechnung nach Art. 75 CISG

### 1. Vertragsaufhebung

Die sog. konkrete Schadensberechnung setzt voraus, dass der Vertrag ganz (Art. 49, 64, 72 CISG) oder teilweise[385] aufgehoben ist und der Ersatzberechtigte ein angemessenes Deckungsgeschäft vorgenommen hat. Das Deckungsgeschäft muss also zeitlich nach der Aufhebung des Kaufvertrages vorgenommen werden[386], denn erst die Vertragsaufhebung selbst verschafft im allgemeinen Klarheit darüber, dass der Vertrag nicht erfüllt wird und stellt die Dispositionsfreiheit der Parteien wieder her. Deshalb kann auch nicht in der Vornahme des Deckungsgeschäfts, ohne vorherige Mitteilung an die vertragsbrüchige Partei, die Vertragsaufhebung gesehen werden, da das CISG eine Vertragsaufhebung kraft Gesetzes nicht kennt[387]. Nur ausnahmsweise bedarf es einer Vertragsaufhebung nicht, wenn der Schuldner die Erfüllung ernsthaft und endgültig verweigert hat, denn dann wäre ein zuwarten seitens des Gläubigers unbillig und verstößt gegen den Grundsatz von Treu und Glauben[388].

### 2. Deckungsgeschäft

Das Deckungsgeschäft an sich besteht grundsätzlich in dem nochmaligen Verkauf bzw. Kauf der Vertragsware selbst („the buyer has bought goods in replacement or the seller has resold the goods"). Beim Deckungskauf ist darauf zu achten, dass sich die vertraglich geschuldeten und die Ersatzwaren auch tatsächlich „decken"; d.h. die Ersatzware muss im wesentlichen der ursprünglich geschuldeten Ware entsprechen, geringe Abweichungen sind jedoch ohne Bedeu-

---

[385] ICC Schiedsspruch Nr. 8128/1995, JDI. 1996, S. 1024 (1027) m. Anm. *Hascher* = Unilex E.1995-34.

[386] Vgl. *Delchi Carrier SpA v. Rotorex Corp.* (NDNY 1994) SZIER 1996, S. 54f. = Unilex E. 1994-22 sub. 6; *Schlechtriem/Schwenzer/Stoll/Gruber*, CISG, Art. 75, Rn. 5; *Soergel/Lüderitz/Dettmeier*, CISG, Art. 75, Rn. 4; *Honsell/Schönle*, CISG, Art. 75, Rn. 22. „Ausnahmsweise auch schon vorher, wenn wenn eine ernstliche und endgültige Erfüllungsverweigerung seitens der vertragsbrüchigen Partei manifest geworden ist" *Weber*, BTJP, S. 201. Zum deutschen Recht siehe auch BGH NJW 1998, S. 2901 (2903) wonach der Deckungsverkauf vor Vertragsaufhebung zulässig ist.

[387] OLG Bamberg, 13.01.1999, TranspR-IHR 2000, S. 17 (18) = CISG-Online 516; *Schlechtriem/Schwenzer/Stoll/Gruber*, CISG, Art. 75, Rn. 5.

[388] OLG Hamburg IPRsp 1997 Nr. 176 = Unilex E. 1997-4.4; OLG Bamberg, 13.01.1999, TranspR-IHR 2000, S. 17 (18) = CISG-Online 516; *Schlechtriem/Schwenzer/Stoll/Gruber*, CISG, Art. 75, Rn. 5; *Staudinger/Magnus*, CISG, Art. 75, Rn. 8; a.A. *Bamberger/Roth/Saenger*, CISG, Art. 75, Rn. 3; MünchKommHGB/*Mankowski*; Art. 75, Rn. 4.

tung[389]. Kein Deckungsgeschäft liegt daher vor, wenn der Verkäufer, beispielweise bei Nichtabnahme durch den Käufer, die mittlerweile verdorbene Ware zur Entsorgung abgibt[390]. Ebenso kein Deckungsgeschäft ist der Fall, in dem der Käufer die benötigte Ware im eigenen Betrieb herstellt, wenngleich Art. 75 CISG entsprechend anzuwenden sein mag und die Herstellungskosten an die Stelle des Preises eines Deckungskaufes treten[391]. Schwierig kann die Zuordnung als „Deckungsgeschäft" sein, wenn die Partei ständig mit gleichen Waren am gleichen Markt Handel betreibt und sich somit das Deckungsgeschäft nur schwer einem bestimmten aufgehobenen Geschäft zuordnen lässt. Hier wird es maßgeblich auf die konkreten Umstände und Beweislage im Einzelfall ankommen[392].

### 3. in angemessener Weise

Darüber hinaus fordert Art. 75 CISG, dass das Deckungsgeschäft in „angemessener Weise" vorgenommen wird, d.h. insbesondere zu einem angemessenen Preis und innerhalb eines „angemessenen Zeitraums". Die Frist für die Vornahme des Deckungsgeschäftes beginnt mit dem Moment der Erklärung, dass der Vertrag aufgehoben wird[393]. Durch die Frist soll ein „abwarten" auf günstigere Marktentwicklungen zu Lasten der vertragsbrüchigen Partei verhindert werden, wenngleich Spekulationsmöglichkeiten nicht ganz auszuschließen sind, denn immerhin steht der vertragstreuen Partei ja eine „angemessene Frist" zur Verfügung. Ein „sofortiges" reagieren, wie in §376 III HGB, wird eben nicht gefordert[394]. Zögert die berechtigte Partei das Deckungsgeschäft unangemessen hinaus, so kann sie gegen ihre Schadensminderungspflicht aus Art. 77 CISG ver-

---

389 ICC Schiedsspruch Nr. 8128/1995, JDl. 1996, S. 1024 (1027); OLG Hamburg, IPRsp. 1997, Nr. 176 = Unilex E. 1997-4.4.

390 OLG Hamm, 22.09.1992, CISG-Online 57.

391 *Staudinger/Magnus*, CISG, Art. 75, Rn. 11; MünchKommHGB/*Mankowski*, Art. 75, Rn. 6; ähnlich *Schlechtriem/Schwenzer/Stoll/Gruber*, CISG, Art. 75, Rn. 3; wohl auch *Soergel/Lüderitz/Dettmeier*, CISG, Art. 75, Rn. 4.

392 *Bianca/Bonell/Knapp*, CISG, Art. 76, Bem. 2.4; *Schlechtriem/Schwenzer/Stoll/Gruber*, CISG, Art. 75, Rn. 3; *Soergel/Lüderitz/Dettmeier*, CISG, Art. 75, Rn. 4; *Staudinger/Magnus*, CISG, Art. 75, Rn. 12; *Piltz*, Internationales Kaufrecht, § 5, Rn. 429; es empfiehlt sich insoweit das Deckungsgeschäft genau anzuzeigen (Art. 88 I CISG), obwohl dies, anders als der Selbsthilfeverkauf, nicht zwingend vorgeschrieben ist. A.A. *Herber/Czerwenka*, Internationales Kaufrecht, Art. 75, Rn. 4; *Honsell/Schönle*, CISG, Art. 75, Rn. 21 halten einen solchen Beweis für entbehrlich.

393 Sekretariatsbericht A/CONF.97/5, O.R. 60 Anm. 5; *Honnold*, Rn. 450.

394 *Staudinger/Magnus*, CISG, Art. 75, Rn. 18.

stoßen[395]. In der deutschen Rechtsprechung wurden bislang Fristen von zwei Wochen bis zu zwei Monaten für angemessen gehalten[396].
Bei der Beurteilung, ob das Deckungsgeschäft zu einem angemessenen Preis abgeschlossen wurde, wird grundsätzlich auf den Maßstab des Art. 8 II, III CISG abzustellen sein, also ob ein vernünftiger und umsichtiger Kaufmann in gleicher Lage gehandelt hätte[397]. Somit dürften in der Regel die üblichen Marktpreise als angemessen gelten, wobei nicht davon ausgegangenen werden darf, dass sobald ein Marktpreis vorhanden ist, dieser auch unbedingt zugrunde zu legen ist; denn würde sich die „angemessene Weise" in der Verweisung auf den Marktpreis erschöpfen, wäre Art. 75 neben Art. 76 CISG weitgehend überflüssig. Die Angemessenheit in Art. 75 CISG muss daher weit verstanden werden, die Grenze findet sich in der Schadensminderungspflicht aus Art. 77 CISG[398]. Die Schadensminderungspflicht geht allerdings nicht so weit, dass der Gläubiger seinerseits vertragsbrüchig wird, um möglicherweise eine Vertragsstrafe zu zahlen, die unter den Kosten eines Deckungskaufes liegt[399].

### 4. Schadensberechnung

#### a) Preisdifferenz

Der Gläubiger kann die Differenz zwischen dem Vertragspreis und dem Preis des Deckungskaufs oder –verkaufs ersetzt verlangen, sofern das Deckungsgeschäft angemessen ist. Umstritten ist die Verfahrensweise im Falle das, das Deckungsgeschäft nicht angemessen war. Nach überwiegender Auffassung in der Literatur liegt überhaupt kein Deckungsgeschäft vor und der Schaden wird regulär nach Art. 74 CISG bemessen, soweit die Ware einen Marktpreis hat, sei dann Art. 76 CISG anzuwenden[400]. Nach anderer Ansicht ist der Schaden auch bei einem unangemessen Deckungsgeschäft konkret zu berechnen, allerdings nur in

---

395 *Honsell/Schönle*, CISG, Art. 75, Rn. 19; eingehend zur Schadensminderungspflicht im CISG noch unten S. 126ff.

396 Für eine regelmäßige Frist von zwei Wochen OLG Hamburg, IPRsp. 1997, Nr. 176 = Unilex E. 1997-4.4. Eine Frist von zwei Monaten hielt das OLG Düsseldorf in einem Fall für angemessen, in dem der Markt aus saisonalen Gründen (Winterkleidung) für einen Deckungsverkauf gesättigt war. Siehe Entscheidung des OLG Düsseldorf, 14.01.1994, CLOUT Nr. 130.

397 Kantonsgericht Zug, IHR 2004, S. 65; *Staudinger/Magnus*, CISG, Art. 75, Rn. 16; *Bamberger/Roth/Saenger*, CISG, Art. 75, Rn. 5; *Brunner*, CISG, Art. 75, Rn. 5.

398 *Soergel/Lüderitz/Dettmeier*, CISG, Art. 75, Rn. 5.

399 LG Braunschweig, 30.07.2001, CISG-Online 689.

400 Sekretariatskommentar, Art. 71, Bem. 6; *Bianca/Bonell/Knapp*, CISG, Art. 75, Anm. 2.6; *Soergel/Lüderitz/Dettmeier*, CISG, Art. 75, Rn. 4; *Staudinger/Magnus*, CISG, Art, 75, Rn. 20; *Piltz*, Internationales Kaufrecht, § 5, Rn. 432; *Kranz*, S. 221f.

der Höhe eines angemessenen Preises[401]. Insoweit greife dann die Schadensminderungspflicht (Art. 77 CISG) als Korrektiv[402].

Sofern die Ware einen Marktpreis hat, führen beide Ansichten zu dem gleichen Ergebnis, denn als angemessener Preis eines Deckungsgeschäftes wird kaum ein anderer als der Marktpreis in Frage kommen. Auch sonst werden wohl kaum abweichende Ergebnisse zu erzielen sein. Die Voraussehbarkeitsregel aus Art. 74 S. 2 CISG stimmt mit der Angemessenheit des Deckungsgeschäftes generell überein[403], darüber hinaus greift Art. 77 CISG haftungseinschränkend auf beide Normen ein. Der Streit ist daher eher akademisch abzutun. Praktischer und systematisch konsequent erscheint allerdings die letztgenannte Ansicht, nach der das unangemessene Deckungsgeschäft über Art. 77 S. 2 CISG korrigiert wird. Dem Wortlaut nach scheint der Weg über Art. 76 CISG ohnehin versperrt zu sein, da ja ein Deckungsgeschäft nach Art. 75 CISG bereits vorliegt, auch wenn dieses unangemessen ist. Hingegen Art. 76 CISG nur anwendbar ist, solange die Schadensersatz verlangende Partei „*keinen* Deckungskauf oder Deckungsverkauf nach Art. 75 vorgenommen hat“.

### b) Ersatz weiteren Schadens

Der Ausgleich des mit dem Deckungsgeschäft verbundenen Preisnachteils reicht möglicherweise nicht aus, um den Gläubiger wirtschaftlich so zu stellen, wie er bei ordnungemäßer Erfüllung des Vertrages gestanden hätte. Deshalb bestimmt Art. 75 CISG, dass auch ein „weiterer Schaden“ nach den allgemeinen Regeln des Art. 74 CISG zu ersetzten ist[404]. Dies können etwa die konkreten Kosten des Deckungsgeschäfts[405], Kosten für die Aufhebung des Vertrages, sonstige infolge der Rückabwicklung des aufgehobenen Geschäfts entstandene zusätzliche Kosten, wie insbesondere Zinsaufwendungen bzw. –verluste und Lager-, Frachtkosten[406], ferner Verzugsschäden[407] und Mangelfolgeschäden[408] sein.

---

[401] *Schlechtriem/Schwenzer/Stoll/Gruber*, CISG, Art. 75, Rn. 9; *Honnold*, Rn. 414; *Honsell/Schönle*, CISG, Art. 75, Rn. 15.
[402] *Honsell/Schönle*, CISG, Art. 75, Rn. 15.
[403] *Schlechtriem/Stoll*, CISG, Art. 75 (3. Auflage), Rn. 9.
[404] Die Geltendmachung weitergehenden Schadens ist nach der deutschen Schuldrechtsreform 2002 nun auch im BGB nicht mehr ausgeschlossen. So ausdrücklich in §§283, 326 BGB n.F.
[405] ICC Schiedsspruch Nr. 8128/1995, JDI. 1996, S. 1024 (1027).
[406] Vgl. *Piltz*, NJW 1994, S. 1101 (1106) mit Hinweis auf LG Krefeld, 28.04.1993, Unilex E. 1993-11.
[407] *Honsell/Schönle*, CISG, Art. 75, Rn. 7; MünchKommHGB/*Mankowski*, Art. 75, Rn. 16.
[408] *Schlechtriem/Schwenzer/Stoll/Gruber*, CISG, Art. 75, Rn. 10; *Soergel/Lüderitz/Dettmeier*, CISG, Art. 75, Rn. 8.

### c) Entgangener Gewinn (Problem des „lost volume“)

Grundsätzlich kommt entgangener Gewinn als weiterer Schaden im Sinne von Art. 75 CISG nicht in Betracht, denn das Deckungsgeschäft soll gerade auch dazu dienen, dem Gläubiger die mit der Erfüllung des Vertrages verbundenen Gewinnchancen zu erhalten. Nutzt er diese Möglichkeit nicht, so muss er grundsätzlich auch die für ihn hiermit einhergehenden Konsequenzen tragen[409]. Weitergehend stellt sich aber die Frage, ob der Gläubiger geltend macht kann, ihm sei wegen der Notwendigkeit ein Deckungsgeschäft zu schließen, der Gewinn aus einem weiteren Geschäft entgangen, welches er bei realer Erfüllung des aufgehobenen Kaufvertrages zusätzlich hätte tätigen können („lost volume“ Situation).

Das sog. Problem des „lost volume“ ist vor allem in der amerikanischen Rechtsprechung und Wissenschaft Gegenstand einer mittlerweile fast unüberschaubaren Debatte geworden[410]. Das CISG enthält keine explizite Regelung für diese Schadensart, wobei ihr vorkommen im internationalen Warenhandel gut vorstellbar ist und es daher sinnvoll erscheint, sich zumindest mit den Grundzügen dieses Schadenskonzeptes vertraut zu machen.

Die Situation lässt sich stark vereinfacht wie folgt darstellen: Der „lost volume“ Schaden kann nur auf der Verkäuferseite auftreten. Der Verkäufer hat weniger Käufer als er beliefern kann. Nachdem einer seiner Käufer einen Vertragsbruch begangen hat, in dem er den Vertrag zurückweist, die Ware nicht annimmt oder zurücksendet, verkauft der Verkäufer dieselbe Ware an einen anderen Käufer. Der zweite Verkauf darf aber nicht als Ersatz des ursprünglichen Verkaufes gesehen werden, weil der zweite Käufer auch dann vom Verkäufer gekauft hätte, wenn der ursprüngliche Kaufvertrag ordnungsgemäß erfüllt worden wäre. Der Verkäufer hat daher (Verkaufs-) Volumen verloren („lost volume“). Seine Anzahl von Verkäufen wurde durch die Nichterfüllung des ersten Vertrages geschmälert. Die zweite Transaktion kann die erste nicht ersetzen, da sie ohnehin stattgefunden hätte, so dass er den Gewinn einer Verkaufseinheit weniger hat.

Hier ein konkretes Beispiel: V hat einige identische Tische zu verkaufen. K 1 möchte einen Tisch kaufen. Kurz nach dem Vertragschluss, weist K 1 den Vertrag zurück. V verkauft den Tisch nun innerhalb eines angemessenen Zeitraums für denselben Preis an K 2. V macht nun geltend, dass ihn der Verkauf des Ti-

---

[409] Siehe *Schlechtriem/Schwenzer/Stoll/Gruber*, CISG, Art. 75, Rn. 11; *Soergel/Lüderitz/Dettmeier*, CISG, Art. 75, Rn. 9.

[410] Zum amerikanischen Recht siehe § 2-708 (2) UCC. Zur konzeptionellen Kritik siehe *White/Summers*, S. 274ff.

sches an K 2 nicht in dieselbe Position setzt, in der er stehen würde, wenn K 1 den Vertrag erfüllt hätte. Hätte K 1 den Vertrag nicht verletzt, hätte V noch zusätzlich einen Tisch an K 2 verkauft und hätte zwei Gewinneinheiten verdient, anstatt von einer. Nach der konkreten Berechnungsmethode aus Art. 75 CISG[411] hätte V zunächst keinen Schaden erlitten und selbst wenn er zu einem niedrigeren Preis den Tisch an K 2 verkauft hätte, könnte er nur die Preisdifferenz geltend machen. Dies stellt V aber offensichtlich nicht in dieselbe wirtschaftliche Position in der er stehen würde (Gebot der Totalreparation), wenn K 1 den Vertrag ordnungsgemäß erfüllt hätte. Jedoch bleibt es V unbenommen (auch nach Art. 76 CISG) „jeden weiteren Schadensersatz nach Art. 74 zu verlangen". Es erscheint, als sei dies der richtige Weg den „lost volume" Anspruch durchzusetzen, zumal die in Art. 75 CISG vorgesehene Schadensberechnung anhand eines Deckungsgeschäfts lediglich die Rechtsstellung des Gläubigers stärken, nicht aber sonstige Rechte auf Entschädigung einschränken soll[412].

Der österreichische Oberste Gerichtshof hat, soweit ersichtlich, zumindest in einer Entscheidung sich mit dem Problem des „lost volume" Schaden befasst. In dem Fall verklagte ein Schmuckhersteller aus Hamburg einen Juwelier in Bregenz, der der die bestellten Schmuckstücke nicht abnahm, auf Zahlung des Nichterfüllungsschadens, also der Differenz zwischen dem Abgabepreis an Einzelhändler und seinen Herstellungskosten. Bestimmte Deckungsverkäufe konnten nicht festgestellt werden. Die Beklagte war der Ansicht dies sei ein Verstoß gegen die Schadensminderungspflicht. Der OGH ließ es hierauf jedoch nicht ankommen. Zunächst schließen weder Art. 75 noch Art. 76 CISG aus, dass der Gläubiger stattdessen nach Aufhebung des Vertrages den Nichtererfüllungsschaden im engeren Sinne nach der allgemeinen Norm des Art. 74 CISG konkret berechnet. Schließt der geschädigte Vertragspartner regelmäßige gleichartige Geschäfte ab, so ist die abstrakte Schadensberechnung nach Art. 76 CISG nur dann ausgeschlossen, wenn er eines davon nach Vertragsaufhebung als konkretes Deckungsgeschäft fixiert. Auf den Einwand der Schadensminderung (Art. 77 CISG) kommt es daher nicht an, soweit dem Gläubiger bei Durchführung des Deckungsgeschäfts ein anderes, gleichartiges Geschäft mit demselben Gewinn wie das Erstgeschäft entgangen wäre. Dabei habe das Erstgericht[413] zweifelsfrei festgestellt, dass der Schaden des Klägers auch dann erwachsen wäre, „wenn die von der Beklagten bestellten Waren an einen anderen Einzelhändler verkauft werden, weil das Folgegeschäft unabhängig vom Auftrag der (Erst)-Beklagten zustande gekommen wäre[414].

---

[411] Auch eine abstrakte Berechnungsmethode gemäß Art. 76 CISG würde zu demselben Ergebnis gelangen.
[412] Vgl. *Staudinger/Magnus*, CISG, Art. 75, Rn. 1.
[413] Der OGH hatte über den Fall in der Revision zu befinden.
[414] OGH, 28.04.2000, ZfR 2000, S. 188f. = CISG-Online 581.

In der Literatur wird dem Gläubiger der Verlust aus dem mit dem Deckungsgeschäft entgangenen zusätzlichen Geschäftsgewinn ebenfalls überwiegend zugebilligt[415].

Dennoch sollten die Voraussetzungen an diese Schadensart eng zu ziehen sein[416], da ansonsten die Gefahr der Überkompensation (double recovery) besteht. Die amerikanische Lehre hat aus diesem Grund Kriterien entwickelt, die der Verkäufer erfüllen muss, um als „lost volume" Verkäufer zu gelten:

- Erstens, der Verkäufer hätte in der Lage sein müssen beide Verträge unabhängig voneinander zu erfüllen.

- Zweitens hätte das zweite Geschäft auch ohne Vertragsbruch des ursprünglichen Kaufvertrages zustande kommen müssen[417].

Dabei bezieht sich das erste Argument auf die Kapazität des Verkäufers beide Käufer bedienen zu können; denn wenn der Verkäufer beispielsweise ein kleineres Unternehmen ist, welches bis an die Grenzen seiner Kapazitäten durch den ersten Kaufvertrag schon ausgelastet ist, dann hätte der zweite Kaufvertrag mangels Leistungsvermögen nicht erfüllt werden können. Der Verkäufer hat daher nicht Verlust von Geschäftsvolumen erlitten, vielmehr ist der zweite Kaufvertrag im Sinne der Schadensminderung zu betrachten[418]. Im konkreten Fall wird der Kläger dartun müssen, dass er tatsächlich in der Lage gewesen wäre beide Kaufverträge zu erfüllen.

Die zweite Frage betrifft die Einordnung beider Verkäufe als zwei voneinander unabhängige Kaufverträge. Ist dem nicht so, so kann der Verkäufer ebenfalls kein „lost volume" geltend machen, denn er hat ja kein weiteres Geschäft „verloren" in diesem Sinne. Er muss also darlegen, dass der zweite Verkauf nicht aufgrund des Vertragsbruches bzw. der Aufhebung des ursprünglichen Kaufver-

---

415 *Bamberger/Roth/Saenger*, CISG, Art. 75. Rn. 7; *Staudinger/Magnus*, CISG, Art. 75, Rn. 21; *Honnold*, Rn. 415; *Honsell/Schönle*, CISG, Art. 75, Rn. 5; *Witz/Salger/Lorenz*, CISG, Art. 75, Rn. 13; MünchKommBGB/*Huber*, Art. 75, Rn. 20; MünchKommHGB/*Mankowski*, Art. 75, Rn. 16; *Karollus*, UN-Kaufrecht, S. 220; *Weber*, BTJP 1990, S. 165 (202); a.A. *Soergel/Lüderitz/Dettmeier*, CISG, Art. 75, Rn. 9 *Schlechtriem/Schwenzer/Stoll/Gruber*, CISG, Art. 75, Rn. 11.

416 Ebenso *Staudinger/Magnus*, CISG, Art. 75, Rn. 21 fordert einen strikten Nachweis, dass das Deckungsgeschäft mit Sicherheit neben dem ursprünglichen Geschäft durchgeführt worden wäre.

417 Vgl. *Holisky*, Finding the lost volume seller: Two Independant Sales Deserve Two Profits under Illinois Law, John Marshall Law Review, Winter 1998, S. 375f.

418 *Sebert*, Remedies, 130 U. of Pa. Law Review 1981, S. 386.

trages erfolgte. Die Feststellung, ob die Verträge als getrennt voneinander zu sehen sind, kann in der Praxis schwer nachzuweisen sein. Es wird daher im Einzelfall die Umstände des konkreten Falles ankommen. Hat der Verkäufer außerordentliche Aufwendungen, z.B. extra Werbung, gemacht, so spricht dies eher dafür, dass das Anschlussgeschäft kein unabhängiger Vertrag ist. Auch die Beschaffenheit der Ware kann eine Rolle spielen, je spezifischer die Anforderungen an den ursprünglichen Vertrag sind, desto wahrscheinlicher ist die Annahme, dass der Weiterverkauf an einen anderen Käufer kein „lost volume" Verkauf ist.

Es sei schließlich anzumerken, dass die vorgenannten Kapazitäts- und Unabhängigkeitserwägungen aus der amerikanischen Literatur und Rechtsprechung zur Ersatzfähigkeit von „lost volume" Schäden stammen. Die einfache Übernahme dieser Kriterien in das CISG könnte dem unabhängigen und internationalen Charakter der Konvention widersprechen; sie sollten daher mit Vorsicht zu betrachten sein. Dennoch zeigen die obigen Ausführungen, dass mit Hilfe dieser Grundsätze faire und nachvollziehbare Ergebnisse erzielt werden können. Darüber hinaus ist zumindest die Literatur überwiegend dafür, dass der Ersatz eines „lost volume" Schadens vom CISG erfasst wird. Die Voraussetzungen wurden allerdings in der deutschsprachigen Literatur erst wenig diskutiert. Die amerikanische Literatur und Rechtsprechung bietet auf diesem Gebiet bereits gewonnene Erfahrungen, die als nützliche Interpretationshilfe im CISG genutzt werden sollten. Letztlich erscheint Art. 74 CISG die hierfür geeignete Anspruchsgrundlage zu sein und zumindest dann, wenn der Gläubiger ständig mit Waren der verkauften Art handelt und der Schuldner dies wusste oder wissen müsste, sollte ein solcher Schaden auch voraussehbar sein[419].

## B. Die abstrakte Schadensberechnung nach Art. 76 CISG

### 1. Voraussetzungen

Die abstrakte Schadensberechnung ist nach Art. 76 CISG im Falle der Vertragsaufhebung unter zwei Voraussetzungen möglich:

- die Ware hat einen Marktpreis

und

[419] Siehe OGH, ZfR 2000, S. 188f. hält es für "wahrscheinlicher", dass bei marktgängiger Ware, dass alternative Geschäft auch dann abgeschlossen wäre, wenn der Erstkäufer die Ware abgenommen hätte.

- es wurde kein Deckungsgeschäft gemäß Art. 75 CISG vorgenommen.

Der zu ersetzende Schaden ergibt sich dann aus dem Unterschied zwischen dem vereinbarten Vertragspreis und dem Marktpreis der Ware. Die Vorschrift unterstellt somit ein „hypothetisches“ Deckungsgeschäft. Aus diesem Grunde spricht man von der abstrakten Schadensberechnung[420].

Art. 76 CISG stellt, wie auch Art. 75 CISG, eine Sonderregelung der Schadensberechnung dar und auch nach ihr hat der Gläubiger das Recht jeden weitergehenden Schaden im Rahmen des Art. 74 CISG geltend zu machen. Die abstrakte Schadensberechnung wird immer dann anzuwenden sein, wenn ein Deckungskauf oder –verkauf nicht vernünftig erscheint oder auch in dem Fall, dass es unmöglich ist ein konkretes Deckungsgeschäft dem aufgehobenen Vertrag zuzuordnen, weil der Käufer bzw. Verkäufer ständig am Markt mit vergleichbarer Ware handelt[421]. Gleichwohl beruht die Vorschrift auf dem Gedanken, dass der Gläubiger das Recht hat, ein Deckungsgeschäft zum Marktpreis vorzunehmen. Es soll dem Schuldner, der die Kosten eines solchen Geschäfts ja tragen würde, nicht zum Vorteil werden, dass der Gläubiger von einem Deckungsgeschäft tatsächlich abgesehen und sich anderweitig beholfen hat[422].

### a) Vorhandensein eines Marktpreises

Die abstrakte Schadensberechnung nach Art. 76 CISG setzt zunächst voraus, dass die Ware einen Marktpreis hat. Der Begriff des „Marktpreises“ ist, anders als noch in Art. 12 EKG, im CISG nicht legaldefiniert[423]. Art. 76 CISG legt zur Feststellung des Marktpreises nunmehr lediglich den zeitlichen und örtlichen Bezug fest. Nach überwiegender Auffassung in der Literatur gilt generell: Marktpreis ist der Preis, der allgemein für Waren gleicher Art an einem bestimmten Handelsplatz berechnet wird[424]. Dabei kommt es nicht zwingend auf eine amtliche Preisnotierung der Ware an, vielmehr können außerhalb von offi-

---

420 Die Vorschrift entspricht damit sachlich der Schadensberechnung beim Fixhandelskauf gemäß § 376 II HGB. Als Vorbild dienten allerdings Sec. 2-708 und 2-713 mit 2-223 UCC.

421 *Sutton*, (50) Ohio St. L. Journal 1989, S. 737ff.

422 *Piltz*, Internationales Kaufrecht, § 5, Rn. 433.

423 Die Regelung wurde als unsachgemäß und überflüssig gestrichen. Vgl. *Witz/Salger/Lorenz*, CISG, Art. 76, Rn. 2.

424 Vgl. *Schlechtriem/Schwenzer/Stoll/Gruber*, CISG, Art. 76, Rn. 4; *Soergel/Lüderitz/Dettmeier*, CISG, Art. 76, Rn. 2; *Staudinger/Magnus*, CISG, Art. 76, Rn. 13; *Witz/Salger/Lorenz*, CISG, Art. 76, Rn. 9; *Brunner*, CISG, Art. 76, Rn. 3; MünchKommHGB/*Mankowski*, Art. 76, Rn. 4.

ziellen Börsen festgestellte Preise herangezogen werden[425]. Allerdings kommen dann nur Geschäftsabschlüsse über qualitativ gleichartige Ware auf derselben Vertriebsstufe in Betracht[426]. Unzulässig wäre es, den Marktpreis mittelbar zu errechnen, indem man Kontrakte auf einer anderen Veredlungsstufe heranzieht, um durch Zuschlag vom fiktiven Verarbeitungsaufwand den Marktpreis für andersartige Ware zu erhalten[427]. Läßt sich ein Marktpreis nicht feststellen, kann der Schaden nur konkret nach Art. 74 CISG, nicht abstrakt nach Art. 76 CISG berechnet werden[428].

Des Weiteren ist nach Art. 76 II CISG der Marktpreis des Ortes maßgebend, an dem die Lieferung der Ware hätte erfolgen sollen[429]. Besteht am Lieferort kein solcher Marktpreis, dann berechnet sich dieser nach dem Preisniveau eines angemessenen Ersatzortes, wobei jedoch unter Umständen erhöhte oder verminderte Transportkosten zu berücksichtigen sind (Art. 76 II CISG)[430].

### b) Fehlendes Deckungsgeschäft

Neben einem Marktpreis setzt die abstrakte Schadensberechnung nach Art. 76 CISG voraus, dass nicht bereits ein Deckungsgeschäft vorgenommen worden ist. Aus dieser Formulierung ergibt sich eindeutig, dass Art. 76 CISG gegenüber der

---

425 OLG Celle, 02.09.1998, CISG-Online 506 = IHR 2001, S. 107 (108); OLG Braunschweig, 28.10.1999, CISG-Online 510 Wildfleisch; Tallin Circuit Court (Estland), 19.02.2004, CISG-Online 826 Tomatenpaste, ebenso in der Literatur *Honsell/Schönle*, CISG, Art. 76, Rn. 9 Feststellung des Marktpreis durch Angebot und Nachfrage.

426 *Staudinger/Magnus*, CISG, Art. 76, Rn. 13; *Witz/Salger/Lorenz*, CISG, Art. 76, Rn. 9; *Piltz*, NJW 1994, S. 1101 (1106).

427. So offensichtlich (falsch) das OLG Hamm, 22.09.1992, CISG-Online 57, hier wurde ein „Marktpreis" für eingefrorenen und entschwarteten Schweinespeck errechnet, indem der für frischen Speck mit Schwarte ermittelte Preis um den Aufwand für das Einfrieren und das Entschwarten erhöht wurde.

428 OLG Celle, 02.09.1998, IHR 2001, S. 107 (108) = CISG Online 506 fehlender Marktpreis für „no-name-Staubsauger".

429 Die Festsetzung des Lieferortes erfolgt durch Art. 31 CISG, vgl. *Bianca/Bonell/Knapp*, CISG, Art. 76, Anm. 3.2, *Honsell/Schönle*, CISG, Art. 76, Rn. 14f.

430 Ein praktisches Problem kann dann entstehen, wenn der Lieferort der Hafen des Verkäufers ist, also die Lieferpflicht mit Übergabe an die erste Transportperson erfüllt ist. Der Verkäufer wird in diesem Fall kein Problem bei der Ermittlung eines Marktpreises haben, da der Hafen regelmäßig in seinem Heimatland sein wird und er daher die notwendigen Informationen schnell besorgen kann. Der Käufer hingegen wird an einem entfernten Ort sitzen und hat daher oftmals nicht den direkten Zugriff auf aktuelle Marktkonditionen. Dasselbe Problem stellt sich für den Verkäufer, wenn der Lieferort der Bestimmungsort ist. *Sutton* schlägt für diesen Fall vor, dass die Parteien vertraglich einen Ort festlegen, der als Referenz zur Ermittlung des Marktpreises gelten soll. Siehe *Sutton*, (50) Ohio St. Law Journal 1989, S. 737ff.

konkreten Schadensbemessung aus Art. 75 CISG subsidiär ist[431]. D.h. bei Vornahme eines Deckungsgeschäfts hat die konkrete Schadensberechnung nach Art. 75 CISG Vorrang. Der Gläubiger kann zwischen den beiden Berechnungsformeln nicht frei wählen[432]. Ein Wahlrecht besteht nur insoweit, dass grundsätzlich keine Pflicht besteht ein Deckungsgeschäft zu tätigen[433]. Bei Vorliegen der Voraussetzungen von Art. 76 CISG ist es dem Gläubiger unbenommen, seinen Schaden abstrakt zu berechnen.

Schwierigkeiten bei der Beurteilung, ob ein Deckungsgeschäft vorliegt oder nicht, können sich ergeben, wenn der Gläubiger ständig am Markt handelt und sich daher nicht eindeutig ein bestimmtes Geschäft als Deckungsgeschäft zuordnen lässt. Dem Sekretariatskommentar nach liegt in nicht ganz eindeutigen Fällen kein Deckungsgeschäft vor[434]. Der Schuldner kann aber dann gemäß Art. 77 CISG eine Herabsetzung des abstrakt berechneten Schadens verlangen, wenn er nachweist, dass es dem Gläubiger zumutbar war, gerade weil er ständig am Markt handelt, ein günstigeres Deckungsgeschäft abzuschließen. Die Verweisung auf ein tatsächlich vorgenommenes oder potentielles Deckungsgeschäft ist allerdings dann ausgeschlossen, sofern dem Gläubiger durch das Deckungsgeschäft ein anderes, ebenso gewinnbringendes Geschäft entgangen ist oder entgangen wäre ( Problem des „lost volume“)[435].

## 2. Maßgeblicher Zeitpunkt der Schadensberechnung

Grundsätzlich hat die abstrakte Schadensberechnung gemäß Art. 76 CISG nach dem Marktpreis zur Zeit der Aufhebung des Vertrages zu erfolgen[436]. Subsidiär gilt der Marktpreis zur Zeit der Übernahme der Ware, wenn der Ersatzberechtigte den Vertrag erst aufhebt, nachdem er die Ware bereits übernommen hat (Art. 76 I S. 2 CISG). Letztere Regelung betrifft in aller Regel nur den Käufer; sie tritt auch dann ein, wenn der Käufer den Vertragsaufhebungsgrund zum Zeit-

---

[431] Vgl. nur *Schlechtriem/Schwenzer/Stoll/Gruber*, CISG, Art. 76, Rn. 1.

[432] *Herber/Czerwenka*, Internationales Kaufrecht, Art. 76, Rn. 3; *Kranz*, S. 222, *Ryffel*, S. 76; *Schlechtriem*, UN-Kaufrecht, S. 91. A.A. *Huber*, RabelsZ 43 (1979), S. 413 (470f.) nach dessen Meinung der verletzte Teil dem Ersatzpflichtigen keine Rechenschaft über das, was er wirklich getan habe, schuldig sei.

[433] Zu den Ausnahmefällen in denen die Nichtvornahme eines Deckungsgeschäftes gegen die Schadensminderungsobliegenheit aus Art. 77 CISG verstößt siehe unten S. 130ff.

[434] Sekretariatskommentar, Art. 72, Nr. 3.

[435] OGH ZfR, 2000, S. 188 (189); LG Bielefeld, 18.01.1991, CISG Online 174. Eingehend zum Problem des lost volume siehe schon S. 114ff.

[436] Zu der Streitfrage, ob dies der Zeitpunkt der Absendung der Aufhebungserklärung (Art. 27 CISG) oder ihres Zugangs ist, siehe *Schlechtriem/Schwenzer/Hornung*, CISG, Art. 26, Rn. 12.

punkt der Übernahme noch nicht kannte, etwa wenn der Mangel versteckt war[437].

Das Abstellen auf den Zeitpunkt der Vertragsaufhebung zur Schadensberechnung birgt die Gefahr eines spekulativen Hinauszögerns der Aufhebung in sich. Da das Aufhebungsrecht nur in bestimmten Fällen befristet ist (Art. 49 II und 64 II CISG) und eine Aufhebung kraft Gesetztes nicht stattfindet, kann der Gläubiger theoretisch die Aufhebung des Vertrages solange hinauszögern, bis sich die Marktsituation für ihn am günstigsten darstellt. Vermeiden kann der Schuldner ein schadhaftes Hinauszögern kaum, allerdings kann das spekulative Abwarten den Umständen nach als Verletzung der Obliegenheit zur Schadensminderung des Gläubigers gemäß Art. 77 CISG gesehen werden. Stellt sich heraus, dass der Gläubiger die Vertragsaufhebung missbräuchlich hinausgezögert hat und hat sich aus diesem Grund die Differenz zwischen dem Vertragspreis und Marktpreis vergrößert, kann der Schuldner auf der Grundlage von Art. 77 CISG verlangen, dass der Schadensersatz herabgesetzt wird. Der herabgesetzte Betrag ist dann die Differenz zwischen dem Marktpreis zum Zeitpunkt der möglichen Vertragsauflösung und dem der tatsächlichen Vertragsauflösung[438]. Hat der Käufer die Ware bereits übernommen, ist ein Spekulieren mit der Vertragsaufhebung nicht mehr möglich. Es kann aber dazu kommen, dass aufgrund steigender Preise die abstrakte Schadensberechnung den Schaden des Käufers nicht voll deckt. Dem Käufer steht aber in diesem Falle die Möglichkeit offen, seinen weitergehenden Schaden über Art. 74 CISG konkret zu berechnen[439]. Als weitere ersatzfähige Schäden kommen grundsätzlich dieselben Positionen wie nach der konkreten Schadensberechnung in Betracht[440].

## X. Die Schadensminderung nach Art. 77 CISG

### A. Schadensminderung als Obliegenheit des eigenen Interesses

Die Verpflichtung zur Schadensminderung nach Art. 77 CISG ist ein schadensbegrenzendes Element, welches dem allgemeinen Prinzip von Treu und Glauben

[437] *Ryffel*, S. 78.

[438] Wobei es im Einzelfall schwierig sein kann, den zumutbaren und richtigen Zeitpunkt für eine Vertragsauflösung ex post zu bestimmen; so *Ryffel*, S. 78 und *Kranz*, S. 224. M.E. sollte auf den ersten möglichen Zeitpunkt abgestellt werden, um jegliches spekulieren von vornherein auszuschließen.

[439] *Honsell/Schönle*, CISG, Art. 76, Rn. 11.

[440] Siehe dazu schon oben S. 114.

entspringt[441] und anderen Rechtssystemen[442] und internationalen Abkommen[443] ebenfalls immanent. Zentrale Idee des Art. 77 CISG ist es, den Ersatzanspruch des Geschädigten insoweit auszuschließen, als er den Eintritt oder die Ausweitung des Schadens durch angemessene Maßnahmen selbst hätte verhindern können[444]. Dadurch soll der verletzten Partei die Möglichkeit genommen werden, den Schaden passiv entstehen zu lassen und dann im Nachhinein den Schuldner auf Ersatz des Schadens zu verklagen, den er, der Gläubiger, hätte vermeiden können[445]. Dieser Gedanke ist in Art. 77 CISG wie folgt formuliert:

„ Die Partei, die sich auf eine Vertragsverletzung beruft, hat alle den Umständen nach angemessenen Maßnahmen zur Verringerung des aus der Vertragsverletzung folgenden Verlusts, einschließlich des entgangenen Gewinns, zu treffen. Versäumt sie dies, so kann die vertragsbrüchige Partei Herabsetzung des Schadensersatzes in Höhe des Betrages verlangen, um den der Verlust hätte verringert werden sollen."

Der im deutschsprachigen Schrifttum immer wiederkehrende Begriff der „Schadensminderungs*pflicht*" ist eigentlich irreführend, da es sich hierbei, ähnlich der Untersuchungs- und Rügepflicht, nicht um eine echte Vertragspflicht, sondern um eine Obliegenheit im eigenen Interesse handelt[446]. D.h. ihre Erfüllung kann

---

[441] Im CISG lässt sich das Gebot von Treu und Glauben wiederum aus Art. 7 ableiten. Eingehend zu den allgemeinen Grundsätzen in CISG siehe *Magnus,* RabelsZ 59 (1995), S. 469ff.

[442] Im deutschen Recht entspricht dies der Schadensabwendungspflicht des § 254 II S. 1 Alt. 3 BGB. Zur Parallele zwischen Art. 77 und § 254 BGB vgl. *Herber/Czerwenka,* Internationales Kaufrecht, Art. 77, Rn. 2; *Schlechtriem,* IPRax 1990, S. 282f.; *Looschelders,* Die Mitverantwortlichkeit des Geschädigten im Privatrecht, S. 106ff.

[443] z.B. Art. 7.4.8 der UNIDROIT-Prinzipien.

[444] *Schlechtriem/Schwenzer/Stoll/Gruber,* CISG, Art. 77, Rn. 1; *Staudinger/Magnus,* CISG, Art. 77, Rn. 1.

[445] *Bianca/Bonell/Knapp,* CISG, Art. 77, Bem. 2.1.

[446] *Achilles,* CISG, Art. 77, Rn. 1; *Bianca/Bonell/Knapp,* CISG, Art. 77, Bem. 2.10; *Brunner,* CISG, Art. 77, Rn. 1; *Herber/Czerwenka,* Internationales Kaufrecht, Art. 77, Rn. 2; *Soergel/Lüderitz/Dettmeier,* CISG, Art. 77, Rn. 1 und 9 ; *Schlechtriem/Schwenzer/Stoll/Gruber,* CISG, Art. 77, Rn. 2; *Staudinger/Magnus,* CISG, Art. 77, Rn. 5; *Witz/Salger/Lorenz,* CISG, Art. 77, Rn. 1; MünchKommHGB/*Mankowski,* Art. 77, Rn. 3; *Karollus,* S. 225; *Kranz,* S. 227; *Ryffel,* S. 80. Zumindest in der älteren Literatur wurde der Gedanke aufgenommen, dass es sich bei der „Schadensminderungspflicht" aus Art. 77 S. 1 CISG um eine echte Pflicht handelt. Diese Erwägungen beruhen wohl auf der Entstehungsgeschichte des CISG. Auf der Kaufrechtskonferenz wurde ein amerikanischer Vorschlag, das Prinzip der Schadensminderung auch auf andere Rechtsbehelfe auszudehnen, abgelehnt. Als Beispiel wurde aufgeführt, dass ein Verkäufer die Produktion einer Maschine fortsetzt, obwohl ihm der Käufer schon mitgeteilt hat, dass er keine Verwendung für die Maschine mehr habe und daher die Abnahme ablehnen werde. Wenn der Verkäufer dennoch die Herstellung fortsetzt und auf Erfüllung (d.h. Abnahme und Zahlung) klagt, könne ihn die Pflicht zur Schadensminderung nicht ent-

nicht erzwungen werden und die Versäumung dieser Obliegenheit begründet auch keine selbstständigen Schadensersatzansprüche der anderen Partei, sondern führt nur dazu, dass die vertragstreue Partei ihren Schaden nicht in voller Höhe geltend machen kann.

## B. Geltung nur für Schadensersatzansprüche

Die Anwendbarkeit des Art. 77 CISG bezieht sich der wohl h.M. nach nur auf Schadensersatzansprüche[447]. Der klare Wortlaut der Vorschrift: „die vertragsbrüchige Partei (kann die) Herabsetzung des *Schadenersatzes* in Höhe des Betrages verlangen, um den der Verlust hätte verringert werden sollen"[448], ist in dieser Hinsicht eindeutig. Daher beeinträchtigt die Nichtbeachtung schadensmindernder Maßnahmen auch nicht die Möglichkeit der verletzten Partei andere Rechtsbehelfe geltend zu machen[449]. Insbesondere Erfüllungsansprüche oder Aufhebungsansprüche können nicht unter Berufung auf Art. 77 CISG als solche abgewehrt oder erzwungen werden[450]. Mittelbar entfaltet Art. 77 CISG aber seine Wirkung auf diese Rechtsbehelfe, wenn und soweit sie mit begleitenden Schadensersatzansprüchen verbunden sind, für die Art. 77 CISG uneingeschränkt gilt. So darf die Vertragsaufhebung nicht spekulativ verzögert werden, um etwa auf diese Weise den Schadensersatzanspruch zu vergrößern. Ebenso kann es geboten sein, ein angemessenes Deckungsgeschäft wahrzunehmen und damit den Schadensumfang zu verringern, anstatt weiter auf nicht mehr zu erwartender Erfüllung zu beharren[451].

---

gegengehalten werden, da er ja den Kaufpreis und nicht Schadensersatz fordere. Als Lösung wurde daher vorgeschlagen, die Schadensminderungspflicht als echte Pflicht zu behandeln. Der Käufer müsste dann zwar den vollen Kaufpreis bezahlen, hätte aber seinerseits einen Schadensersatzanspruch. Diese Ansicht hat jedoch wenig Anschluss gefunden. Vgl. die Darstellung bei *Enderlein/Maskow/Strohbach*, CISG, Art. 77, Rn. 4.

447 *Schlechtriem/Schwenzer/Stoll/Gruber*, CISG, Art. 77, Rn. 4; *Staudinger/Magnus*, CISG, Art. 77, Rn. 6; MünchKommHGB/*Mankowski*, Art. 77, Rn. 3; *Herber/Czerwenka*, Internationales Kaufrecht, Art. 77, Rn. 3; *Piltz*, Internationales Kaufrecht, § 5, Rn. 456; a.A. *Honnold*, Rn. 419.

448 Art. 77 S. 2 CISG.

449 *Bianca/Bonell/Knapp*, CISG, Art. 77, Bem. 2.8.

450 *Schlechtriem/Schwenzer/Stoll/Gruber*, CISG, Art. 77, Rn. 4; *Staudinger/Magnus*, CISG, Art. 77, Rn. 6; MünchKommHGB/*Mankowski*, Art. 77, Rn. 3; *Herber/Czerwenka*, Internationales Kaufrecht, Art. 77, Rn. 3; *Piltz*, Internationales Kaufrecht, § 5, Rn. 456; a.A. *Honnold*, Rn. 419.

451 So *Schlechtriem/Schwenzer/Stoll/Gruber*, CISG, Art. 77, Rn. 9; *Staudinger/Magnus*, CISG, Art. 77, Rn. 6; *Karollus*, S. 225.

## C. Geltung im Falle des antizipierten Vertragsbruches

Grundsätzlich geht man in der Literatur davon aus, dass die Obliegenheit zur Schadensminderung nicht erst dann entsteht, wenn der Schaden bereits eingetreten ist. Auch einen antizipierten Vertragsbruch bzw. drohenden Schaden hat der Gläubiger durch angemessene Maßnahmen zu begegnen[452]. Man zieht diesen Schluss aus zwei Gründen: Erstens soll die Formulierung „Maßnahmen zur Verringerung des aus der Vertragsverletzung folgenden Verlusts", anstatt „...des entstandenen Verlusts", ausdrücken, dass der Gläubiger auch zukünftigen Schäden entgegenzuwirken hat[453]. Zweitens sei es schließlich Ziel der Vorschrift Schaden zu vermeiden, daher sollten Maßnahmen zur Schadensabwehr dann vorgenommen werden, wenn die Partei, die sich auf die Vertragsverletzung beruft, diese und den daraus zu entstehen drohenden Schaden vorhersieht[454]. Insbesondere im Falle einer offensichtlich bevorstehenden wesentlichen Vertragsverletzung kann dem Gläubiger nicht zugemutet werden das Erfüllungsdatum abzuwarten, um dann erst den Vertrag aufzuheben und Maßnahmen zur Schadensminderung vorzunehmen[455]. Gleichwohl ist zu beachten, dass grundsätzlich Art. 71 und 72 CISG die Rechte des Gläubigers bei einem bevorstehenden Vertragsbruch durch die andere Partei regelt und, dass diese Vorschriften lediglich Rechte aber keine Pflichten für den Gläubiger beinhalten. D.h. der Gläubiger ist nicht verpflichtet seine Pflichten auszusetzen, wenn sich nach Vertragsschluss herausstellt, dass die andere Partei einen wesentlichen Teil ihrer Pflichten nicht erfüllen wird[456]. Ebenso ist der Gläubiger nicht verpflichtet die Vertragsaufhabung im Falle einer bevorstehenden wesentlichen Vertragsverletzung zu erklären[457]. Man geht daher davon aus, dass im Falle eines antizipierten Vertragsbruches die Art. 71 und 72 CISG Vorrang haben und wenn der Gläubiger diesen Regeln nicht folgt, d.h. er verweigert die Erfüllung nicht und hebt den Vertrag nicht auf, und verlangt weiterhin Erfüllung von der anderen Partei, dass er dann seine Obliegenheit nach Art. 77 CISG verletzt[458].

[452] Vgl. nur *Bianca/Bonell/Knapp*, CISG, Art. 77, Bem. 3.11; *Schlechtriem/Schwenzer/Stoll /Gruber*, CISG, Art. 77, Rn. 1.
[453] *Schlechtriem/Stoll*, CISG (3. Auflage), Art. 77, Rn. 1.
[454] *Bianca/Bonell/Knapp*, CISG, Art. 77, Bem. 3.11.
[455] *Bianca/Bonell/Knapp*, CISG, Art. 77, Bem. 3.12.
[456] Art. 71 Abs. 1 CISG: "Eine Partei kann…".
[457] Art. 72 Abs. 1 CISG. "..., so kann die andere Partei...".
[458] *Bianca/Bonell/Knapp*, CISG, Art. 77, Bem. 3.12.

## D. Angemessene Maßnahmen zur Schadensabwehr

Nach Art. 77 CISG hat die Partei, die sich auf die Vertragsverletzung beruft, alle den Umständen nach angemessenen Maßnahmen zur Verringerung des Schadens zu treffen. Welche Maßnahmen im Einzelfall zur Verhütung und Geringhaltung des Schadens „angemessen" sind, bestimmt sich wiederum nach dem Maßstab des Art. 8 CISG. Entscheidend ist demnach, was ein vernünftiger Gläubiger in der Lage des Ersatzberechtigten getan oder unterlassen hätte[459]. Dabei können Handelsbräuche und Gepflogenheiten eine Rolle spielen. Generell wird vom Gläubiger aber kaum zu erwarten sein außerordentliche, mit hohem Risiko und großen Kosten verbundene, Maßnahmen zu ergreifen[460]. Die schadensmindernden Maßnahmen können somit vielfältigster Art sein. Ob der Schadensersatzgläubiger durch sein Verhalten gegen seine Schadensminderungspflicht verstoßen hat, wird daher jeweils im konkreten Einzelfall zu entscheiden sein.

### 1. Maßnahmen des verletzten Käufers

Aus der Rechtsprechung sind folgende angemessene Maßnahmen eines vertragsverletzten Käufers bekannt: Einen anderen Herstellers anzuweisen die Lieferung bereits bestellter Kompressoren zu beschleunigen, um andere fehlerhafte Kompressoren beim Käufer auszutauschen[461]. Im Falle des Lieferverzugs zunächst den eigenen Kohle Vorrat aufzubrauchen[462]. Seinen eigenen Abnehmer vorzuschlagen die saisonale Ware trotz Lieferverzugs des Verkäufers mit 10% Preisabschlag anzunehmen[463]. Leicht verderbliche Ware zu verkaufen obwohl nicht gemäß Art. 85 bis 88 CISG dazu verpflichtet zu sein[464].
Es gibt aber auch Fälle, in denen der Käufer es versäumt hat seinen Schaden möglichst gering zu halten. Etwa kann von dem Käufer verlangt werden die Ware zu untersuchen, bevor er sie zur eigenen Produktion weiterverwendet[465]. Dar-

---

459 *Staudinger/Magnus*, CISG, Art. 77, Rn. 10; *Bamberger/Roth/Saenger*, CISG, Art. 77, Rn. 3; MünchKommHGB/*Mankowski*, Art. 77, R. 10.

460 *Schlechtriem/Schwenzer/Stoll/Gruber*, CISG, Art. 77, Rn. 7. Ähnlich auch die australische Gerichtsentscheidung *Downs Investments Pty Ltd. vs. Perjawa Steel* SDN BHD (2000) QSC 421. Abrufbar im Internet: www.cisg.law.pace.edu/cases/001117a3.html.

461 *Delchi vs. Rotorex*, United States Court of Appeals for the Second Circuit, 06.12.1995, Doc. Nos. 95-7182, 95-7186 = www.law.pace.cisg.edu/cases/951206u1.html = CISG-Online 140.

462 ICC Arbitration Award No. 8740, October 1996, Unilex 462.

463 ICC Arbitration Award No. 8786, Januar 1997, Unilex 463.

464 ICC Arbitration Award No. 7197, 1992, Unilex 37 = SZIER 1996, S. 57f.

465 OLG Köln, 21.08.1997, CLOUT No. 284 = CISG-Online 290.

über hinaus hat er die Verwendung der Ware bei bekannt werden ihrer Fehlerhaftigkeit einzustellen[466]. In einem weiteren Fall wurde der Schadensersatzanspruch des Käufers nicht anerkannt, weil die Maßnahme nicht den Schaden verringerte. Dem Käufer wurden die Kosten für die Übersetzung der Betriebsanleitung für Videorekorder versagt, weil der Verkäufer als internationales Unternehmen diese in der jeweils benötigten Landessprache ohnehin im Bestand hatte, eine eigens angefertigte Übersetzung des Käufers somit nicht nötig gewesen wäre[467].

Schließlich gibt es aber auch Fälle, in denen das Absehen von Maßnahmen auch nicht zur Verletzung der Obliegenheit zur Schadensminderung führte. So mag zwar grundsätzlich gelten, dass sowohl für den Käufer als auch für den Verkäufer, dort wo es üblich und möglich ist, insbesondere bei Gattungsware, die Obliegenheit darin besteht, rechtzeitig ein Deckungsgeschäft vorzunehmen[468]. Diese Obliegenheit geht jedoch nicht soweit, dass eine Partei gezwungen werden kann, ihrerseits gegenüber Dritten (insbesondere ihrem Abnehmer) vertragsbrüchig zu werden. In einem Fall, den das LG Braunschweig zu entscheiden hatte, waren die Mehrkosten für den Deckungskauf höher als die Vertragsstrafe, die der nicht belieferte Käufer mit seiner Abnehmerin vereinbart hatte. Das Gericht sprach dem Käufer die vollen Mehrkosten für den Deckungskauf als Schadensersatz zu; seine Schadensminderungspflicht verpflichte ihn nicht, gegenüber seinem Abnehmer vertragsbrüchig zu werden, nur weil die vereinbarte Vertragsstrafe niedriger sei als die Mehrkosten für den Deckungskauf[469].

## 2. Maßnahmen des verletzten Verkäufers

Wie bereits erwähnt, kann auch vom Verkäufer erwartet werden den Umständen entsprechend die Ware an einen Dritten weiterzuverkaufen, um seinen Schaden

---

[466] BGHZ 141, S.129 (135) = DB 1999, S. 1442 (1443) = JZ 1999, S. 791 (793), m. Anm. *Schlechtriem*, S. 794f = NJW 1999, S. 2440 (2441); TranspR-IHR 1999, S. 35 (37) wo das Auftragen von Schutzwachs zu Verbrennungen und Wuchsschäden an den Rebstöcken führte. Die Weiterverwendung des Wachses nach Kenntnis seiner schädlichen Wirkung verstößt gegen Art. 77 CISG. Den aus der Weiterverwendung entstandenen Schaden hat der Käufer wohl selbst zu tragen, außer der Verkäufer hat durch eigene Erklärungen, Zusicherungen oder Beschwichtigungen Anlass zur Weiterverwendung gegeben. Vgl. *Staudinger/Magnus*, CISG, Art. 77, Rn. 11.

[467] LG Darmstadt, 09.05.2000, CISG-Online 560.

[468] OLG Hamm, 22.09.1992, Unilex E. 1992-18 = CISG-Online 57; OLG Celle, 02.09.1998, IHR 2001, S. 107 (108) = CISG-Online 506.

[469] LG Braunschweig, 30.07.2001, (unveröffentlicht) abrufbar im Internet: www.cisg.law.pace.edu/cases/010730g1.html.

möglichst gering zu halten[470]. Soweit ein Weiterverkauf nicht in Frage kommt, etwa weil es sich um eine Sonderanfertigung für den Käufer handelt, kommt eine Demontage und Weiterverkauf in Einzelteilen der Maschine in Betracht[471] Letztlich kann auch die Aufhebung des Vertrages eine adäquate Schadensminderungsmaßnahme sein[472].

Für nicht angemessen hat die Rechtssprechung folgende Massnahmen des verletzten Verkäufers erachtet: Das Ziehen einer Bankgarantie vor Vertragsaufhebung[473] oder den Weiterverkauf der Ware an einen Dritten zu einem niedrigeren Preis als den, den der Käufer während den Nachverhandlung zu zahlen bereit war[474]

## E. Rechtsfolgen bei Verletzung der Schadensminderungspflicht

Die Rechtsfolge ist in Art. 77 S. 2 CISG zwar als Anspruch formuliert („...kann...verlangen..."), der Sache nach, zumindest nach deutschem Prozessrecht, ist sie aber eine anspruchsausschließende Einwendung, die von Amts wegen zu berücksichtigen ist[475].

Soweit der Geschädigte den Eintritt oder die Ausweitung des Schadens durch angemessene Maßnahmen hätte verringern können, ist sein Ersatzanspruch vollständig ausgeschlossen[476]. Das CISG folgt hiermit dem im anglo-

---

470 OLG Düsseldorf, 14.01.1994, CISG-Online 119; Internationales Schiedsgericht der Bundeskammer der gewerblichen Wirtschaft Wien, 15.06.1994, CISG-Online 121 = Unilex No. 55, wonach ein Weiterverkauf des Verkäufers nicht nur gerechtfertigt, sondern auch zwingend nach Art. 77 CISG sein kann.

471 Handelsgericht St. Gallen, 03.12.2002, SZIER 2003, S. 104 = CISG-Online 727.

472 OLG München, 08.02.1995, CISG-Online 143 wonach der Verkäufer bei Abnahmeverzug des Käufers nach Art. 77 CISG verpflichtet sei, zur Vermeidung eines Gewinnverlustes den Vertrag nach Nachfristsetzung gem. Art. 61 I lit. a), 63, 64 CISG aufzuheben. Kritisch hierzu *Schlechtriem/Schwenzer/Stoll/Gruber*, CISG, Art. 77, Fn. 7.

473 OLG München, 08.02.1995, CISG-Online 143.

474 Tribunal Supremo (Spanien), 28.01.2000, englische Übersetzung im Internet unter: www.cisg.law.pace.edu/cases/000128s4.html.

475 BGHZ 141, S. 129 (135) = JZ 1999, S. 791 (793) m. Anm. *Schlechtriem*, JZ 1999, S. 794ff. *Schlechtriem/Schwenzer/Stoll/Gruber*, CISG, Art. 77, Rn. 12. A.A. *Schlechtriem*, UN-Kaufrecht, Rn. 316: Einrede, die nur auf „Verlangen" zu berücksichtigen sei.

476 Vgl. *Enderlein/Maskow/Strohbach*, CISG, Art. 77, Rn. 5; zur Berechnung des Schadens siehe auch die Beispiele bei *Bianca/Bonell/Knapp*, CISG, Art. 77, Bem. 2.12. Eine Minderung im Ergebnis auf Null hat auch das OLG Köln in einem Fall angenommen, in dem die Käuferin Aluminiumhydroxid in einem Silo eingelagert hatte, in dem sich schon mangelhaftes Aluminiumhydroxid befand; die anschließende Verwendung des Aluminiumhydroxids in der

amerikanischen Recht[477] verbreiteten und auch in einigen kontinentaleuropäischen Rechtsordnungen[478] anerkannten Gedanken, dass ein für den Geschädigten vermeidbarer Folgeschaden nicht ersatzwürdig ist (Ausschlussprinzip). Eine Quotenteilung wie im deutschen Recht nach § 254 BGB erfolgt nicht[479]. Insbesondere kommt es nicht auf ein Verschulden der Parteien an[480]. Wenngleich der praktische Unterschied zum nationalen deutschen Recht eher gering sein dürfte. Zum einen weil die nach Art. 77 CISG anzusetzende „Angemessenheit" mit der objektivierten „Fahrlässigkeit" aus § 276 I S. 2 BGB weitestgehend identisch ist[481]. Zum anderen weil auch der überwiegende Teil der deutschen Rechtsprechung und Literatur dazu übergegangen ist in den Fällen des § 254 II S. 1 BGB, entgegen dem allgemein verankerten Quotenteilungsgedanken, den vermeidbaren Mehrschaden dem Geschädigten aufzuerlegen[482].

## XI. Zinsen

### A. Einführung

Art. 78 CISG enthält eine Zinsregelung, die allgemein dafür bekannt ist, dass sie mehr Fragen aufwirft, als sie beantwortet. Weil sich die Delegierten weder im Vorfeld noch auf der Abschlusskonferenz selbst auf eine bestimmte Zinshöhe einigen konnten, legt Art. 78 CISG, als Kompromisslösung, um ein Scheitern der Konferenz zu verhindern[483], zwar die Verzinsungspflicht des Kaufpreises an sich und anderer Geldansprüche ab Fälligkeit[484] fest, schweigt aber zur Höhe des Zinssatzes. Die Fälligkeit ist damit die einzige Voraussetzung, die das CISG an

---

Glasproduktion der Käuferin hatte zu Schäden geführt, OLG Köln, 21.08.1997, CISG-Online 290; JMBl. NW 1998, S. 76f.

477 Zur anglo-amerikanischen „Avoidable Loss" Regelung siehe *Looschelders*, § 4 V 6.

478 So die Praxis in Österreich, Italien und Frankreich; siehe *Looschelders*, Fn. 626 m.w.N.

479 Dies ist in der Literatur allgemein anerkannt, vgl. statt vieler *Schlechtriem/Schwenzer/Stoll/Gruber*, CISG, Art. 77, Rn. 12.

480 *Schlechtriem/Schwenzer/Stoll/Gruber*, CISG, Art. 77, Rn. 2.

481 Zu den Gemeinsamkeiten zwischen dem Angemessenheitserfordernis des Art. 77 CISG und dem Fahrlässigkeitserfordernis des § 254 BGB *Heilmann*, Mängelgewährleistung, S. 613, 618.

482 *Looschelders*, § 5 I m.w.N.

483 *Schlechtriem*, JZ 1988, S. 1037 (1047); *Honnold*, Rn. 421 maßgeblich waren die divergierenden politischen und kommerziellen Interessen sowie das generelle Zinsverbot der islamischen Staaten. Weitere Einzelheiten zur Entstehungsgeschichte bei *Mazzotta*, CISG Art. 78: Endless Disagreement amongst commentators, much less amongst courts, abrufbar im Internet unter www.cisg.law.pace.edu/cisg/biblio/mazzotta78.html (englischer Text).

484 Art. 78 CISG lautet: „Versäumt eine Partei, den Kaufpreis oder einen anderen fälligen Betrag zu zahlen, so hat die andere Partei für diese Beträge Anspruch auf Zinsen, unbeschadet eines Schadensersatzanspruches nach Art. 74."

die Verzinsung von Ansprüchen stellt. Die überaus relevante Frage, welcher Zinssatz dem Zinsanspruch zugrunde zu legen sei, beschäftigt die internationale Rechtsprechung und die Literatur seitdem wie kaum ein anderes Thema im CISG. Darüber hinaus ist umstritten, welche Ansprüche mit „*anderen* Geldansprüchen" gemeint sind und ob die Verzinsung von Schadensersatzforderungen auch hierunter fällt[485].

## B. Selbständigkeit des Zinsanspruches

Wie bei jeder Pflichtverletzung ist der Gläubiger auch schadensersatzberechtigt, wenn die geschuldete Zahlung nicht rechtzeitig erbracht wird. Gleichwohl kommt der Zinszahlungspflicht nach Art. 78 CISG gegenüber einem Schadensersatzanspruch eigenständige Bedeutung zu. Das ergibt sich zum einem aus der systematischen Stellung des Art. 78 CISG, der sich gegenüber den Art. 74 bis 77 CISG in einem eigenen Abschnitt befindet. Zum anderen zeigt auch der Wortlaut des Art. 78 HS. 2 CISG, dass der Schadensersatzanspruch nach Art. 74 CISG unberührt bleibt. Dies hat zur Folge, dass der Zinsanspruch nicht den Voraussetzungen eines Schadensersatzanspruches unterliegt. Der Ersatzberechtigte kann also Zinsen auch dann beanspruchen, wenn dem Ersatzpflichtigen die Befreiung der Schadensersatzpflicht nach Art. 79 CISG gelingt. Die Selbständigkeit des Zinsanspruches hat weiterhin zur Folge, dass der Gläubiger Zinsen auch dann geltend machen kann, wenn er einen vergleichbaren Schaden als Folge der verzögerten Zahlung nicht hat oder nicht nachweisen kann[486].

## C. Verzinsung von Kaufpreis und anderen fälligen Beträgen

Art. 78 CISG ist anzuwenden auf den fälligen[487] Kaufpreis, sowie andere fällige[488] Beträge. Die Fälligkeit des Kaufpreises richtet sich nach dem Vertrag oder ohne besondere Vereinbarung nach Art. 58 CISG. Bei Rückzahlungsansprüchen gilt die spezielle Vorschrift des Art. 84 I CISG. Als andere fällige Beträge kommen in Betracht Aufwendungen, die nach dem Vertrag oder nach Art. 85 S.

---

[485] Eingehend zur Zinsproblematik im CISG *Liu,* Recovery of Interest, Nordic Journal of Commercial Law of the University of Turku, Finland, Issue 2003 # 1, auch abrufbar im Internet unter: http://www.njcl.utu.fi.

[486] *Piltz,* Internationales Kaufrecht, Rn. 408f.

[487] Obwohl sich der Wortlaut der Norm auch so verstehen lässt, dass sich die Fälligkeit nur auf „andere Beträge" bezieht, gilt dies auch für den Kaufpreis, der ebenfalls erst ab Fälligkeit zu verzinsen ist. Vgl. *Staudinger/Magnus,* CISG, Art. 78, Rn. 9.

[488] Aufwendungsersatzansprüche werden mit Entstehung fällig, siehe *Herber/Czerwenka,* Internationales Kaufrecht, Art. 78, Rn. 3. Ab wann Schadensersatzforderungen zu verzinsen sind, siehe folgendes Kap. 3.10.4.

2, 86 I. S. 2, III S. 3 CISG geschuldet werden, Kosten der Nachbesserung durch den Verkäufer (Art. 48 I CISG), ein herauszugebender Überschuss aus einem Selbsthilfeverkauf (Art. 88 III CISG)[489] oder der zurückzuzahlende Teil des bereits geleisteten Kaufpreises bei Minderung (Art. 50 CISG)[490].

## D. Verzinsung von Schadensersatzforderungen?

Umstritten ist allerdings, ob mit der Formulierung „andere Geldbeträge" auch Schadensersatzansprüche gemeint sind. Einig ist man in der Literatur über die Verzinsung von Schadensersatzansprüchen zumindest dann, wenn der Betrag bei Fälligkeit in der Summe feststeht und nicht erst noch, etwa im Wege richterlicher Schadensschätzung, festgesetzt werden muss[491]. Uneinigkeit herrscht jedoch hinsichtlich der Zinspflicht unbestimmter Schadensersatzforderungen. Die eigentliche Frage lautet daher nicht, ob Schadensersatzforderungen grundsätzlich nach Art. 78 CISG verzinsbar sind, sondern ob auch unbestimmte Schadensersatzforderung der Zinspflicht unterliegen, bzw. ab wann solche im Sinne von Art. 78 CISG fällig sind.

Die Rechtsprechung ist in dieser Hinsicht wenig aufschlussreich. Einige Gerichte haben die Verzinsung von Schadensersatzansprüchen zwar bejaht, ohne dies jedoch näher zu begründen[492]. In der Literatur ist man hingegen der Ansicht, dass ein der Summe nach nicht feststehender Betrag auch nicht fällig werden könne. Dies sei aber bei Schadensersatzansprüchen der Fall, weil sie nicht auf Zahlung einer festen Summe, sondern den Ersatz eines bestimmten Wertes gerichtet seien, daher seien Schadensersatzansprüche auch erst dann fällig, wenn sie der Höhe nach festgelegt („liquidated") sind[493]. Aus dem Wortlaut der Norm kann eine solche Ansicht aber nicht eindeutig abgeleitet werden; denn die For-

---

489 *Staudinger/Magnus*, CISG, Art. 78, Rn. 7.

490 *Soergel/Lüderitz/Dettmeier*, CISG, Art, 78, Rn. 3; *Piltz*, UN-Kaufrecht, Rn. 313.

491 *Achilles*, CISG, Art. 78, Rn. 3; *Bianca/Bonell/Knapp*, CISG, Art. 78, Bem. 3.1; *Enderlein/Maskow/Strohbach*, CISG, Art. 78, Rn. 4.2; *Honnold*, Rn. 422; *Soergel/Lüderitz/Dettmeier*, CISG, Art. 78, Rn. 3; *Staudinger/Magnus*, CISG, Art. 78, Rn. 8; *Brunner*, CISG, Art. 78, Rn. 1; MünchKommBGB/*Huber*, Art. 78, Rn. 4; MünchKomm/*Ferrari*, Art. 78, Rn. 3.

492 Siehe *Delchi Carrier v. Rotorex Corp.*, 1994 WL 495787 (1994); Schiedsgericht der Bundeskammer der gewerblichen Wirtschaft Wien, 15.06.1994, CISG-Online 121 = Unilex No. 55; Handelsgericht des Kantons Zürich, 05.02.1997, SZIER 1998, S. 75 (77) = Unilex E. 1997-4.1.

493 *Achilles*, CISG, Art. 78, Rn. 3; *Honnold*, Rn. 422 nur „liquidated sums"; *Staudinger/Magnus*, CISG (Auflage 1999), Art. 78, Rn. 8 Zinspflicht nur für Schadensersatzansprüche, die auf eine bestimmte, der Höhe nach nicht „ernstlich" streitigen Summe lauten; *Enderlein/Maskow/ Strohbach*, CISG, Art. 78, Rn. 4.2.

derung nach einem „fälligen Betrag" („sum that is in arrears", „somme due") spricht zwar einerseits für das Bestehen einer bei Fälligkeit festgelegten Summe, aber andererseits ist auch das Begehren von Schadensersatz die Forderung eines „Betrages", selbst wenn dieser noch nicht summenmäßig festgemacht ist. Verletzt eine Partei den Vertrag, so ist sie der vertragstreuen Partei zum Ersatz des hieraus resultierenden Schadens verpflichtet. Tut sie dies nicht, so kann dieser Schaden bzw. der „Betrag" des Schadens als „fällig" betrachtet werden. Schließlich ist aber auch der Entstehungsgeschichte nicht einwandfrei zu entnehmen, ab wann Schadensersatzansprüche nach Art. 78 CISG an zu verzinsen sind, da dieses Problem niemals auf der Konferenz angesprochen wurde[494]. Richtigerweise unterfallen aber mit der inzwischen wohl h.M. auch unbestimmte Schadensersatzforderungen der Verzinsungspflicht nach Art. 78 CISG. Zinsen werden demnach auch für Zeiträume geschuldet, in denen der Anspruch bereits bestanden hat, seine genaue Höhe aber noch nicht festgelegt war[495].

## E. Höhe des Zinssatzes

### 1. Problemdarstellung

Wie Eingangs bereits erwähnt, enthält Art. 78 CISG lediglich einen Anspruch auf Zinsen. Über die Höhe des anzuwendenden Zinssatzes schweigt die Vorschrift hingegen. Haben sich die Parteien also nicht durch Vertrag oder Handelsbrauch auf einen Zinssatz festgelegt, liegt offenbar eine Lücke in der Konvention vor. Art. 7 II CISG sieht in diesem Fall zwei Lösungswege der Lückenfüllung vor: Entweder ist über Fragen, die in diesem Übereinkommen nicht ausdrücklich geregelt sind, autonom nach den „allgemeinen Grundsätzen" die dem CISG zugrunde liegen (1 Alt.) zu entscheiden oder aber, mangels solcher Grundsätze, nach dem jeweils nationalen Recht, welches nach den Regeln des IPR anzuwenden ist (2 Alt.). Welchem Lösungsansatz zu folgen ist, ist in der Literatur und Rechtsprechung streitig. Die Debatte ist von enormer praktischer

[494] *Thiele*, Interest on Damages and Rate of Interest under Art. 78, 2 Vindobona J. of Intern. Comm. L. and Arb. (1998), sub. III. B. 4.

[495] *Herber/Czerwenka*, Internationales Kaufrecht, Art. 78, Rn. 2; nunmehr ebenso unter Aufgabe seiner bisherigen Ansicht *Staudinger/Magnus*, CISG, Art. 78; Rn. 8; ders. *Honsell/Magnus*, CISG, Art. 78, Rn. 5; *Brunner*, CISG, Art. 78, Rn. 13; MünchKomm/*Ferrari*, Art. 78, Rn. 3; *Schlechtriem/Schwenzer/Bacher*, CISG, Art. 78, Rn. 10; *Witz/Salger/Lorenz*, CISG, Art. 78, Rn. 5; *Soergel/Lüderitz/Dettmeier*, CISG, Art. 78, Rn. 3; *Thiele*, Interest on Damages and Rate of Interest under Art. 78, 2 Vindobona J. of Intern. Comm. L. and Arb. (1998), sub. III. B. 6; *Bonsau/Feuerriegel*, IPRax 2003, S. 423; *Ferrari*, IHR 2003, S. 154.

Relevanz, da fast immer entweder der ausstehende Kaufpreis plus Zinsen oder Schadensersatz plus Zinsen eingeklagt werden.

## 2. sog. Einheitslösungen

In der Literatur und Rechtsprechung gibt es mehrere Lösungsvorschläge, die allesamt das Ziel haben, einen einheitlichen Zinssatz zu finden. Diese sog. Einheitslösungen beruhen auf der Grundlage des Art. 7 II Alt. 1 CISG und beabsichtigen die Lücke anhand allgemeiner Grundsätze und vor allem mit den immanenten Mitteln des CISG selbst zu füllen[496]. Voraussetzung hierfür ist allerdings, dass ein für alle Vertragsstaaten einheitliches Kriterium gefunden wird und genau hieran sind sämtliche Bemühungen bislang gescheitert. So finden sich zahlreiche Vorschläge, die wahlweise auf das Recht der Niederlassung des Gläubigers[497] oder der Niederlassung des Schuldners[498], oder auf das Recht des Zahlungsortes[499] sowie auf die vereinbarte Währung der Hauptforderung[500] ab-

---

[496] „...L'esprit de la convention n'est pas de recourir aux conflits de lois", *Audit*, Vente internationale, S. 171.

[497] Vgl. die Schiedssprüche des Internationalen Schiedsgerichts der Bundeskammer der gewerblichen Wirtschaft in Wien, SCH-4366 und SCH-4318, 15.06.1994, RIW 1995, S. 590 (591). Im Ergebnis auch *Brunner*, CISG, Art. 78, Rn. 12; *Thiele*, Interest on Damges and Rate of Interest under Art. 78, 2 Vindobona J. of Intern. Comm. L. and Arb. (1998), für den Fall, dass der Gläubiger an seinem Geschäftssitz Gelder aufnehmen musste. Ansonsten ist auf den durchschnittlichen Zinssatz des Landes der Zahlungswährung abzustellen; *Neumayer*, RIW 1994, S. 99 (106). Auf den Gläubigerort stellt letztlich auch Art. 7.4.9 Abs. 2 der UNIDROIT-Prinzipien ab: „Der Zinssatz ist der durchschnittliche Bankensatz für kurzfristige Kredite an erstklassige Kreditnehmer, der für die Zahlungswährung am Zahlungsort gilt oder, wenn es einen solchen Zinssatz dort nicht gibt, der gleiche Satz im Staat der Zahlungswährung. Gibt es einen solchen Satz an beiden Orten nicht, so ist der Zinssatz derjenige angemessene Satz, den das Recht des Staates der Zahlungswährung festlegt". Der Zahlungsort entspricht nach Art. 57 CISG dem Gläubigerort. Vgl. auch *Brunner*, a.a.O.

[498] Kantonsgericht Waadt, 11.03.1996, SZIER 1998, S. 82 (83) = TranspR-IHR 1999, S. 12 = Unilex E. 1996-3.2.2; Präsidium Bezirksgericht St. Gallen, 03.07.1997, SZIER 1998, S. 84 (85) die Höhe der Verzugszinsen bestimmte das Gericht zwar in Übereinstimmung mit der herrschenden Rechtsprechung nach der kollisionsrechtlichen Methode (s.u.), erwähnte aber beiläufig die Möglichkeit, die Zinshöhe nach dem Recht am Ort der Niederlassung des Schuldners zu bestimmen, „weil dieser durch die unterbliebene Kaufpreiszahlung vom zurückgehaltenen Kapital profitieren konnte"; siehe auch *Honsell/Weber*, CISG, Art. 84, Rn. 9; *Witz/Salger/Lorenz*, CISG, Art. 78, Rn. 9; *Bamberger/Roth/Saenger*, CISG, Art. 78, Rn. 5.

[499] Rechtsbank Almelo, 09.08.1995, Nederlands International Privatrecht (NIPR) 1995 Nr. 520 = Unilex 155 ; KantonsG Nidwalden, SZIER 1998, S. 81; ICC Schiedsspruch Nr. 8128/1995, JDI 1996, S. 1024 (1027).

[500] Schiedsgericht der Ungarischen Handelskammer, 05.12.1995, Unilex E. 1995-29. Auch *Schlechtriem/Schwenzer/Bacher*, CISG, Art. 78, Rn. 33 hält diesen Vorschlag für vorzugswürdig.

stellen. Auch eine analoge Anwendung des Art. 76 CISG findet sich unter den Vorschlägen[501], und schliesslich hat ein amerikanisches Gericht versucht, sich im Prozess auf einen „vernünftigen" (reasonable) Zinssatz zu einigen[502].

Der Sache nach beruhen die einzelnen Vorschläge auf dem Versuch, den Zinsanspruch an sich als Mindest-Schadensersatz oder auch als Vorteilsausgleich bzw. abzuschöpfende Bereicherung einzuordnen. Entweder soll der Gläubiger „Schadensersatz" dafür erhalten, dass er in seinem Land einen Kredit zur Überbrückung aufnehmen musste, oder aber der Schuldner soll dem Gläubiger einen Ausgleich dafür schulden, dass er während der fraglichen Zeit das Kapital im eigenen Land nutzen bzw. anlegen konnte[503]. Gegen diesen Lösungsansatz spricht aber schon die eigenständige systematische Stellung der Vorschrift im CISG, die es prinzipiell verbietet eine andere funktionelle Zuordnung vorzunehmen[504]. Darüber hinaus würde sich eine ebenfalls umstrittene Anschlussfrage stellen, nämlich welcher im Währungsstaat geltende Zinssatz maßgeblich sein soll[505]. Deshalb sei nach einer weiteren Auffassung zufolge auch auf einen international einheitlichen Zinssatz, etwa in Gestalt des LIBOR (London Inter Bank Offered Rate) zurückzugreifen[506]. Es ist aber offensichtlich, dass sich den der Konvention zugrundeliegenden allgemeinen Prinzipien (Art. 7 II Alt. 1 CISG) nicht die Bestimmung eines konkreten, international einheitlichen Zinssatzes entnehmen lassen; vielmehr liegt darin gerade die bewusst offen gelassene Regelungslücke, deren Ausfüllung durch einen bestimmten Zinssatz sich

---

501 *Corterier*, ZfRV 2003, S. 43ff..

502 *Zapata Hermanos Sucesores, S.A. v. Hearthside Baking Co.*, 2001 U.S. Dist. LEXIS 15191 sowie 2001 WL 1000927 (N.D. III). "reasonable" Zinssatz. Das hier einschlägige "Memorandum opinion and judgement order" vom 18.07.2001 ist im Internet unter www.cisg.law.pace.edu/cases/010718u1.html abrufbar.

503 Allgemein zur rechtlichen Einordnung des Zinsanspruches im internationalen Wirtschaftsrecht, *Berger*, RabelsZ 1997, S. 313 (316f.).

504 *Piltz*, Internationales Kaufrecht, § 5, Rn. 414; *Reinhart*, IPRax 1991, S. 376 (379).

505 In Betracht kommen „Leitzinssätze" der Notenbank oder aber irgendwelche Kapitalmarktzinsen. In Anlehnung an den in Art. 7.4.9 Abs. 2 der UNIDROIT-Prinzipien gefundenen Lösungsansatz, schlägt *Berger* vor, man sollte sich an den durchschnittlichen Zinssätzen für kurzfristige Kredite an erstklassige Kreditnehmer (prime borrowing rate) orientieren. Dieser Zinssatz sei wirtschaftlich vernünftig und erfülle damit zugleich die in internationalen Gerichtsverfahren so wichtige Abschreckungsfunktion im Hinblick auf Verzögerungstaktiken. So *Berger*, RabelsZ 1997, S. 313 (340).

506 ICC Schiedsspruch Nr. 6653/1993 = JDI 1993, S. 1040 (1046) = Unilex E. 1993-1; *Audit*, Vente internationale, S. 171; *Witz/Salger/Lorenz*, CISG, Art. 78, Rn. 9, hält diese Lösung zumindest unter dem Gesichtspunkt der Rechtssicherheit und dem Gedanken der einheitlichen Anwendung der Konvention für am meisten dienlich, räumt ihrer Durchsetzung aber gleichsam wenig Chancen ein.

dann im offenen Widerspruch zur Nichtregelung durch den Normgeber setzt[507]. Schließlich sprechen schon allein die Vielzahl der vorgeschlagenen Lösungsansätze und die Tatsache, dass eine Einheitslösung weder auf der Konferenz noch in der internationalen Gerichtspraxis und auch nicht in der Literatur gefunden werden konnten dafür, dass eine Lösung auf Grundlage allgemeiner Rechtsgrundsätze als gescheitert gelten muss[508].

### 3. sog. IPR-rechtliche Lösung

Mittlerweile zieht aber nicht nur die deutsche obere Rechtsprechung[509], sondern auch ein Grossteil der internationalen Gerichte[510], sowie der ganz überwiegende Teil in der Literatur[511] durchgehend das nach den nationalen Kollisionsregeln anwendbare Recht, in der Regel das nach dem Vertragsstatut, zur Bestimmung der Zinshöhe heran[512]. Die innerhalb der Befürworter der IPR-Lösung vereinzelt vertretene Auffassung, abweichend von der Anknüpfung an das Vertragsstatut,

---

[507] *Witz/Salger/Lorenz*, CISG, Art. 78, Rn. 9. Allerdings mag es in einigen Branchen üblich sein, dass in US-Dollar zu erfüllende rückständige Zahlungen mit dem Satz der „prime-rate" oder eben nach dem LIBOR zu verzinsen sind. Vgl. auch *Piltz*, NJW 1994, S. 1101 (1105).

[508] *Roßmeier*, RIW 2000, S. 407 (414).

[509] So OLG Düsseldorf, 22.07.2004, CISG-Online 916; OLG Karlsruhe, 20.07.2004, CISG-Online 858 = IHR 2004, S 246ff.; OLG Köln, 13.11.2000, CISG-Online 657; OLG München, 11.03.1998, CISG-Online 310; OLG Hamm, 05.11.1997, CISG-Online 381; OLG Koblenz, 31.01.1997, CISG-Online 256; OLG Rostock, 27.07.1995, CISG-Online 209; OLG Celle, 24.05.1995, CISG-Online 152, OLG Düsseldorf, 10.02.1994, CISG-Online 115; OLG Frankfurt a.M., RIW 1994, S. 240 (241).

[510] ICC Schiedsspruch Nr. 7153/1992, JDI 1992 S. 1005 (1007) = Unilex E. 1992-1; ICC Schiedsspruch Nr. 7197/1992, JDI 1993, S. 1028 (1033f.). **Belgien**: Rechtsbank van Koophandel Hasselt, 21.01.1997, Unilex E. 1997-2.1. **Finnland**: Turku Court of Appeal, 12.04.2002, CISG-Online 660. **Italien**: Tribunale di Padova, 31.03.2004, CISG-Online 823 = IHR 2005, S. 33f. **Niederlande**: Hoge Raad, SZIER 1999, S. 202 (203). **Schweiz**: Bundesgericht, 28.10.1998, SZIER 1999, S. 179 (181f.). **USA**: *Delchi Carrier SpA v. Rotorex Corp.*, 06.12.1995, U.S. Court of Appeals 2nd Circuit, 71 F.3d 1024, Internet www.cisg.law.pace.edu/cases/951206u1.html.

[511] *Achilles*, CISG, Art. 78, Rn. 5; *Bianca/Bonell/Nicholas*, CISG, Art. 78, Bem. 2.1; *Enderlein/Maskow/ Strohbach*, CISG, Art. 78, Bem. 2.2; *Herber/Czerwenka*, Internationales Kaufrecht, Art. 78, Rn. 6; MünchKommBGB/*Huber*, Art. 78, Rn. 15; MünchKommHGB/*Ferrari*, Art. 78, Rn. 18; *Soergel/Lüderitz/Dettmeier*, CISG, Art. 78, Rn. 8; *Staudinger/Magnus*, CISG, Art. 78, Rn. 12; *Karollus*, S. 227; *Piltz*, Internationales Kaufrecht, § 5, Rn. 412f, ders. NJW 1994, S. 1105; *Asam/Kindler*, RIW 1989, S. 841; *Behr*, J.L.&Com. 17 (1998), S. 264 (298); *Bonsau/Feuerriegel*, IPRax 2003, S. 424; *Kindler*, IPRax 1996, S. 16 (S. 21); *Magnus*, RabelsZ 53 (1989), S.117 (141); *Roßmeier*, RIW 2000, S. 407 (414).

[512] Selbstverständlich ist das kollisionsrechtlich berufene Recht nur für die Berechnung der Zinshöhe heranzuziehen, nicht jedoch für die Voraussetzungen, unter denen Zinsen gewährt werden.

auf den Niederlassungsort des Schuldners[513] oder aber die Hauptforderungswährung[514] abzustellen hat sich nicht durchgesetzt. In der Sache stellen sich aber dieselben Probleme wie die der oben aufgeführten Einheitslösungsvorschläge[515]. Hinzu kommt, dass die Lösungsansätze nach dem IPR das Ziel eines einheitlichen Zinssatzes aufgeben müssen, da unterschiedliche Staaten mit unterschiedlichen IPR-Regelungen zu unterschiedlichen Ergebnissen kommen müssen. Dennoch wird die mit der kollisionsrechtlichen Lösung verbundene erhebliche Rechtsunsicherheit des so ermittelten Zinssatzes im Interesse einer „nachvollziehbaren" kollisionsrechtlichen Lösung in Kauf genommen[516]. Angesichts der Rechtsunsicherheiten auf diesem Gebiet ist den Parteien dringend zu raten die Zinshöhe selbst zu vereinbaren oder zumindest das dafür maßgebliche Recht festzulegen[517].

Sollte sich die Anwendung des deutschen IPR ergeben, ist zunächst das von den Parteien vereinbarte Recht nach Art. 27 I EGBGB oder mangels einer Vereinbarung im Zweifel[518] das Recht am Sitz des Verkäufers gemäß Art. 28 II EGBGB, das sog. Vertragsstatut maßgeblich. Nach dem Wortlaut des § 32 I Nr. 3 EGBGB ist das Vertragsstatut auch für die Folgen der vollständigen und teilweisen Nichterfüllung der Vertragserfüllung heranzuziehen. Damit unterfallen die Zinsen dem Vertragsstatut, da diese Folge der verspäteten Erfüllung einer Zahlungspflicht sind[519]. Ist deutsches Recht Vertragsstatut, so beträgt derzeit der gesetzliche Zinssatz nach § 288 I bzw. II BGB 5 bzw. 8 Prozentpunkte über dem Basiszinssatz[520], bei beiderseitigem Handelskauf nach §352 HGB 5%. Fehlt im anwendbaren Recht eine Vorschrift über den gesetzlichen Zinssatz, wie in Staaten mit islamischer Rechtsordnung, so geht zwar die Verzinsungsanordnung des Art. 78 CISG vor, doch muss hilfsweise auf andere funktionale Ersatzgrößen[521] und in Ermangelung solcher auf die Kreditkosten im Gläubigerland[522] zurückge-

---

513 *Stoll*, Internationalprivatrechtliche Fragen, FS-Ferid, S. 495 (509f.).

514 *Schlechtriem*, RIW 1995, S. 592 (593). Ebenso die UNIDROIT-Prinzipien, die dies in Art. 7.4.9 Abs. 2 S. 2 als subsidiäre Anknüpfung vorsehen.

515 Eingehend *Königer*, S. 57f.

516 *Berger*, RabelsZ 61 (1997), S. 313 (333).

517 Vgl. nur *Reinhart*, UN-Kaufrecht, Art. 78, Rn. 7; *Roßmeier*, RIW 2000, S. 407 (415); *Ryffel*, S. 87.

518 Diese Vermutung gilt, weil bei einem Kaufvertrag der Verkäufer regelmäßig die charakteristische Hauptleistung erbringt und nicht etwa der nur zur Zahlung und Abnahme verpflichtete Käufer. Vgl. statt aller *Palandt/Heldrich*, BGB, Art. 28 EGBGB, Rn. 3.

519 LG Frankfurt a.M., RIW 1994, S. 780f; LG Köln, RIW 1996, S. 779.

520 Der Basiszins bestimmt sich wiederum nach § 247 BGB.

521 *Herber/Czerwenka*, Internationales Kaufrecht, Art. 78, Rn. 7; *Schlechtriem/Bacher*, CISG, Art. 78, Rn. 34.

522 *Bianca/Bonell/Nicholas*, CISG, Art. 78, Bem. 2.1; *Staudinger/Magnus*, CISG, Art. 78, Rn. 17; a.A. *Soergel/Lüderitz/Dettmeier*, CISG, Art. 78, Rn. 8: niedrigster gemeinsamer Zinssatz.

griffen werden. Die praktische Bedeutung ist aber angesichts des Schadensersatzvorbehaltes gering.

## F. Zinseszinsen im CISG?

Ob das CISG über den normalen Zinsanspruch hinaus auch Zinseszinsen gewährt, ist fraglich. Das CISG enthält keine Vorschrift, welche es verbietet Zinseszinsen zu verlangen[523]. Nach ganz herrschender Auffassung gibt Art. 78 CISG einen Anspruch auf Zinseszinsen jedoch nicht her[524] und versperrt insoweit auch den Rückgriff auf das für die Zinshöhe maßgebliche Recht[525].

---

[523] *Soergel/Lüderitz/Dettmeier*, CISG, Art. 78, Rn. 3.

[524] ICC Arbitration Award No. 8908, September 1997, Unilex 401; ICC Arbitration Award No. 8611, 23.01.1997, Unilex 229; *Enderlein/Maskow/Strohbach*, CISG, Art. 78, Anm. 4.5 stellt auf die Unüblichkeit von Zinseszinsen im internationalen Kaufrecht ab; *Schlechtriem/Schwenzer/Bacher*, CISG, Art. 78, Rn. 40; *Staudinger/Magnus*, CISG, Art. 78, Rn. 5; *Witz/Salger/Lorenz*, CISG, Art. 78 Rn. 11; im Ergebnis auch *Soergel/Lüderitz/Dettmeier*, CISG, Art. 78, Rn. 3. Anders aber Cour d'appel Grenoble, 29.03.1995, CISG-Online 156 = CLOUT No. 153 = www.law.pace.edu/cases/950329f1.html.

[525] *Schlechtriem/Schwenzer/Bacher*, CISG, Art. 78, Rn. 40; a.A. *Schlechtriem*, UN-Kaufrecht, Rn. 318; *Corterier*, ZfRV 2003, S. 43 (50f.); *Staudinger/Magnus*, CISG, Art. 78, Rn. 18 eine Frage des jeweils anwendbaren lex fori.

## Dritter Teil: Haftungsbefreiungen

### I. Haftungsbefreiung nach Art. 79 CISG

#### A. Einführung

Wie bereits erwähnt, haben die Parteien im CISG strikt für die Einhaltung ihrer Vertragspflichten einzustehen („strict liability"). Die vertragsbrüchige Partei kann sich also nicht allein durch den Nachweis entlasten, ihr sei kein Verschulden an der Nichterfüllung vorzuwerfen. Um diese strenge Garantiehaftung notwendigerweise einzuschränken, sieht Art. 79 I CISG die Befreiung der Schadensersatzpflicht vor, wenn die nichterfüllende Partei beweist, dass die Nichterfüllung auf einem außerhalb ihres Einflussbereichs liegenden Hindernisgrund beruht, und dass von ihr vernünftigerweise nicht erwartet werden konnte, den Hindernisgrund bei Vertragsschluss in Betracht zu ziehen oder den Hindernisgrund oder seine Folgen zu vermeiden oder zu überwinden. Art. 79 II CISG regelt darüber hinaus die Haftung auch für Dritte. Doch während die Haftung für Dritte einem wohl in allen Rechtsordnungen enthaltenen Grundsatz entspricht[526], weicht die Regelung in Art. 79 I CISG von vergleichbaren Regelungen im nationalen Recht (z.B. Wegfall der Geschäftsgrundlage, force majeure, eccessiva onerosità sopravvenuta)[527] und anderen Einheitsrechtsprojekten[528] ab. Rechtsprechung bzw. Kommentierung hierzu sollten daher nur mit Vorsicht in das CISG einzubeziehen sein[529].

#### B. Typischer Verantwortungsbereich des Schuldners

Damit der Schuldner sich befreien kann, muss der Hindernisgrund einem Bereich entstammen, der nicht seiner Kontrolle unterliegt („beyond his control")[530].

---

[526] Vgl. § 278 BGB; Art. 101 OR; § 1313 a ABGB; Art. 1228 ital. Cc.; Art. 6: 76 NBW; §2-615 UCC.

[527] Im Unterschied zum CISG setzen die meisten Befreiungstatbestände nicht beim Schadensersatzanspruch als Sekundäranspruch, sondern beim Erfüllungsanspruch an. Siehe dazu im Überblick *Zweigert/Kötz*, Rechtsvergleichung, S. 516ff.

[528] Vgl. Art. 7.1.7 I PICC; Art. 8.108 und 6.111 PECL; sowie Art. 6.2.2. UNIDROIT-Prinzipien.

[529] Eingehende und vergleichende Untersuchung der Haftungsbefreiung im CISG und der UNIDROIT Prinzipien bei *Rimke*, Pace Review of the Convention on Contracts for the International Sale of Goods (1999-2000), S. 197ff.; abrufbar im Internet: www.cisg.law.pace.edu /cisg/biblio/rimke.html.

[530] *Staudinger/Magnus*, CISG, Art. 79, Rn. 18.

Die Norm setzt also einen typischen Verantwortungsbereich des Schuldners voraus, in dem dieser die Möglichkeit hat, durch Organisationsmaßnahmen und Kontrollen[531] Vorbereitung und Durchführung des Vertrags zu sichern, und in dem auch ein entsprechendes Verhalten erwartet werden kann[532]. Darüber hinaus ist fehlende finanzielle Leistungsfähigkeit als Befreiungsgrund grundsätzlich unbeachtlich[533]; zumal wenn die finanzielle Leistungsfähigkeit aus innerbetrieblichen Gründen gestört wird[534]. Hierzu gehört auch die Beschaffung von Devisen[535].

Zu den klassischen Beispielen eines externen Hinderungsgrundes zählen Naturereignisse und -katastrophen (Überschwemmungen, Erdbeben, Seuchen, Sturm, Blitzschlag, Feuer, Dürre, Frost oder Eis[536]), kriegerische Auseinandersetzungen, Aufruhr, staatliche Eingriffe (Importverbote, Boykott, Devisenbeschränkungen), Sabotageakte, Überfälle, Großunfälle und UN-Sanktionen[537]. Diese Hindernisse werden im allgemeinen zur „höheren Gewalt" („force majeure", „Act of God") gezählt. Sie sind unvorhersehbar und fallen grundsätzlich außerhalb des vom Schuldner beherrschten Betriebes[538].

---

[531] LG Freiburg, 22.08.2002, IHR 2003, S. 22f. = CISG-Online 711. Das Gericht war der Ansicht, dass für einen deutschen Händler, der zuvor ein Auto in Italien gekauft hatte, welches sich als gestohlen erwies, eine Auskunft des Kraftfahrtbundesamtes nicht ausreichend sei, da sie sich nur auf Deutschland beziehe und nur auf den deutschen Behörden zugänglichen Informationen beruhe.

[532] *Schlechtriem/Schwenzer/Stoll/Gruber*, CISG, Art. 79, Rn. 14; *Achilles*, CISG, Art. 79, Rn. 5; *Bamberger/Roth/Saenger*, CISG, Art. 79, Rn. 4; MünchKommHGB/*Mankowski*, Art. 79, Rn. 7.

[533] Handelsgericht St. Gallen, 03.12.2002, SZIER 2003, S. 104 = CISG-Online 727; Schiedgericht Handelskammer Hamburg, 21.03.1996, RIW 1996, S. 766 (769) = CISG-Online 187; *Staudinger/Magnus*, CISG, Art. 79, Rn. 18; *Soergel/Lüderitz/Dettmeier*, CISG, Art. 79, Rn. 6,7; *Schlechtriem*, Internationales UN-Kaufrecht, Rn. 289a; *Bamberger/Roth/Saenger*, CISG, Art. 79, Rn. 4; *Brunner*, CISG, Art. 79, Rn. 10; MünchKommHGB/*Mankowski*, Art. 79, Rn. 27; *Ryffel*, S.105.

[534] *Honsell/Magnus*, CISG, Art. 79, Rn. 13.

[535] Schiedsgericht der Russischen Föderation für internationale Handelssachen, 17.10.1995, CLOUT Nr. 142.

[536] *Raw Materials v. Manfred Forberich GmbH & Co. KG*, 06.07.2004, U.S. Federal District Court 2004, U.S. Dist. LEXIS 12510; abrufbar im Internet: www.cisg.law.pace.edu /cases/040706u1.html, unerwartetes Zufrieren des Hafens von St. Petersburg im November verhinderte das Auslaufen des Schiffes und somit die pünktliche Lieferung. Bedauerlicherweise berief sich das amerikanische Gericht nur auf nationale Rechtsprechung nach unvereinheitlichtem Recht, obwohl es zuvor die Anwendbarkeit des CISG festgestellt hatte und Art. 79 CISG für einschlägig hielt.

[537] Arbitration Court of the Chamber of Commerce and Industry of Budapest, 10.12.1996, im Internet: www.cisg.law.pace.edu/cases/961210h1.html.

[538] *Staudinger/Magnus*, CISG, Art. 79, Rn. 18; *Soergel/Lüderitz/Dettmeier*, CISG, Art. 79, Rn. 6,7; *Bamberger/Roth/Saenger*, CISG, Art. 79, Rn. 4; *Brunner*, CISG, Art. 79, Rn. 10;

## C. Beschaffungsrisiko des Verkäufers

Beim marktbezogenen Gattungskauf trägt der Verkäufer typischerweise das Beschaffungsrisiko[539]. Nach der Rechtsprechung trägt der Verkäufer hierbei auch das Risiko der Belieferung durch die eigenen Lieferanten[540]. Des Weiteren kann sich der Verkäufer auch nicht darauf berufen, dass die Preise gestiegen sind und die Warenbeschaffung daher zu einem Verlust führt[541]. Eine Befreiung des Verkäufers wird grundsätzlich erst dann angenommen werden können, wenn die geschuldete Ware plötzlich und unvorhersehbar, etwa durch Krieg oder Unterbrechung der Transportwege, vom Markt verschwindet. Der Schuldner muss sich dann auch nicht unverhältnismäßig bemühen, um bei Ausfall des Marktes eventuell noch irgendwo vorhandene Ware der geschuldeten Gattung aufzuspüren[542].

## D. Wesentliche Veränderung der Umstände („hardship“)

Weitergehend ist fraglich, ob ein Hinderungsgrund dann vorliegt, wenn eine Störung die Leistung zwar nicht gänzlich unmöglich macht, sie aber doch wesentlich erschwert (engl. „hardship“). Das CISG sieht für diese Situation keinen speziellen Tatbestand vor. Verschiedene Verkäufer haben argumentiert, dass ein Anstieg der Kosten, etwa wenn die Ware nur zu ganz außergewöhnlichen Preisen zu beschaffen ist, sie von der Leistungspflicht entschuldigen sollte[543]. Käufer waren der Ansicht, sie müssten die Ware nicht annehmen und auch kein Schadensersatz leisten, wenn der Preis der Ware zwischenzeitlich stark gefallen war[544]. Die jeweiligen Parteien hatten mit ihren Argumenten jedoch kein Erfolg

---

MünchKommHGB/*Mankowski*, Art. 79, Rn. 27; *Schlechtriem/Schwenzer/Stoll/Gruber*, CISG, Art. 79, Rn. 14; *Rathjen*, RIW 1999, S. 561; *Schlechtriem*, Internationales UN-Kaufrecht, Rn. 289a;; *Ryffel*, S.105.

[539] *Schlechtriem/Schwenzer/Stoll/Gruber*, CISG, Art. 79, Rn. 18; *Brunner*, CISG, Art. 79, Rn. 11; MünchKommHGB/*Mankowski*, Art. 79, Rn. 32.

[540] OLG Hamburg, 28.02.1997, OLGR 1997, 149 = CISG-Online 261; OLG Hamburg, 04.07.1997, englische Übersetzung abrufbar im Internet: www.cisg.law.pace.edu/cases /970704g1.html = Unilex 438, keine Befreiung über Art. 79 CISG, wenn die geschuldete Warengattung nicht erschöpft ist; Tribunal of International Commercial Arbitration at the Russian Federation Chamber of Commerce, 16.03.1995, 155/1994, Unilex E. 1995-10.0.1.

[541] Rechtbank van Koophandel Hasselt, 02.05.1995, A.R. 1849/94, Unilex E. 1995-15.1.2.; Tribunale Civile di Monza, 29.03.1993, Unilex 1993-3, keine Befreiung nach Art. 79 CISG trotz 30 % Preissteigerung zwischen Vertragsschluss und vorgesehener Lieferung.

[542] *Staudinger/Magnus*, CISG, Art. 79, Rn. 22 und 25.

[543] OLG Hamburg, 04.07.1997, Unilex 438; Tribunale Civile di Monza, 14.01.1993, CLOUT No. 54.

[544] CA Colmar, 12.06.2001, CISG-Online 694, Die Käuferin wollte vom Vertrag Abstand nehmen, weil ihre eigene Abnehmerin Absatzschwierigkeiten hatte und Preisnachlässe von

und einige Gerichte kommentierten, dass Preissfluktuationen üblich und vorhersehbar im internationalen Handel seien und Verluste dementsprechend Teil des Risikos kaufmännischer Aktivitäten[545]. Die überwiegende Zahl der Kommentatoren ist für eine Entlastung des Schuldners bei Veränderung der Umstände in schwerwiegenden Fällen[546]. Bei einer unvorhersehbaren Entwicklung, die zu einer wesentlichen Veränderung der wirtschaftlichen Verhältnisse führt, wird indessen eine „äußerste Opfergrenze" angenommen werden können, deren Überschreitung dem Schuldner nicht zugemutet werden kann[547]. Die Ermittlung dieser Opfergrenze soll zunächst durch die Auslegung des konkreten Vertrags selbst geschehen[548], wobei die gesetzliche Anknüpfung wohl über Art. 7 I CISG vorzunehmen ist, der die Wahrung des guten Glaubens im internationalen Handel zu fördern aufgibt[549]. Darüber hinaus wird im Schrifttum angeregt, dass die UNIDROIT-Prinzipien als Orientierungshilfe herangezogen werden sollten. Diese statuieren, dass beim Eintritt von Ereignissen, die das „Gleichgewicht eines Vertrages grundlegend ändern", die benachteiligte Partei u.a. Nachverhandlungen verlangen kann[550]. Nach einem Vorschlag aus der Literatur ist die Grenze bei einer Verschiebung des Äquivalenzverhältnisses um 100% zu ziehen[551]. Dies dürfte allerdings zu pauschal sein, denn in einem Handelssektor, der starke

---

50% forderte. Rechtbank van Koophandel Hasselt, 02.05.1995, A.R. 1849/94, Unilex E. 1995-15.1.2.; Chamber of Commerce and Industry (Bulgarien), 12.02.1998, Unilex 420 = deutsche und englische Übersetzung abrufbar im Internet: www.law.pace.edu/cases/980212bu.html.

545 CA Colmar, 12.06.2001, CISG-Online 694; Rechtbank van Koophandel Hasselt, 02.05.1995, A.R. 1849/94, Unilex E. 1995-15.1.2; vgl. OLG Hamburg, 28.02.1997, CLOUT No. 277.

546 *Enderlein/Maskow/Strohbach*, CISG, Art. 79, Bem. 6.3; *Herber/Czerwenka*, CISG, Art. 79, Rn. 8; *Staudinger/Magnus*, CISG, Art. 79, Rn. 24; *Schlechtriem/Schwenzer/Stoll/Gruber*, CISG, Art. 79, Rn. 32; MünchKommHGB/*Mankowski*, Art. 79, Rn. 27; MünchKommBGB/*Huber*, Art. 79, Rn. 21; *Bamberger/Roth/Saenger*, CISG, Art. 79, Rn. 6.

547 *Herber/Czerwenka*, Internationales Kaufrecht; Art. 79, Rn. 8; *Staudinger/Magnus*, CISG, Art. 79, Rn. 24.

548 OLG Hamburg, 28.02.1997, OLGR 1997, 149 = CISG-Online 261.

549 *Schlechtriem/Schwenzer/Stoll/Gruber*, CISG, Art. 79, Rn. 32; *Soergel/Lüderitz/Dettmeier*, CISG, Art. 79, Rn. 13, 14; *Staudinger/Magnus*, CISG, Art. 79, Rn. 24; *Rathjen*, RIW 1999, S. 561 (562).

550 Siehe Art. 6.2.2.f. der UNIDROIT-Prinzipien, deutscher Text in IPRax 1997, S. 205ff; vgl. *Rathjen*, RIW 1999, S. 561 (562), im Ergebnis wohl auch *Staudinger/Magnus*, CISG, Art. 79, Rn. 24, der eine Pflicht zur Neuverhandlung oder eine Vertragsanpassung in Betracht zieht, allerdings auf Grundlage von Art. 7 I CISG; a.A. *Rimke*, Force majeur and Hardship, S. 239, Pace Review of the Convention on Contracts for the internationale Sale of Goods 1999-2000, die Entstehungsgeschichte zeige eindeutig, dass keine Regelungslücke vorliegt, daher dürfen die UNIDROIT-Prinzipien nur dann als Interpretationshilfe herangezogen werden, wenn dies von den Parteien vertraglich vereinbart worden ist.

551 *Enderlein/Maskow/Strohbach*, CISG, Art. 79, Bem. 6.3.

spekulative Züge trägt, dürften die Grenzen der Zumutbarkeit weiter zu ziehen sein[552].

## E. Entlastung auch bei Lieferung vertragwidriger Ware?

Art. 79 CISG spricht lediglich von der „Nichterfüllung einer ihrer Pflichten". Ob damit jegliche Art von Nichterfüllung von Vertragspflichten einer Partei gemeint ist oder sich die Formulierung auf bestimmte Formen der Vertragsverletzung beschränkt, ist umstritten. Insbesondere, ob der Verkäufer, der eine vertragswidrig beschaffene Ware liefert, sich auf die Entlastung gemäß Art. 79 CISG berufen kann.

### 1. Erste Auffassung

Ausgehend vom anglo-amerikanischen Recht, in welchem die Entlastungsmöglichkeit bei Mängeln ungewöhnlich ist, wird insbesondere in der englischsprachigen Literatur vertreten, dass der stark von der subjektiven Erfüllungspflicht des Verkäufers geprägte Ausdruck „circumstances" („Umstände") aus Art. 74 EKG, bewusst durch den objektiveren Begriff des nicht beherrschbaren „impediments" („Hinderungsgründe") in Art. 79 CISG ersetzt wurde, um somit die Auslegung zu ermöglichen, dass eine Entlastung des Verkäufers bei Lieferung mangelhafter Ware ausgeschlossen sei[553].

### 2. Zweite Auffassung

Die wohl herrschende Ansicht, nicht nur in Deutschland, will die „Nichterfüllung einer Pflicht" i.S. des Art. 79 CISG weit verstehen. Innerhalb seiner allgemeinen Lieferungspflicht liegt die Verpflichtung des Verkäufers vertragsgemäß beschaffene, also mangelfreie, Ware zu liefern. Sind Mängel vorhanden, liegt nach dem CISG ein Fall der Nichterfüllung vor, so dass es nur folgerichtig sei, dass ein Verkäufer zumindest theoretisch einer entsprechenden Schadensersatzpflicht durch eine Entlastung nach Art. 79 CISG entgehen könnte[554].

---

[552] OLG Hamburg, 28.02.1997, CLOUT No. 277 = CISG-Online 261. Das Gericht sah trotz Verdreifachung des Marktpreises der zu beschaffenden Gattungsware die „äußerste Opfergrenze" noch nicht als überschritten an.

[553] *Bianca/Bonell/Tallon*, CISG, Art. 79, Anm. 2.6.1ff; *Honnold*, Rn. 427; *Nicholas*, in: *Galston/Smit*, International Sales, § 5.10ff.; *Lautenbach*, S. 33ff.; *Keil*, S. 18ff.

[554] *Audit*, Vente internationale, Anm. 181; *Herber/Czerwenka*, Internationales Kaufrecht, Art. 79, Rn. 8; *Schlechtriem/Schwenzer/Stoll/Gruber*, CISG, Art. 79, Rn. 6; *Brunner*, CISG, Art. 79, Rn. 21; MünchKommHGB/*Mankowski*, Art. 79, Rn. 19; *Bamberger/Roth/Saenger*, CISG,

Der BGH hat in dem bekannten „Rebwachs-Fall“ offen gelassen, „ob Art. 79 CISG alle denkbaren Fälle und Formen einer haftungsbegründenden Nichterfüllung von Vertragspflichten umfasst“ und „die Lieferung einer wegen eines Mangels vertragswidrigen Sache einschließt“[555]. *Schlechtriem* vermutet, dass der BGH Art. 79 CISG wohl auf die Schadenshaftung wegen vertragswidriger Beschaffenheit für anwendbar halten wird, denn andernfalls wären seine Ausführungen zur Versagung einer Entlastung des Verkäufers überflüssig gewesen[556].

In einem jüngeren Fall des BGH ging es um Milchpulver, welches von der Klägerin als Zwischenhändlerin teilweise nach Algerien weiterverkauft und dort zu Trinkmilch verarbeitet wurde, woraufhin die Milch einen ranzigen Geschmack aufwies. Als Mangelursache kamen entweder schon bei der Anlieferung vorhandene mikrobielle inaktive Lipasen oder aber Verunreinigungen in Betracht, die im Verantwortungsbereich der Klägerin (Zedentin) bzw. ihrer Abnehmer lagen. Die Sache wurde zwar wegen eines Verfahrensfehlers an das zuständige Berufungsgericht zurückverwiesen[557], doch stellte der BGH für das weitere Verfahren in einem „obiter dictum“ klar, „dass eine Befreiung der Beklagten von der Schadensersatzpflicht für ihre vertragswidrige Leistung allenfalls in Betracht käme, wenn sie nachweisen könnte, dass ein etwaiger Lipasebefall der angelieferten Milch auch bei sorgfältiger Anwendung der gebotenen Untersuchungsmethoden vor der Weiterverarbeitung nicht erkennbar gewesen wäre und dass eine mögliche Verseuchung bei der Herstellung des Milchpulvers auf einem außerhalb ihres Einflussbereichs liegenden Hinderungsgrund beruhen würde“[558]. Es erscheint der BGH würde das Nichtvorhandensein einer Möglichkeit einen Fehler der Ware zu entdecken bzw. zu verhindern ebenfalls als Hinderungsgrund nach Art. 79 CISG in Betracht ziehen und bestätigt zugleich *Schlechtriems* Vermutung, dass der BGH eine Entlastungsmöglichkeit wegen vertragswidrig gelieferter Ware wohl generell nicht ausschließen will.

---

Art. 79, Rn. 2; *Staudinger/Magnus*, CISG, Art. 79, Rn. 12 und 25; *Witz/Salger/Lorenz*, CISG, Art. 79, Rn. 2; *Piltz*, Internationales Kaufrecht, § 4, Rn. 217f.; *Schlechtriem*, UN-Kaufrecht, S. 164f.; *Huber*, RabelsZ (1979), S. 413 (466); *Rathjen*, RIW 1999, S. 561 (562), *Kranz*, S. 194.

555 BGHZ 141, S. 129 (132) = BGH, JZ 1999, S. 791 (792) m. Anm. *Schlechtriem*, S. 794f. = BGH, WM 1999, S. 1466f.

556 *Schlechtriem*, JZ 1999, S. 794.

557 Ein Endurteil lag zur Zeit der Bearbeitung noch nicht vor.

558 BGH, 09.01.2002, CISG-Online 651 = NJW 2002, S. 1651ff. “Lipase-Milchpulver-Fall”.

Schließlich hat ein französisches Gericht ohne nähere Begründung in einem Fall den Verkäufer mangelhafter Ware von der Haftung gemäß Art. 79 CISG befreit[559]

### 3. Stellungnahme

Im Ergebnis ist die wohl herrschende Ansicht vorzuziehen. Zumal, wie die Entwicklungsgeschichte zeigt, die erstgenannte Auffassung im Wesentlichen auf der Befürchtung der Common Law Länder beruht, deren Verkäuferhaftung sich auf „warranties" stützt, dass von Gerichten, deren System vertraglicher Haftung auf dem Verschuldensprinzip aufbaut, Art. 79 CISG als eine Art abgeschwächtes Verschuldensprinzip missverstanden werden könnte[560]. Schon die von der deutschen Delegation auf der Haager Konferenz 1964 unternommenen Versuche, den Verkäufer von Mängeln zu entlasten, die er trotz sorgfältiger Untersuchung nicht entdecken konnte und dadurch Verantwortung doch wieder an Verschulden anzukoppeln, wurden abgelehnt[561]. Insoweit besteht auch in der gegenteiligen Meinung Einigkeit darüber, dass die Entlastungsmöglichkeit nicht zu einer Veränderung der grundsätzlichen vertraglichen Risikoverteilung führen darf. Der Verkäufer haftet daher in der Regel ohne Entlastungsmöglichkeit dafür, dass die Ware vertragsgemäß ist[562].

Darüber hinaus ist einzugestehen, dass der englische Ausdruck „impediment" nicht ganz eindeutig ist, doch in letztlicher Konsequenz dazu führen würde, dass „impediment" nur für solche Hindernisse stünde, die der Lieferung als solcher entgegenstehen, bei gelieferter mangelhafter Ware aber nicht eingreifen kann. Indessen spricht Art. 79 CISG von der „Nichterfüllung einer ihrer Pflichten", also auch solche des Verkäufers aus Art. 35 CISG. Art. 35 CISG enthält aber keine von der allgemeinen Lieferpflicht des Verkäufers unterschiedene Gewährleistung einer bestimmten Beschaffenheit. Die Entlastung einer Vertragspartei muss daher hinsichtlich aller Vertragspflichten möglich sein. Auch der Sekretariatskommentar erscheint dieser Ansicht zu sein, denn dort ist exemplarisch auf-

---

559 District Court Besançon (Flippe Christian v. Douet Sport Collections), 19.01.1998, Unilex 416 = englische Übersetzung ist abrufbar im Internet: www.cisg.law.pace.edu/cases /980119f1.html.

560 Siehe *Schlechtriem*, JZ 1999, S. 794 (795).

561 Siehe dazu ausführlich *Krüger*, S. 92ff.

562 Der BGH hat in seiner o.g. „Rebwachs-Entscheidung" ausdrücklich klargestellt, dass Art. 79 CISG nicht zu einer Veränderung der vertraglichen Risikoverteilung führt. Mit der Folge, dass, soweit nicht anders vereinbart, den Verkäufer grundsätzlich eine Garantiehaftung trifft. Die Bedenken der Gegenauffassung hinsichtlich des Haftungsstandards dürften sich damit zumindest aus deutscher Sicht als unbegründet erweisen. Ebenso Schiedsgericht der ungarischen IHK, 10.12.1996, CLOUT Nr. 163; vgl. in der Literatur auch *Staudinger/Magnus*, CISG, Art. 79, Rn. 12.

geführt, dass eine Entlastung von Schadensersatz für fehlerhafte Verpackung möglich ist[563].

Schließlich wird dem Problem aber nur wenig praktische Bedeutung beigemessen, da der Schuldner das Risiko der vertragsgemäßen Beschaffenheit der Ware trägt und es ihm daher nur in Ausnahmefällen gelingen wird den notwendigen Entlastungsbeweis zu erbringen. Ausschließen möchte man die Möglichkeit aber nicht. In der Literatur wird daher erwägt zumindest in Ausnahmefällen eine Entlastung zuzulassen[564]. So wird beispielsweise im Rahmen eines Gattungskaufs, in dem der Verkäufer sich grundsätzlich kraft des ihm obliegenden Beschaffungsrisikos nicht exkulpieren wird können, Entlastung für den Fall verlangt, dass Nahrungsmittel auf Gefahr des Verkäufers versandt werden und infolge außergewöhnlicher Witterung (Frost im Sommer, Hitze im Winter) auf der Fahrt zum Verkäufer verderben[565] oder, dass die Kaufsache infolge eines Katastrophenfalls während der Lieferung radioaktiv, chemisch oder bakteriell verseucht wird. Dabei erscheint im Falle eines Stückkaufes eine Entlastungsmöglichkeit noch am wahrscheinlichsten. So muss sich der Verkäufer darauf berufen können, dass der Mangel verdeckt war und auch mit modernsten Untersuchungsmethoden nicht hätte entdeckt werden können[566], oder bei der unheilbaren Erkrankung eines verkauften Tieres[567]. Ist der Verkäufer gleichzeitig Hersteller der verkauften Sache, so hat er regelmäßig für Konstruktions- und Herstellungsfehler ohne Entlastungsmöglichkeit einzustehen (selbst für sog. „Ausreisser"), da die Mangelhaftigkeit ja innerhalb der Kontrollsphäre des Verkäufers bzw. Herstellers entstanden ist[568]. Auch wenn es sich um unkontrollierbare Einflüsse auf den Produktionsprozess handeln sollte, etwa bei Stromschwankungen, sind die Folgen durch entsprechende Ausgangskontrollen vermeidbar[569]. Zweifelhaft ist hingegen, ob der Verkäufer als Hersteller für einen Entwicklungsfehler verantwortlich gemacht werden kann, der nach den Regeln der Technik zur Herstellungszeit nicht erkennbar und daher auch nicht beherrschbar war[570].

---

563 Sekretariatskommentar, Art. 65, Bem 9, Bsp. 65 d.

564 Eingehend zu den Fallgruppen *Krüger*, S. 166ff. und 185ff.

565 Diese Möglichkeit wurde tatsächlich in der o.g. „Lipasebefall-Entscheidung" diskutiert, konnte aber letztlich aufgrund eines widersprechenden Gutachtens (noch) nicht bewiesen werden. BGH, 09.01.2002, CISG-Online 651 = NJW 2002, 1651 (1654).

566 OLG Köln, 21.05.1996, CISG-Online 265; vgl. auch BGH, 09.01.2002, CISG-Online 651 = NJW 2002, 1651 (1654); *Rathjen*, RIW 1999, S. 561 (562).

567 *Ryffel*, S. 107.

568 *Schlechtriem/Schwenzer/Stoll/Gruber*, CISG, Art. 79, Rn. 39; *Brunner*, CISG, Art. 79, Rn. 21; MünchKommHGB/*Mankowski*, Art. 79, Rn. 26.

569 *Schlechriem*, JZ 1999, S. 794 (795).

570 Für eine Entlastung OLG Zweibrücken, 31.03.1998, CISG-Online 481; *Schlechtriem/Schwenzer/Stoll/Gruber*, CISG, Art. 79, Rn. 39; *Huber*, RabelsZ 43 (1979) S. 496f.; *ders.*, aber zweifelnd in: Haftung des Verkäufers, S. 23, Fn. 48; *Weber* BTJP, S. 171; *Staudin-*

## F. Haftung für andere Personen („Dritte")

Oftmals liegt der Grund des Leistungshindernisses nicht beim Schuldner selbst, sondern bei einem Dritten. Die Einstandspflicht für Dritte regelt Art. 79 II CISG. Danach hat der Schuldner nicht nur für die eigene Vernachlässigung seiner Pflichten einzustehen, sondern auch für das vertragswidrige Verhalten von Dritten, die er zur völligen oder teilweisen Vertragserfüllung herangezogen hat. Allerdings legt die Norm in „negativer" Umschreibung fest, unter welchen Voraussetzungen der Schuldner für die Handlungen von Dritten nicht haftet. Danach kommt eine Haftung für Dritte dann nicht in Betracht, wenn der für eine Befreiung maßgebliche Hinderungsgrund weder für den Schuldner selbst (Abs. 2 lit. a), noch für die Dritte Person (Abs. 2 lit. b) voraussehbar, vermeidbar oder überwindbar gewesen war. In allen anderen Fällen hat der Schuldner für das Verhalten Dritter einzustehen. Aufgrund der Kumulation der beiden Voraussetzungen tritt grundsätzlich eine Haftungsverschärfung des Schuldners ein[571]. Auch wenn der Schuldner selbst seine Befreiung von der Verantwortung nach Art. 79 I CISG beweisen kann, so hat er immer noch für den Dritten einzustehen, dem eine Entlastung nicht gelingt. Aus diesem Grund ist es wichtig zu klären, wer überhaupt als „Dritter" i.S.d. Vorschrift gilt.

### 1. Haftung für eigenes Personal

Jede Partei muss für das Verhalten ihres eigenen Personals einstehen, jedenfalls dann, wenn es um dessen Organisation, Einsatz und Verhalten bei der Erfüllung des Vertrages geht[572]. Streng genommen gehören die eigenen Leute somit nicht zu den eigentlichen „Dritten" i.S.v. Art. 79 II CISG, sondern für sie ist der Schuldner schon nach Art. 79 I CISG verantwortlich; denn sie unterstehen seinen Weisungen und seinem Organisationsbereich[573].

---

*ger/Magnus*, CISG, Art. 79, Rn. 25; a.A. *Neumayer/Ming*, CISG, Art. 79, Rn. 2; *Schlechtriem*, UN-Kaufrecht, Rn. 292.

571 *Honnold*, Rn. 433; *Schlechtriem/Schwenzer/Stoll/Gruber*, CISG, Art. 79, Rn. 27; *Staudinger/Magnus*, CISG, Art. 79, Rn. 39; Bamberger/Roth/Saenger, CISG, Art. 79, Rn. 7.

572 *Enderlein/Maskow/ Strohbach*, CISG, Art. 79, Rn. 7.2.

573 *Soergel/Lüderitz/Dettmeier*, CISG, Art. 79, Rn. 22; *Bianca/Bonell/Tallon*, CISG, Art. 79, Bem. 2.7.1; MünchKommHGB/*Mankowski*, Art. 79, Rn. 45; *Bamberger/Roth/Saenger*, CISG, Art. 79, Rn. 7; *Staudinger/Magnus*, CISG, Art. 79, Rn. 37.

## 2. Haftung für Zulieferer

Die Funktion der Zulieferer besteht darin, den Verkäufer der die Ware selbst herstellt mit Rohstoffen und Materialien oder, wenn der Verkäufer Zwischenhändler ist, mit Ware zu beliefern. Sie leisten daher nur Vorbedingungen für die Leistung des Schuldners oder wirken an der Vorbereitung der Leistung mit, ohne jedoch mit der Erfüllung des Vertrages, sei es auch nur teilweise, betraut zu werden[574]. Da Art. 79 II CISG jedoch insoweit keine Legaldefinition „Dritter" enthält, werden Zulieferer teilweise als „Dritte" i.S.d. Art. 79 II CISG behandelt[575], so dass wegen der verschärften Schuldnerhaftung eine Entlastung praktisch unmöglich erscheint. Dagegen verweist die herrschende Lehre auf das allgemeine Beschaffungsrisiko des Verkäufers aus Art. 79 I CISG, wenn die Entlastung des Verkäufers wegen der in der Sphäre eines Zulieferanten begründeten Leistungshindernisses in Frage steht[576]. Im Ergebnis ändert sich die Haftung des Verkäufers daher nicht, denn auch im Rahmen des Art. 79 I CISG trägt der Verkäufer das Risiko, dass er die benötigten Zulieferungen beschaffen kann. Der Verkäufer wird daher nicht entlastet, wenn der Zulieferer ihm gegenüber nicht erfüllt.

## 3. Haftung für eigentliche „Dritte"

Als „Dritte" i.S.v. Art. 79 II CISG gehören daher letztlich diejenigen, derer sich der Verkäufer „zur völligen oder teilweisen Vertragserfüllung bedient". Sie handeln selbstständig und eigenverantwortlich, außerhalb des Organisationsbereichs des Schuldners[577]. Man spricht daher überwiegend von sog. „Erfüllungsübernehmern"[578] anstatt von „Erfüllungsgehilfen", die lediglich „mit Willen des Schuldners bei der Erfüllung einer diesem obliegenden Verbindlichkeiten als seine Hilfsperson tätig werden"[579].

---

[574] *Huber*, RabelsZ 43 (1979), S. 413 (466, 496).

[575] *Brunner*, CISG, Art. 79; Rn. 14; *Loewe*, Internationales Kaufrecht, S. 97; *Reinhart*, UN-Kaufrecht, Art. 79, Rn. 8, jeweils ohne Begründung; ICC Court of Arbitration, Paris, Nr. 8128/1995, Unilex 1995-34; BGH, JZ 1999, S. 791 (793).

[576] *Herber/Czerwenka*, Internationales Kaufrecht, Art. 79, Rn. 19; Achilles; CISG, Art. 79, Rn. 9; MünchKommHGB/*Mankowski*, Art. 79, Rn. 50; *Schlechtriem/Schwenzer/Stoll/Gruber*, CISG, Art. 79, Rn. 29; *Staudinger/Magnus*, CISG, Art. 79, Rn. 40; *Piltz*, Internationales Kaufrecht, § 4, Rn. 232; *Rathjen*, RIW 1999, S. 561 (564).

[577] *Herber/Czerwenka*, Internationales Kaufrecht, Art. 79, Rn. 16f.

[578] z.B. *Schlechtriem/Schwenzer/Stoll/Gruber*, CISG, Art. 79, Rn. 25; *Staudinger/Magnus*, CISG, Art. 79, Rn. 38; *Brunner*, CISG, Art. 79, Rn. 14; *Rathjen*, RIW 1999, S. 561 (564); anders hingegen *Soergel/Lüderitz/Dettmeier*, CISG, Art. 79, Rn. 22 die ausdrücklich von „selbständigen Erfüllungsgehilfen" sprechen.

[579] *Palandt/Heinrichs*, BGB, §278, Rn. 7.

Nach dem Sekretariatsbericht sind „Dritte“ darüber hinaus nur solche Personen, die an den Gläubiger direkt leisten[580]. *Stoll* fordert hingegen, dass sich der Dritte auch bewusst ist, nicht nur zuliefernd tätig zu sein, sondern eine Verbindlichkeit des Schuldners zu erfüllen (welches sich zumeist aus den Umständen ergibt)[581]. Eine weitere Meinung will indessen die Abgrenzung danach vornehmen, dass nur für solche selbstständige Dritte einzutreten ist, die der Verkäufer zur Erfüllung seiner Verpflichtung von selbst engagiert[582]. Diese vorzugswürdige Ansicht deckt sich eher mit dem Originalwortlaut der englischen Fassung („third person...*engaged* to perform the whole or a part of the contract“), als dies die deutsche Übersetzung („durch einen Dritten, dessen sie sich zur völligen oder teilweisen Vertragserfüllung *bedient*“) tut[583]. Abs. II soll daher nur solche Dritten erfassen, die der Schuldner sich selbst ausgesucht hat. In der Praxis ist es daher ratsam zusätzliche vertragliche Vereinbarungen zu treffen.

Gemeint sind daher in erster Linie Subunternehmer, die objektiv selbstständig Teile der von einem Vertragspartner geschuldeten Leistung erbringen, wie etwa Direktlieferer an den Käufer oder ähnlich eingeschaltete Personen wie Banken oder Transportunternehmen[584], wenn sie Vertragspflichten des Schuldners erfüllen[585].

## G. Wirkung der Haftungsbefreiung

### 1. Wegfall der Schadensersatzpflicht

Art. 79 V CISG besagt wörtlich, dass im Falle der Entlastung nach Abs. 1 der Vorschrift nur die Schadensersatzpflicht des Schuldners „nach diesem Übereinkommen“ entfällt. Damit ist klar, dass Art. 79 CISG zumindest solche Scha-

---

580 *Honnold*, Rn. 446; zustimmend: *Schlechtriem*, UN-Kaufrecht, Rn. 294; *Rathjen*, RIW 1999, S. 561 (564).

581 *Schlechtriem/Stoll*, CISG (3. Auflage), Art. 79, Rn. 36 unverändert in der Nachauflage zusammen mit *Gruber*, dort Rn. 26.

582 *Herber/Czerwenka*, Internationales Kaufrecht, Art. 79, Rn. 3 und 7; *Ryffel*, S. 102. Siehe auch zu den Ansichten *Enderlein/Maskow/Strohbach*, CISG, Art. 79, Bem. 7.4, insbesondere zur Problematik des „aufgezwungenen Unterauftragnehmer“. Wird der Verkäufer vom Käufer dazu gezwungen, für die Montage gelieferter Maschinen Arbeitskräfte des Käuferlandes einzustellen, so könnte das Merkmal „außerhalb ihres Einflussbereichs“ betroffen sein.

583 So wohl auch *Staudinger/Magnus*, CISG, Art. 79, Rn. 37.

584 HG Zürich, 10.02.1999, SZIER 2000, S. 111f. = CISG-Online 488.

585 *Achilles*, CISG, Art. 79, Rn. 9; *Brunner*, CISG, Art. 79, Rn. 16; *Staudinger/Magnus*, CISG, Art. 79, Rn. 40.

densersatzansprüche ausdrücklich ausschließen will, die aufgrund der Konvention gegeben sind. Wie aber Schadensersatzansprüche zu behandeln sind, die nicht unmittelbar aus dem CISG herrühren, wie etwa Vertragsstrafen, Schadenspauschalen oder besondere Vertragsgarantien, bleibt offen[586]. Teilweise wird in der Literatur auf das kollisionsrechtlich berufene Landesrecht verwiesen, da die Voraussetzungen für die Entstehung und Fälligkeit von Schadensersatzpauschalen oder Vertragsstrafen eben diesem unterstehen[587]. Nach anderer Meinung soll durch Auslegung der Vereinbarung nach den Maßstäben des Art. 8 CISG zu ermitteln sein, ob ein Erfüllungshindernis auch Vertragsstrafen etc. berühren; wobei die Grundentscheidung des Art. 79 CISG als Auslegungshilfe dienen kann[588]. Eine direkte Anwendung der Norm soll nach einigen Stimmen ausnahmsweise dann stattfinden, wenn die geschuldete Vertragsstrafe an die Stelle des Schadensersatzanspruches tritt[589].

## 2. Erhaltung des Erfüllungsanspruchs

Im Gegensatz zu seiner Vorgängerregelungen im EKG[590], lässt Art. 79 V CISG nunmehr sämtliche, insbesondere den Erfüllungsanspruch, Rechtsbehelfe des Gläubigers bestehen. Die Aufrechterhaltung des Erfüllungsanspruchs wird von vielen Autoren jedoch nur dann als sinnvoll empfunden, wenn diese Lösung nur als Grundregel verstanden und dabei beachtet wird, dass in Einzelfällen eine differenzierte Betrachtungsweise erforderlich sein kann[591]. In den verschieden gelagerten Fällen der Nichterfüllung ist das Beharren des Gläubigers auf den Er-

[586] Ein Antrag der DDR auf der Wiener Konferenz Art. 79 V CISG auch auf „Penalties or liquidated damages“ zu erstrecken wurde ausdrücklich abgelehnt, um den Vorrang vertraglicher Abreden zu diesem Punkt nicht einzuschränken. Vgl. A/Conf. 97/C.1/ L.217, Off. Rec. 135, 385f.

[587] Sekretariatskommentar, Art. 65, Bem. 9; *Bianca/Bonell/Tallon*, CISG, Art. 79, Bem. 2.10.1; *Schlechtriem/Schwenzer/Stoll/Gruber*, CISG, Art. 79, Rn. 9.

[588] MünchKommBGB/*Huber*, Art. 79, Rn. 27; MünchKommHGB/*Mankowski*, Art. 79, Rn. 15; *Staudinger/Magnus*, CISG, Art. 79, Rn. 52; *Rathjen*, RIW 1999, S. 561 (565); a.A. *Enderlein/Maskow/Strohbach*, CISG, Art. 79, Bem. 13.1 für analoge Anwendung.

[589] *Herber/Czerwenka*, Internationales Kaufrecht, Art. 79, Rn. 23; *Loewe*, Internationales Kaufrecht, S. 96; im Ergebnis wohl auch *Soergel/Lüderitz/Dettmeier*, CISG, Vorb. Art. 79, Rn. 4.

[590] Art. 74 EKG behielt dem von der Nichterfüllung betroffenen Gläubiger bei Entlastung des Schuldners nur das Recht zur Vertragsaufhebung und zur Minderung des Kaufpreises vor.

[591] Zur Problematik des Erfüllungsanspruchs in den Fällen des Art. 79 CISG siehe ausführlich: *Bianca/Bonell/Tallon*, CISG, Art. 79, Bem. 2.10.2 und 2.10.3; *Enderlein/Maskow/Strohbach*, CISG, Art. 79, Bem. 13.6; *Honnold*, S. 403f.; *Schlechtriem/ Schwenzer/Stoll/Gruber*, CISG, Art. 79, Rn. 46; *Staudinger/Magnus*, CISG, Art. 79, Rn. 57-60; *Ryffel*, S. 95f.

füllungsanspruch sinnvoll, wenn beispielsweise der Verkäufer, der die Vertragswidrigkeit der Ware aufgrund eines Leistungshindernisses i.S.v. Art. 79 CISG nicht zu vertreten hat, gleichwohl zur Nachbesserung (Art. 46 III CISG) bzw. bei Gattungsware zur Ersatzlieferung (Art. 46 II CISG) verpflichtet bleibt. Ebenso ist es angebracht, dass der Käufer, wenn der Verkäufer wegen eines entlastenden Hinderungsgrundes in Verzug gerät, weiterhin Erfüllung verlangen kann[592]. In anderen Fällen, etwa bei Unmöglichkeit einer Sachleistung, ist die Anerkennung eines Erfüllungsanspruches offensichtlich sinnlos, weil der Erfüllungsgegenstand gar nicht mehr vorhanden ist. Doch sind hier wiederum Ausnahmefälle denkbar, in denen die Aufrechterhaltung des Erfüllungsanspruchs sachgerecht ist. So etwa, wenn der Verkäufer die Ware geliefert hat, aber auf Grund von darauf eingeführten Devisensperren die Zahlung verhindert wird. Der Verkäufer könnte dann theoretisch zurücktreten, ist aber eventuell gar nicht daran interessiert, weil die Ware ohnehin nicht zurückbekommen würde (die Ware ist bereits wirksam weiterveräußert oder die Wiederausfuhr ist verboten)[593].

### 3. Sonstige Rechtsbehelfe des Gläubigers

Art. 79 V CISG lässt andere Rechtsbehelfe als Schadensersatz bestehen. Damit sind insbesondere Aussetzung der Erfüllung (Art. 71 CISG), Aufhebung des Vertrages (Art. 49, 64, 72, 73 CISG) und Minderung des Kaufpreises (Art. 50 CISG) möglich. Der Zinsanspruch aus Art. 78 CISG bleibt ebenso unberührt wie ein Ausgleichsanspruch nach Art. 84 CISG und ein Aufwendungsersatzanspruch nach Art. 85 S. 2, 86 I S. 2 CISG.

## II. Haftungsentlastung nach Art. 80 CISG

Nach Art. 80 CISG kann sich eine Partei nicht auf die Nichterfüllung von Pflichten durch die andere Partei berufen, soweit sie selbst diese Nichterfüllung durch eine Handlung oder Unterlassung verursacht hat. Die Regelung ist eine besondere Ausprägung des allgemeinen Grundsatzes von Treu und Glauben aus Art. 7 I CISG[594], nämlich das Verbot, sich zu eigenem vorgehenden Verhalten in Widerspruch zu setzen und aus eigenem schadensverursachenden Verhalten Vorteile zu ziehen[595]. Systematisch steht Art. 80 CISG zusammen mit Art. 79 CISG in einem gesonderten Abschnitt „Befreiungen“. Art. 80 CISG ist somit zwar ein weiterer eigener Befreiungsgrund, stellt insoweit aber einen Sonderfall des Art.

---

[592] Siehe *Schlechtriem/Schwenzer/Stoll/Gruber*, CISG, Art. 79, Rn. 46 m.w. Beispielen.
[593] So das Beispiel bei *Enderlein/Maskow/Strohbach*, CISG, Art. 79, Bem. 13.6.
[594] Siehe BGH, 25.11.1998, CISG-Online 353 = MDR 1999, S. 408 = NJW 1999, S. 1259.
[595] vgl. *Rathjen*, RIW 1999, S. 561 (565).

79 CISG dar, als das dieses Verhalten für den Schuldner ebenfalls ein außerhalb seines Einflussbereichs liegender Umstand ist[596]. Gleichwohl geht die Bestimmung von Art. 80 CISG erheblich über Art. 79 CISG hinaus. Während nämlich Art. 79 CISG den Schuldner bei einem gelungenen Entlastungsbeweis nur von der Schadensersatzpflicht befreit, erlischt unter den Voraussetzungen des Art. 80 CISG auch der Erfüllungsanspruch sowie das Recht auf Preisminderung oder Vertragsauflösung[597]. Ein Verschulden des Gläubigers ist dabei nicht erforderlich[598].

In der Rechtsprechung wird Art. 80 CISG häufig herangezogen, um den Anspruch einer Partei abzulehnen, deren eigene Vertragsverletzung zur Erfüllungsverweigerung auf der anderen Seite führte. So kann eine Käuferin von Schuhen nicht Schadensersatz wegen entgangenen Gewinns nach Art. 74ff. CISG verlangen, weil die Einstellung der Lieferungen darauf beruhte, dass die Käuferin erfolgte Lieferung nicht bezahlt hat[599]. In einem anderen Fall scheiterte der Schadensersatzanspruch der Käuferin, weil diese eine Ersatzlieferung im Rahmen des Nacherfüllungsrechts des Verkäufers verhindert hatte[600]. Auch eine Vertragsstrafe wegen Zahlungsverzug konnte nicht geltend gemacht werden, weil die Zurückbehaltung eines Teils des Kaufpreises aufgrund mangelhaft gelieferter Ware beruhte[601].

Andere Urteile beschäftigten sich mit dem der Vorschrift unterliegendem Prinzips von Treu und Glauben[602]. So sah das OLG München in einem Fall, in dem der Abnehmer die Nichterfüllung verursacht hatte und 2 1/2 Jahre mit der Vertragsaufhebung wartete, seine Rechte in entsprechender Anwendung des Art. 80 CISG als verwirkt[603].

Schließlich ist in der Literatur ein viel diskutiertes Thema, ob Art. 80 CISG nur anzuwenden sei, wenn der Gläubiger die Nichterfüllung allein verursacht hat[604].

---

596 *Staudinger/Magnus*, CISG, Art. 79, Rn. 64.

597 *Enderlein/Maskow/Strohbach*, CISG, Art. 80, Bem. 3.1.

598 *Schlechtriem/Schwenzer/Stoll/Gruber*, CISG, Art. 80, Rn. 3.

599 LG München, 20.02.2002, CISG-Online 712; bestätigt durch OLG München, 01.07.2002, CISG-Online 656;

600 OLG Koblenz, 31.01.1997, CISG-Online 256.

601 Tribunal of International Commercial Arbitration, Ukrainian Chamber of Commerce & Trade, 21.06.2002, englische Übersetzung abrufbar im Internet: www.cisg.law.pace.edu/cases/020621u5.html.

602 Siehe auch die Entscheidung des ICC Schiedsgerichts unten Fn. 598.

603 OLG München, 08.02.1995, CISG-Online 143.

604 So *Schlechtriem/Stoll*, CISG (3. Auflage), Art. 80, Rn. 6; *Piltz*, Internationales Kaufrecht, § 4, Rn. 214; *Koziol*, ZEuP 1998, S. 593 (594); einschränkend *Achilles*, CISG, Art. 80, Rn. 4

Die Aufteilung des Schadens habe ansonsten nach Maßgabe von Art. 77 CISG[605] oder den allgemeinen Grundsätzen[606] zu erfolgen. Die wohl vorzugswürdige herrschende Ansicht will aber, dass Art. 80 CISG auch Fälle erfasst, in denen beide Parteien einen Verursachungsbeitrag geleistet haben. Der klare Wortlaut („soweit", „to the extent"), die Entstehungsgeschichte[607] der Norm seien in dieser Hinsicht eindeutig[608]. Darüber hinaus wäre Art. 80 CISG aber auch weitestgehend überflüssig, wenn bei einseitiger Verursachung durch den Gläubiger der Schuldner bereits über Art. 79 CISG entlastet sei[609]. Schließlich ist der Streit über welchen dogmatischen Lösungsansatz man folgen sollte aber eher zweitrangig. Wichtiger erscheint Art. 80 CISG auf der Rechtsfolgenseite als ausgleichende Vorschrift zu verstehen, um in Fällen beidseitiger Verursachung die jeweiligen Beiträge gewichten, bewerten und abwägen zu können[610]. In einem Fall erwähnte ein Schiedsgericht Art. 80 CISG zwar nicht ausdrücklich, es schien jedoch Gerechtigkeitsüberlegungen einfließen zu lassen, die die Einforderung formaler Rechte bei beidseitiger Verursachung als Verstoß gegen Treu und Glauben wertete[611]. Ähnlich ist ein Schiedsspruch der Handelskammer Hamburg zu deuten[612]

---

wonach Art. 80 zumindest dann anwendbar sei, wenn der Verursachungsbeitrag des Gläubigers überwiegt.

605 *Soergel/Lüderitz/Dettmeier*, CISG, Art. 80, Rn. 3.

606 *Schlechtriem/Stoll*, CISG (3. Auflage), Art. 80, Rn. 6.

607 Auf der Wiener Konferenz wurde der Antrag die Formulierung „to the extent" durch „in so far as to" zu ersetzen abgelehnt, weil man wohl davon ausging, dass die Vorschrift ohnehin Fälle beidseitiger Verursachung erfasse und eine Klarstellung insofern nicht notwendig sei. Vgl. O.R. 398f.; eingehend *Trachsel*, S. 398.

608 *Achilles*, CISG, Art. 80, Rn. 4; *Audit*, Vente internationale, Anm. 188; *Bamberger/Roth/Saenger*, CISG, Art. 80, Rn. 2; *Bianca/Bonell/Tallon*, CISG, Art. 80, Anm. 2.4.; *Herber/Czerwenka*, CISG, Art. 80, Rn. 7,8; MünchKommHGB/*Mankowski*, Art. 80, Rn. 8; *Staudinger/Magnus*, CISG, Art. 80, Rn. 14; *Schlechtriem/Schwenzer/Stoll/Gruber*, CISG, Art. 80, Rn. 7, 10; *Rathjen*, RIW 1999, S. 561 (565); *Schlechtriem*, UN-Kaufrecht, Rn. 298.

609 *Schlechtriem/Schwenzer/Stoll/Gruber*, CISG, Art. 80, Rn. 7.

610 Den Gerichten steht hier ein großer Spielraum zu. Vgl. *Herber/Czerwenka*, CISG, Art. 80, Rn. 7; *Bianca/Bonell/Tallon*, CISG, Art. 80, Anm. 3.1.; *Staudinger/Magnus*, CISG, Art. 80, Rn. 13f.

611 Siehe ICC Court of Arbitration Award No. 8817, Dezember 1997, Unilex 398 (nur englischer Originaltext) „as is the case with all sanctions, its application may not be requested by those who are even partially responsible for the modification on which they rely in order to terminate the contract".

612 Schiedsgericht der Handelskammer Hamburg, 21.03.1996, CISG-Online 54, „Selbst wenn die vorstehenden Grundsätze nicht schon bei der Schadenszurechnung nach Art.74 angewandt würden, wären sie spätestens bei der Prüfung der Schadensminderungs-Obliegenheit bzw. des Mitverschuldens oder der Mitverursachung nach Art. 77, Art. 80 CISG zu beachten."

## III. Abweichende Vertragsvereinbarungen über den Haftungsumfang

### A. Zulässigkeit, Gültigkeit und Grenzen von Freizeichnungsklauseln

Art. 6 CISG gewährt den Parteien grundsätzlich das Recht, die Vorschriften des Übereinkommens abzubedingen oder nach ihren persönlichen Bedürfnissen abzuändern. Soweit die Regeln des CISG nur modifiziert werden, findet die so zum Ausdruck kommende Privatautonomie ihre Grenzen in Art. 12 CISG über die dort vorbehaltene Schriftform. Weitere Beschränkungen enthält das CISG nicht. In der Literatur wird jedoch unter Hinweis auf die Diskussion auf der Wiener Konferenz abgeleitet, dass Vorschriften, deren Inhalt von fundamentaler Bedeutung sind, nicht abbedungen werden können. Als Beispiele wurden die Regelungen über die Unanwendbarkeit des Übereinkommens auf die in Art. 2 CISG genannten Bereiche, über die Definition der wesentlichen Vertragsverletzung (Art. 25 CISG) und über die in Art. 79 CISG genannten Haftungsbefreiungen erwähnt[613]. Die Frage der Zulässigkeit von Klauseln, durch die der Verkäufer sich von den Haftungsfolgen freizeichnet betrifft die „Gültigkeit" des Vertrags und ist im CISG nicht geregelt (Art. 4 S. 2a). Sie ist nach dem jeweils anwendbaren Vertragsstatut zu beantworten[614].

Die hier allein im Interesse stehenden Haftungsfreizeichnungs-klauseln, mit denen die Vertragsparteien den Schadensumfang selbst regeln, können durch individuelle Klauseln, Formularverträge oder durch allgemeine Geschäftsbedingungen (AGB) getroffen werden. Das CISG stellt keine besonderen Voraussetzungen für die Einbeziehung von formularmäßigen Vertragsabsprachen bzw. AGB[615]. In der Vergangenheit ist es daher oft zum Streit darüber gekommen, ob AGB im Einzelfall Bestandteil des Vertrages geworden sind, insbesondere waren die Anforderungen an die Kenntnis der zu vereinbarenden Geschäftsbedingungen für den Bereich des CISG nicht abschließend geklärt[616]. Höchst- oder obergerichtliche Rechtssprechung war lange Zeit nicht vorhanden, die Auffassungen in der Literatur zudem uneinheitlich. Während *Piltz* fordert, der Verwender müsse der anderen Partei tatsächliche Kenntnis vom Inhalt der Geschäftsbedingungen verschaffen[617], verlangt ein anderer Teil der Literatur le-

---

[613] *Holthausen*, RIW 1989, S. 513 (515).
[614] *Schlechtriem/Huber*, CISG (3. Auflage), Art. 45, Rn. 67.
[615] Ein Rückgriff auf das nach nationalem Privatrecht berufene nationale Recht wird ganz überwiegend abgelehnt. Siehe BGH, 31.10.2001, NJW 2002, 370 (371) = CISG-Online 617; vgl. in der Literatur statt vieler nur *Schlechtriem/Schwenzer/Schlechtriem*, CISG, Art. 14, Rn. 16 (Fn. 100).
[616] Siehe *Koch*, NJW 2000, S. 910ff.
[617] *Piltz*, NJW 1996, S. 2768 (2770).

diglich, dass neben einem deutlichen Hinweis auf die Geltung der Allgemeinen Geschäftsbedingungen, der Vertragspartner in der Lage sein müsse, in zumutbarer Weise vom Inhalt der Bedingungen Kenntnis zu nehmen[618]. Der BGH hat in der Entscheidung vom 31.10.2001, im Gegensatz zum OGH[619], die Einbeziehungsvoraussetzungen nach dem CISG strenger gefasst als für den innerdeutschen kaufmännischen (unternehmerischen) Verkehr und verlangt im Interesse der Rechtssicherheit und Rechtsklarheit, der Leichtigkeit des internationalen Warenverkehrs und des Schutzes des Vertragspartners, dass der Vertragspartner des Verwenders den Inhalt der einbezogenen Vertragsbedingungen kennt oder jedenfalls der Verwender sie übersendet oder anderweitig so zugänglich macht, dass der Adressat sich nicht noch erkundigen muss[620].

## B. Typische Vereinbarungen über den Haftungsumfang

Für den Verkäufer ist es ratsam seine verschuldens-unabhängige Schadensersatzhaftung durch vertragliche Vereinbarungen zu beschränken. Zunächst empfiehlt es sich für den Verkäufer seine Schadensersatzpflicht summenmäßig zu beschränken[621]. Darüber hinaus sollten aus Verkäufersicht besonders risikobehaftete Schadensposten, wie Betriebsausfallschäden oder Mangelfolgeschäden, von der Haftung vertraglich ausgeschlossen werden. In Betracht kommen auch Vereinbarungen, die den Schadensersatz wegen Nichterfüllung auf den abstrakt nach der Marktpreisregel berechneten Schaden begrenzen und die Haftung für weitergehende Schäden ausschliessen oder Klauseln, die die Haftung des Verkäufers bei Vertragswidrigkeit der Ware auf die Vertragsaufhebung und die Preisminderung beschränken und den entgangenen Gewinn ausgrenzen[622].

Ebenso zu empfehlen sind Vereinbarungen über eine Schadenspauschale oder einer Vertragsstrafe. Damit ist ungeachtet der Höhe des tatsächlichen Schadens

---

618 *Achilles*, CISG, Art. 14, Rn. 6; MünchKommHGB/*Ferrari*, Art. 14, Rn. 39; *Schlechtriem/Schwenzer/Schlechtriem*, CISG, Art. 14, Rn. 16; *Staudinger/Magnus*, CISG, Art. 14, Rn. 41; *Soergel/Lüderitz/Fenge*, CISG, Art. 14, Rn. 10; *Huber/Kröll*, IPRax 2003, Rn. 310f.

619 OGH, 06.02.1996, ZfRVgl. 1996, S. 248ff. = CISG-Online 224.

620 BGH, 31.10.2001, NJW 2002, 370 (371) = CISG-Online 617, bestätigte in diesem Punkt das vorinstanzliche Urteil des OLG Düsseldorf, 15.02.2001, NJW-RR 2001, S. 1562f. = CISG-Online 658; ebenso OLG Düsseldorf, 21.04.2004, CISG-Online 915.

621 *V. Caemmerer/Schlechtriem/Huber*, CISG (1. Auflage), Art. 46, Rn. 28 soweit dadurch nicht Käuferrechte ausgehölt werden. A.A. *Koch*, NJW 2000, S. 910 (915) den Interessen des Verkäufers werden bereits durch die Beschränkung auf den vorhersehbaren Schaden nach Art. 74 S. 2 CISG Rechnung getragen.

622 *Weber*, BTJP 1990, S. 207.

nur die vereinbarte Pauschale im Falle der Vertragsverletzung als Schadensersatz entrichten.

## IV. Zusammenfassung

Das CISG enthält in Art. 74 eine abstrakt-generelle Definition des Schadens. Zu ersetzen ist der gesamte Schaden (Grundsatz der Totalreparation), der sowohl den erlittenen Verlust als auch den entgangenen Gewinn umfasst. Der Schadensersatz ist stets in Geld zu leisten. Der Gedanke der Naturalrestitution ist dem CISG fremd. Auch immaterielle Werte können zu dem zu ersetzenden Schaden gehören, soweit sie sich in Geld beziffern lassen.

Das CISG geht von einer verschuldensunabhängigen Schadensersatzhaftung aus. Begrenzt wird die Schadensersatzpflicht in erster Linie durch die Voraussehbarkeitsregel („contemplation rule“) aus Art. 74 S. 2 CISG. Ob der im konkreten Einzelfall eingetretene Schaden vorhersehbar war, ist zunächst durch den Vertrag selbst zu ermitteln. Lassen sich daraus keine Anhaltspunkte über die Risikoverteilung der Parteien entnehmen, ist auf die Voraussicht eines „idealtypischen Schuldners“ abzustellen. Dabei kommt es weder auf das genaue vorhersehen des Kausalverlaufs noch auf die Schadenshöhe an. Es obliegt also den Gerichten im Einzelfall festzustellen, ob der konkrete Schaden vorhersehbar war. Dabei verbleiben den Gerichten bei der Auslegung der abstrakt gefassten Vorhersehbarkeitsformel erhebliche Wertungs- und Ermessensspielräume, die sich am ehesten durch die Bildung typischer Schadensfälle schließen lassen.

Gewöhnliche Folgen einer Vertragsverletzung sind grundsätzlich vorhersehbar. Der Verkäufer hat daher den Minderwert der mangelhaften Sache sowie die Aufwendungen des Käufers zur Schadensbeseitigung und Schadensminderung in üblicher Höhe zu ersetzen. Ebenfalls vorhersehbar für den Verkäufer ist die Schadensersatzpflicht des Käufers gegenüber dessen Abnehmern und der entgangene Weiterverkaufsgewinn, sofern es sich nicht um ungewöhnlich hohe und somit nicht vorhersehbare Gewinnspannen handelt.

Grundsätzlich sind auch sog. „good will“ Schäden ersatzfähig. Es ist nicht unbedingt notwendig, dass der Käufer auf den Eintritt dieser Schadensart bei den Vertragsverhandlungen hingewiesen hat. Schon wenn der Käufer erkennbarer Wiederverkäufer in einem empfindlichen Markt ist, wird der Verkäufer in der Regel ersatzpflichtig sein. In der Praxis wird ein solcher Schaden nur schwer nachzuweisen sein.

Mangelfolgeschäden sind im Haftungsumfang des CISG grundsätzlich mit einbezogen, wenn der Verkäufer Ware geliefert hat, die gerade dem Schutz der nunmehr verletzten Rechtsgüter dienen sollten, und der Käufer die Kaufsache bestimmungsgemäß verwendet hat. Insbesondere sind für den Verkäufer alle Mangelfolgeschäden vorhersehbar, die auf dem Fehlen einer zugesicherten Eigenschaft beruhen. Dabei ist zu beachten, dass nach dem CISG nur die Haftung für Sachschäden in Betracht kommt, da gemäß Art. 5 CISG die Haftung für Personenschäden ausgeschlossen ist.

Nicht vom CISG geregelt ist die deliktische Haftung des Verkäufers. Außervertragliche Ansprüche des Käufers können daher, auch wenn sie auf demselben Tatbestand der Vertragsverletzung beruhen, neben den vertraglichen Ansprüchen geltend gemacht werden. Praktisch bedeutsam wird das Verhältnis der vertraglichen zur außervertraglichen Haftung insbesondere bei der Produkthaftung. Während Produkthaftungsansprüche für Sachschäden regelmäßig vom CISG erfasst werden, fallen Personenschäden, also den wichtigsten Fall der Produkthaftung, aus dem Anwendungsbereich des CISG heraus. Solche Schäden haben sich grundsätzlich nach dem jeweils anwendbaren nationalen Recht zu beurteilen. Soweit Produkthaftungsansprüche, wie im deutschen Recht, deliktisch begründet werden, ergibt sich dies schon aus Art. 4 I CISG, der den sachlichen Geltungsbereich des CISG auf die Rechte und Pflichten der Parteien aus dem Kaufvertrag begrenzt. Für die Länder, die hingegen den Produkthaftungsanspruch als vertraglichen Anspruch regeln, stellt Art. 5 CISG klar, dass die Produkthaftungsregeln des nationalen Rechts bei Personenschäden unberührt bleiben.

Dem Verkäufer durch die Nicht- bzw. Spätzahlung des Käufers entstandenen Schäden, wie Kreditkosten oder Währungsverluste, sind für diesen regelmäßig vorhersehbar und zu ersetzen.

Die Erstattung von Anwalts- und Prozesskosten ist eine Frage des jeweils anwendbaren Verfahrensrechts, Art. 74 CISG kommt hier auch nicht subsidiär zur Geltung. Darüber hinausgehende Kosten der angemessenen Rechtsverfolgung, also vor allem außergerichtliche Mahn- und Inkassoaufwendungen, können allerdings nach Art. 74 CISG zu ersetzen sein.

Ist der Vertrag aufgehoben, sieht das CISG besondere Bestimmungen für die Schadensberechnung vor. Sowohl Käufer als auch Verkäufer können ihren Schaden konkret bei Vornahme eines Deckungsgeschäftes berechnen (Art. 75 CISG). Es kann die Differenz zwischen dem Vertragspreis und dem im Deckungsgeschäft erzielten bzw. bezahlten Preis verlangt werden. Liegt kein Deckungsgeschäft vor, so kann die Schadensersatz verlangende Partei ihren Schaden abstrakt nach der Marktpreisregel berechnen (Art. 76 CISG). Danach ist der

Schaden der Unterschied zwischen dem im Vertrag vereinbarten Preis und dem Marktpreis zum Zeitpunkt der Vertragsaufhebung. Darüber hinaus ist es den Parteien unbenommen, weitergehende Schäden nach Art. 74 CISG geltend zu machen. Hierzu gehört auch der entgangene Gewinn aus einem weiteren Geschäft, welches bei realer Erfüllung des aufgehobenen Vertrages zusätzlich hätte getätigt werden können („lost volume").

Die Pflicht zur Schadensminderung ist in Art. 77 CISG festgelegt. Die Norm stellt insoweit ein weiteres Instrument zur Schadensbegrenzung im CISG dar. Sie verpflichtet den Schadensersatzberechtigten alle angemessenen Maßnahmen zu ergreifen, um den Schaden so gering wie möglich zu halten. Entgegen dem Wortlaut der Norm, besteht die Pflicht nicht nur für bereits eingetretene Schäden, sondern sie beinhaltet auch die Verhütung von (künftigen) Schäden. Eine Verletzung der Schadensminderungspflicht führt zur Reduzierung bis hin zur vollen Höhe des Schadensersatzanspruchs.

Art. 78 CISG legt die grundsätzliche Pflicht zur Zinszahlung fest. Hiernach hat der Schuldner, der mit der Kaufpreiszahlung oder eines sonstigen fälligen Betrages in Verzug ist, Zinsen zu zahlen. Als sonstige fällige Beträge kommen in Betracht alle Aufwendungen, die dem Vertrag oder dem CISG nach geschuldet werden, und auch solche Schadensersatz-forderungen, die noch unbestimmt sind. Die Höhe des Zinssatzes bestimmt das CISG nicht. Mittlerweile hat sich jedoch eine ziemlich gefestigte Rechtsprechung herausgebildet, die den Zinssatz nach dem jeweils anwendbaren nationalen Recht bestimmt. Dennoch ist aufgrund der Unsicherheit, die mit der kollisionsrechtlichen Bestimmung des anwendbaren Rechts verbunden ist, eine vertragliche Fixierung des Zinssatzes zu empfehlen.

Der Schuldner haftet nach dem CISG für alle Störungen aus seinem Einflussbereich. Die Möglichkeit einer Haftungsbefreiung sieht Art. 79 (bzw. Art. 80) CISG vor. Dabei sollten konsequenterweise alle nicht beherrschbaren Umstände zu seiner Entlastung herangezogen werden können, insbesondere auch bei wirtschaftlicher Unmöglichkeit, bei nicht beherrschbarer Lieferung mangelhafter Ware und im Rahmen der Haftung für Dritte. Die verschuldensunabhängige Garantiehaftung des Schuldners vermag durch diese interessengerechte Interpretation auf ein hinnehmbares Maß abgemildert werden.

## V. Schlussbetrachtung

Es ist abschließend festzustellen, dass der Erfolg des CISG seit seiner Einführung im Jahre 1980, trotz manch anfänglich geäußerter Skepsis, nun wohl nicht mehr geleugnet werden kann. Nicht nur gilt das CISG in mittlerweile 65 Vertragsstaaten[623], auch die stetig zunehmende Anzahl von Entscheidungen staatlicher Gerichte und Schiedsstellen, Kommentierungen, Lehrbüchern, Monographien und Beiträgen in Fachzeitschriften in und aus (fast) allen Mitgliedsländern ist bemerkenswert. Von großer Bedeutung sind in dieser Hinsicht die verschiedenen Datenbanken im Internet[624] geworden. Waren die Zugriffsmöglichkeiten auf ausländische Quellen in Deutschland, und umgekehrt, bislang eher beschränkt, ist der Zugriff auf die internationale Rechtsprechung hierdurch stark vereinfacht worden[625]. Immer mehr Gerichte bedienen sich des Internets heutzutage und setzen sich in ihren Urteilen mit der internationalen Rechtsprechung und Literatur auseinander und versuchen eine möglichst einvernehmliche Lösung zu finden[626]. Auf dem Gebiet den Schadensersatzes ist rückblickend nicht zuletzt hierdurch eine erfreuliche Bilanz zu ziehen, da sich die Unterschiede in der internationalen Rechtsprechung in engen Grenzen halten.

Dennoch sei angemerkt, dass die Internetdatenbanken mit Vorsicht benutzt werden sollten. So ermöglichen sie zwar den Zugriff auf ausländische Rechtsprechung, machen es aber keineswegs einfacher sie zu verstehen. Oftmals geht es dabei um mehr als nur eine möglichst wörtliche Übersetzung eines Begriffes zu finden als auch dessen genaue Bedeutung zu treffen. Dies jedoch stets beachtet, lassen alle Indikatoren auf eine weitere positive Entwicklung des CISG hoffen.

---

623 Stand: 07.03.2005. Eine aktuelle Übersicht findet sich im Internet unter: www.cisg.law.pace.edu/cisg/countries/cntries.html.

624 Vgl. die in der Einleitung bereits benannten Webadressen.

625 Siehe nur www.cisg-online.ch/cisg/links.html.

626 Siehe nur *Medical Marketing International v. Internazionale Medico Scientifica,* U.S. District Court (E.D. La.), 17.05.1999, CISG-Online 387 mit Bezug auf BGH, 08.03.1995, CISG-Online 144 oder siehe *Chicago Prime Packers v. Northam Food Trading,* 21.05.2004, U.S. District Court, Northern District of Illinois, Eastern Division, 2004 U.S. Dist. LEXIS 9347 = IHR 2004, S. 156ff. = Unilex 974 in dem zur Bestimmung der Untersuchungs- und Rügefrist auf die internationale Rechtsprechung zum CISG eingegangen wurde. Siehe auch die Anmerkung von *Teiling,* CISG: U.S. Court Relies on Foreign Case Law and the Internet, Modern Law Review 2004, S. 431ff. Siehe aber auch das italienische Urteil Tribunale Vigevano, 12.07.2000, IHR 2001, S. 72 mit Anmerkung von *Ferrari*, ebenda, S. 56ff.

**Beiträge zum UN-Kaufrecht**

Herausgegeben von Ulrich Magnus

Band 1 Alexander Mittmann: Einheitliches UN-Kaufrecht und europäische Verbrauchsgüterkauf-Richtlinie. Konkurrenz- und Auslegungsprobleme. 2004.

Band 2 Nicolas Hagge: Das einheitliche Kaufrecht der OHADA (Organisation pour l'Harmonisation en Afrique du Droit des Affaires). 2004.

Band 3 Urs Verweyen: Die Käuferrechtsbehelfe des UN-Kaufrechts im Vergleich zu denen des neuen internen deutschen Handelskaufrechts aus Sicht eines deutschen Warenexporteurs. 2005.

Band 4 Christopher Niemann: Einheitliche Anwendung des UN-Kaufrechts in italienischer und deutscher Rechtsprechung und Lehre. Eine Untersuchung zur einheitlichen Auslegung unbestimmter Rechtsbegriffe und interner Lückenfüllung im CISG. 2006.

Band 5 Martin W. Brölsch: Schadensersatz und CISG. 2007.

www.peterlang.de

FSC
www.fsc.org
MIX
Papier | Fördert
gute Waldnutzung
FSC® C083411

Kolibri 360 GmbH
Ferdinand-Jühlke-Straße 7
99095 Erfurt, Deutschland
produktsicherheit@kolibri360.de

Druck:
CPI Druckdienstleistungen GmbH
im Auftrag der
Kolibri 360 GmbH
Ferdinand-Jühlke-Str. 7
99095 Erfurt